躍入永恆

H. W. L. POONJA
帕帕吉訪談錄

Papaji: Interviews

帕帕吉 H. W. L. Poonja——————著
大衛・高德曼 David Godman——————編

所有讚美都歸於自性上師

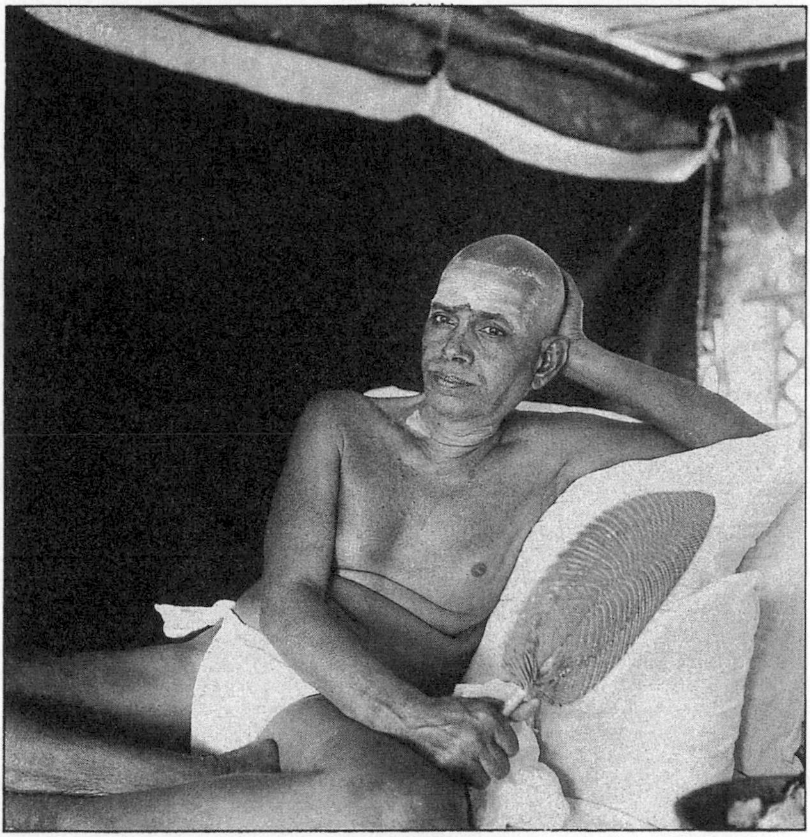

拉瑪那尊者

Sri Ramana Maharshi

躍入永恆

H. W. L. POONJA

帕帕吉訪談錄

Papaji: Interviews

躍入永恆：帕帕吉訪談錄

Papaji: Interviews

作者　帕帕吉（H. W. L. Poonja）

編者　大衛・高德曼 David Godman

譯者　李智紅、孫躍如、智原、顧象

封面設計　吳偉光

版面設計　Lucy Wright

總編輯　劉粹倫

印刷　約書亞創藝有限公司

出版者　紅桌文化／左守創作有限公司
台北市中山區大直街一一七號五樓
undertablepress.com

經銷商　高寶書版集團
台北市內湖區洲子街八八號三樓
02-2799-2788

ISBN　978-986-06804-2-3

書號　ZE0149

初版　二〇二一年十月初版

新台幣　四八〇元

法律顧問　詹亢戎律師事務所

117 Dazhi Street, 5 F, 104 Taipie, Taiwan

undertablepress.com

國家圖書館出版品預行編目(CIP)資料

躍入永恆：帕帕吉訪談錄/帕帕吉(H. W. L. Poonja)作 ；
李智紅, 孫躍如, 智原, 顧象譯.
-- 初版. -- 臺北市：紅桌文化, 左守創作有限公司, 2021.10
320面 ；14.8*21公分. -- (妙高峰上)
譯自：Papaji：interviews
ISBN 978-986-06804-2-3(平裝)
1.帕帕吉(Poonja, H. W. L.) 2.訪談 3.印度教 4.靈修

274　　110012824

目次

來自勒克瑙的獅子吼 9
採訪者介紹 17

帕帕吉簡傳 21
躍入永恆 75
現在提問的是誰？ 87
此時此刻，在勒克瑙 99
候機室裡不蓋大樓 103
沒有問題，沒有答案 119
你是誰？ 137

躍入未知 165
一切從未存在 195
沒有教導，沒有老師，也沒有學生 209
保持安靜 252

章節附註 292
詞彙表 296

來自勒克瑙的獅子吼

本書中所載的生平故事及訪談記錄，出自於拉瑪那尊者的弟子彭嘉（Hariwansh Lal Poonja, 1910-1997），「帕帕吉」是歐美弟子對他的尊稱，即「敬愛的父親」之意。從一九九〇年開始，世界各地的求道者前往印度尋師訪道，而當時拉瑪那尊者等聖者已經過世，於是在無形的自性之力的推動下，他們被推向了印度北方的城市勒克瑙，去參見拉瑪那尊者的這位弟子。帕帕吉這樣說：「他們來是因為他們渴望要見一位活著的老師。他們錯過了過去那些偉大的導師，比如佛陀、拉瑪那尊者和尼薩迦達塔·馬哈拉吉，所以他們來見我。」[1]本書英文原版的帕帕吉訪談錄的出版，是在一九九三年，恰逢他法席日隆之際。

一九九〇年，大衛·高德曼開始收集拉瑪那的弟子對尊者的回憶時，注意到帕帕吉。他專程趕到勒克瑙去採訪他，根據採訪所得，用第一人稱寫成了大約五十多頁的生平故事，也就是本書第一章中的簡傳。從中我們可以讀到一位深具虔敬道背景的修行者，是怎樣在拉瑪那的加持與教導下，最終放棄了對外相的尋求。這一場師徒之緣，充滿了諸多不可思議的情節。比如，年輕時的帕帕吉癡迷於能時時得見神顏，他遍訪名師尋求指點，卻一無所獲，只好回到北部旁遮普的故鄉。某日，一位苦行僧在家門口乞食，聽聞他的所求後，指點他前往南部的蒂魯瓦納瑪萊（Tiruvannamalai）去拜見拉瑪那尊者。帕帕吉聽從了指點，千里迢迢趕到拉瑪那道場，卻發現廳中法座上端坐著的尊者長得和那位苦行僧一模一樣，他頓時感覺自己上了當，認為拉瑪那四處招搖撞騙，因而對拉瑪那出言不遜。不過，他很快就知道拉瑪那已經幾十年未曾離開過道場。他在家門口所見的苦行僧，必然是因他心中求道甚切而感召的神蹟。雖然帕帕吉最初無法接受拉瑪那給予的「探究真我」的教導，但唯有拉瑪那堪任他的上師。拉瑪那很清楚帕帕吉的程度，在後來帕帕吉回心轉意再度拜訪拉瑪那時，拉瑪那只是說：「你已經到了。」這句簡單的話，徹底擊碎他的執念。

帕帕吉回顧自己這一生的修行之路，其實「真我」一直都在，自己八歲時就對此有直接的體驗，然後窮盡餘生之力試圖回歸到那個狀態。宿世虔愛黑天的修行習氣，使得他花費了二十多年，一直尋求外在之神。「是拉瑪那尊者，他憑藉他親身體悟的力量，讓我明白除了真我之外，沒有什麼是需要去尋找的。」

把拉瑪那的教導發揚光大

拉瑪那為世人所熟知的，是他對於「參問自性」(Self-Inquiry，即探究真我）的強調和推崇，他經常用「以青草馴牛」的比喻來解釋「參問自性」的運作，又為何比其他法門有效。拉瑪那說，心，就像是一頭頑皮難馴的牛，總是習慣去別人的地盤吃草，而遭到大家的嫌惡，被扔石塊、受到唾罵，也就是指心中對外境生出種種執著，因而遭受苦難。「參問自性」就好比拿一把甜美的青草放在牠鼻子下，把牠引回牛棚。「如果把牠強拴起來，牠只會等待時機再溜出去。如果在牛舍裡用豐美的牧草引誘牠，牠第一天會吃一口，然後繼續等機會逃走。隔天，牠吃上兩口；於是一天天地，牠吃得越來越多，直到最後，牠徹底斷除了那些頑劣的習性。一旦壞習慣消失，就能放心讓牠自由，牠不會再溜去鄰家的牧場了……當頭腦不復存在，並了悟到平靜的妙樂時，你會發現，要升起一個念頭，就和現在要排除所有念頭一樣難。妄心就是頑皮難馴的母牛，種種念頭就是鄰居的田地，而離於念頭的本初自性就是牛舍。」[2]安於自性中的妙樂，是如此美好，牛再也不會離開。

拉瑪那的教導風格寂靜如山，相較之下，帕帕吉則是迅疾如火。帕帕吉身為拉瑪那的弟子，他也給予同樣的教導：鼓勵學人持續、堅持參問自性，反覆練習，把那個向外跑的心拉回來，但他卻常強調一點，參問自性只要做一次：「只要一次。如果你做得好，你只需要參問一次。如果你做得好，它就會擊中要害。」[3]

本書收錄的訪談中，我們可以讀到他更常教導來訪者「保持安靜」（keep quiet，或be quiet）。這不是刻意壓制心念的「安靜」，而是不去理會念頭，避開觀點，不要去想什麼老師、教導、道理，放下一切意圖，鬆坦自在。這並非帕帕吉的獨創，其實是延續了他師父的手法，因為拉瑪那在世時經常用坦米爾語說「*Summa iru*」，意思就是「保持安靜」，本書中最後一章的精彩訪談以此為標題。帕帕吉說，他贊同他師父說的，最好的教導就是「保持安靜」：「只有我們保持安靜的時候，覺性才會顯露。『安靜』並不僅僅是指不說話，真正的安靜是指一切都靜下來的時候。卡比爾說：『你的頭腦要安靜，你的感官要安靜，你的身體也要安靜。這些都安靜了下來後，不要做任何事情。在那種狀態下，真理自會向你顯露。』」

參問「我是誰」時，頭腦必須帶著探究的追問；而「安靜」則是讓這探究的頭腦休息，把所有的想法都放掉。帕帕吉說：「來到這裡的人已經跟著其他老師做了很多事情。我只告訴他們：『不要努力，不要思考，保持安靜。』」這種放鬆具有禪宗的氣息，在本書所載的一個訪談中，帕帕吉認可了禪宗祖師馬祖道一的「平常心是道」的說法，他說：「保持平常心。是的，只要把那個總是認為自己還沒有覺醒的疑惑之心去除就可以了。因為你就是了，就這麼簡單。」

「他是全世界的老師」

帕帕吉以他親身尋師訪道的經歷，證明了真正覺悟的智者在這世上是極其罕見的。而在開悟的智者中，允許自己被大眾接觸到，從不拒絕求道者的來訪的，更是稀有。拉瑪那做到了，他終身不離慧焰山，凡來其道場參訪，他向來有求必應。而帕帕吉在晚年也成為了這樣的導師，二十四小時向求道者敞開大門，只是不在慧焰山，而是在勒克瑙。

在帕帕吉過世的前四年，看到世界動盪混亂，世人在靈修上困惑掙扎、求道無門，感受到眾生的需求，他並沒有沉默，而是激勵弟子效法阿育王時代的做法，主動將佛陀所宣導的和平的靈性訊息傳播到全世界。在他的敦促下，此書迅速得以編輯出版，由此吸引了一大批來自全世界各地的求道者，一時之間，勒克瑙成了新的求道聖地。而帕帕吉實已罹患糖尿病多年，當時的健康狀況並不容樂觀，已經昏迷過多次。一九九七年九月六日，他因肺炎而過世。

他繼承了拉瑪那的慈悲與智慧。然而這麼說，也只是基於我們觀察的描述，用他自己的話來說，則是「再也沒有一個叫做彭嘉的人」，他說話的時候，其實也不是彭嘉在說話，而是拉瑪那，是上師在說話：「我坐在這裡向你們介紹我的上師和他的教法。他是老師，我不是。他是你們的自性。他是全世界的老師。在你們認識他之前，他就是老師了。他就在那裡，等著你們，在你們的本心之中微笑。」

當機之眾

導師是眾生的僕人，就像是一注清澈的泉水，任憑口渴之人前來啜飲。每個導師提倡的教法也會順應眾生的需求而有所變化，但給出的，總是最適合大眾、最切中時代所需的。帕帕吉本人的教授手法也遠非本書的訪談中所能涵蓋，讀者日後有機會讀到他的三卷本傳記《一切從未發生》(*Nothing Ever Happened*)[4]時，就能看到他在不同時期面對不同的弟子，有截然不同的教導方式。本書中所收錄的訪談，主要是一九九零年代初他針對西方弟子的教導。相較於從小浸淫在虔信氛圍中長大的印度人，西方求道者的批判精神比較強烈，也更重視個人權利和社會公義，而且很多都對佛教有所涉獵。如今海內外各地的華人求道者，尤其是對印度不二論智慧教法感興趣的讀者，在靈性背景和秉性氣質上，與這些西方弟子頗有共鳴之處，所以帕帕吉的這些教導對於華語讀者而言，也甚為應機。

紅桌文化出版社在過去數年中引介了一系列拉瑪那尊者的教示、生平書籍，使華語讀者得以領受一代聖者的恩典加持。拉瑪那的一生行誼，如慧焰山一般，深邃高邈，許多有緣的求道者，僅僅看到他那靜默深沉的眼神，就已聽到永恆的召喚。作為他弟子的帕帕吉，一生的歷程與拉瑪那可謂截然相反，甚至氣質也渾然不同，他周遊天下，迅猛如獅，他周圍似乎一直燃燒著一團火焰，能將求道者的求道熱情煽至頂點，然後以「當下解脫」的獅吼，震碎修道者的迷夢。不約而同地，世人以「勒克瑙之獅」來稱呼他。他沒有出家，沒有遁世，身上帶有黑天虔愛者（*Krishna Bhakta*）的熱切與奮勇。他說：「我奮戰，是因為我虔信黑天。黑天也是優秀的鬥士，他告訴弟子阿周那必須要去為那些實際屬於自己的東西作戰……像奴隸般活著不如死了好。能生活在和平與和諧中是很美好的，但世界並非如此。有時候你必須要去戰鬥才能把公正與和平帶回來。」如今這個時代資訊爆炸，每個人都在無形中成為了概念的獵物，若不警覺，若不戰鬥，就會陷入概念的沼澤。所以，這也是一個戰場，我們要為了捍衛實際屬於自己的東西而戰，而那個東西就是「真我」。

此書是向華語讀者介紹帕帕吉的第一本中文譯作，以後將有更多的相關著作引介出版。希望這來自勒克瑙的獅子吼，能如同號角劃破長空，被更多華語讀者聽到，震散所有的疑慮、恐懼、拖延和局限。

翻譯說明

本書收錄了一些一九九〇至一九九三年間帕帕吉與一些靈修人士的訪談對話，收錄書中的訪談由帕帕吉親自選定，經由大衛·高德曼編輯，尤其是將口頭語言改成比較正式的書面語言，全書的完稿得到帕帕吉的審閱和肯定。

大多數的人名、術語在書末的「詞彙表」中都有注釋。本書正文中偶有一些注釋，為中譯者所加，主要是針對中文讀者而做的一些補充說明，以及對一些特定名詞的翻譯上的解釋。一些在西方的靈修語境中已經約定俗成的英語詞彙，比如mind、Self、vision、experience、meditate、trance、consciousness等，若固定翻譯為某一個中文詞彙，會顯得制式而僵硬，且無法盡顯其中多種的涵義，於是本書根據前後文，採取了較為靈活的譯法，特別是mind一詞，譯為「心」和「頭腦」的情況各占一半；Self一詞，譯為「真我」和「自性」的情況也各占一半。英文原書中稱呼拉瑪那尊者為馬哈希（Maharshi，意思為大悟者），鑒於目前全球各類出版物中大多採取「拉瑪那」的簡稱，本書中譯也統一以「拉瑪那」稱呼。

本書是華語世界第一本關於帕帕吉的中文譯作，此書最初譯出的篇章是〈帕帕吉簡傳〉，由智原翻譯。這一段生平記述後來經過大衛·高德曼的增修，出現在三卷本的帕帕吉傳記《一切從未發生》的第一卷中。智原也翻譯了書中〈一切從未存在〉一章。其他的章節由李智紅和孫躍如合作翻譯完成，並將智原所譯的兩章進行了譯校。顧象（即智嚴）擔任了全書的譯校，勘定了詞彙表及注釋，撰寫了序言及翻譯說明等。

鍾七條對全書文稿詳細的校對，把簡體中文轉換為繁體，並作勘誤。安霓、攖寧協助完成了校對工作。

顧象

二〇二一年三月

感謝大恩上師三不叟

把究竟的虔敬

向我們展露無遺

——譯者誌

採訪者介紹[5]

大衛．高德曼是弘揚拉瑪那尊者傳承教法的主要英文編輯者，目前為止，他一共撰寫、編輯了十六本關於拉瑪那及其弟子生平和教法的著作，其中包括帕帕吉、安納瑪萊．史瓦米（Annamalai Swami）、拉克什瑪納．史瓦米（Lakshmana Swami）等。大衛．高德曼出生於英國，在牛津大學就讀時，讀到了一本拉瑪那尊者的教言集（*The Teachings of Ramana Maharshi in his Own Words*），徹底改變了他的人生。他在大四時休學，一年後，即一九七六年，他來到南印度的拉瑪那道場，自此一直長居印度。他參訪過許多偉大的靈修導師，尤其是上述拉瑪那最著名的的三位弟子，他與三者都有長時間共同生活的經歷。除此之外，他也曾經常前往孟買拜訪尼薩迦達塔．馬哈拉吉（Nisargardatta Maharaj）。大衛．高德曼是帕帕吉唯一指定的傳記編撰者。

凱瑟琳．英格拉姆（Catherine Ingram）是《追隨甘地的足跡》（*In the Footsteps of Gandhi: Conversations with Spiritual Social Activists*）等書的作者。她在一九七四年開始毗缽舍那禪修，並且在一九七六年美國馬塞諸塞州與他人一同創辦了內觀禪修協會（Insight Meditation Society）。一九九二年一月，她在勒克瑙遇見了帕帕吉，書中所載的訪談是她在隨後的六周中所進行的。訪談刊登在一九九二年的九月與十月號的《瑜伽雜誌》（*Yoga Journal*）上。

韋斯．尼斯克（Wes Nisker）是美國舊金山的一位知名的電臺新聞記者。他開辦了與「瘋智」

相關的工作坊，是《瘋智心要》（*The Essential Crazy Wisdom*）一書的作者。他是佛教雜誌《探究之心》（*The Inquiring Mind*）的共同主編，本書中他與帕帕吉的訪談的長版收錄在這一雜誌一九九二年秋季刊上。他從一九七零年代開始修行毗缽舍那。書中的訪談在勒克瑙進行，時間為一九九二年二月。

香緹·提毘（Shanti Devi）出生於法國。周遊非洲各地後，曾在非洲大陸最南端定居了十年之久。本書出版時，她居住在勒克瑙。

亨納·瑞特（Henner Ritter）是一位醫生，也是心理諮詢師。在本書出版時，他在德國的斯圖加特管理「蓮花中心」（Padma Centre），舉辦各種研討會和活動。

傑夫·格林沃爾德（Jeff Greenwald）是《羅哲先生來自尼泊爾的街坊信件》（*Mr. Raja's Neighborhood Letters from Nepal*）和《選購佛陀》（*Shopping For Buddhas*）的作者。他的文章刊散見於《新時代雜誌》（*New Age Journal*）、《全地球評論》（*Whole Earth Review*）、《華盛頓郵報》（*Washington Post*）等報章雜誌。本書出版時，他居住在美國加州的奧克蘭。

羅恩·斯塔克（Ron Stark）和亨利·巴爾（Henry Baer）都是毗缽舍那的修行者。他們是美國加州的執業牙醫。他們在一九九〇年三月到印度，在新德里與帕帕吉進行了書中所記錄的對談。

秋吉尼瑪仁波切（Chokyi Nyima Rinpoche），是著名的祖古烏金仁波切的長子，他本人也是藏傳佛教中一位被認證的祖古。他的著作包括《大手印與大圓滿的雙運》（*Union of Mahamudra and Dzogchen*）和《中陰引導》（*Bardo Guide Book*）等。書中所載的對話發生於尼泊爾的噶寧謝竹林，秋吉尼瑪仁波切是該寺的住持。

羅摩．克勞威爾（Rama Crowell）畢業於美國紐約州的雪城大學（Syracuse University）和哥倫比亞大學。他在獲得古典文獻學的碩士學位後，到印度朝聖。一九七四至一九七八年，他像苦行僧一樣生活，學習梵文和印度哲學。在此期間，拜訪了許多聖者和聖地。一九九〇年回到印度，本書出版時，他和妻子巴克緹（Bhakti）住在勒克瑙，他們在勒克瑙大學上學，也一同坐於上師足下參加薩特桑。

大衛·高德曼與帕帕吉

帕帕吉簡傳 6

大衛．高德曼

最早的記憶

我最早的記憶是發生在我八歲時的一次深刻體驗。那是一九一九年。英國剛在第一次世界大戰中獲勝，於是讓所有學校都放一個月的假，以便學生們能去參加慶祝勝利的慶典。他們還要我們佩戴一枚小徽章來紀念勝利。當時我們住在費薩拉巴德市（Faisalabad），那是旁遮普的一部分，現在屬於巴基斯坦。我的母親決定用這次計畫外的假期去走訪拉合爾市（Lahore）的親戚。這肯定發生在那年夏天，因為我清楚地記得那時芒果正當令。

某天晚上，我們坐在拉合爾一個親戚家裡，有人開始為大家準備一種用芒果、牛奶和杏仁混合的飲料。對我這個年紀的男孩來說，這種甜點讓人垂涎欲滴，然而當杯子遞給我時，我卻沒有伸手去接的意思。並非我不想喝。事實上，我那時正剛剛被一種體驗所吞沒，它讓我如此平靜和喜悅，沒辦法接過杯子。我的母親和在場的婦女看到我突然之間動不了，大為震驚，個個都嚇壞了。她們圍過來，想弄明白這是怎麼一回事，該怎麼處理。

在此期間，我的眼睛始終閉著。雖然我無法回應她們的詢問，卻能聽見身邊的討論聲，也完全清楚她們努力想要我回復平常的樣子。她們搖晃我，輕輕拍捏我的臉，有人還把我舉起來，但都沒用。我不是故意不動。這體驗是如此勢不可擋，令我完全癱瘓，無法回應任何外來的刺激。在大約一個小時的時間裡，她們想盡辦法讓我恢復正常的意識狀態，但卻徒勞無功。

我沒有生病，這種情況在我身上從未發生過，事發之前，我也沒有表現出奇怪的徵兆。因為如此突如其來，加上未有先例，而且怎樣搖晃都無法喚醒我，於是我的家人得出了一個結論：不知道什麼原因，我突然被惡靈附體了。那時候，沒有醫生或精神病專家可以求助。發生類似的事情時，一般的做法是帶受害者去當地的清真寺，請毛拉驅邪。那時的人甚至會帶染病或擠不出奶的水牛去，希望能用驅邪術和咒語多少去除病苦。

因此，雖然我來自一個印度教家庭，我還是被抬到了當地清真寺的毛拉面前。他一邊口中念念有詞，一邊用一些金屬的鉗子在我身上掃過，這是驅邪的標準做法。毛拉一如既往很篤定地說我很快就會好起來，但他跟我家人所做的努力都失敗了，我仍舊一動也不動，家人只好帶我回家，把我放在床上。整整兩天，我都處於這平靜、喜悅、快樂的狀態，無法和人溝通，但發生在身邊的種種，我卻一清二楚。

兩天之後，我重新睜開了眼睛。我的母親是熱忱的黑天虔信者，她來到我面前問：「你見到黑天了嗎？」她看到我如此快樂，就覺得並非是當初以為的被附體，而是認為我有某種神祕體驗，和她最敬愛的神祇有關。

我回答：「不，我說不出來，我只知道我很快樂。」至於到底是什麼原因，我和家人一樣茫然無知。我那時還不知自己體驗到的是什麼，也不知道是什麼原因使我突然沉浸在那強烈得叫人無法動彈的喜悅中。

母親再度追問時，我告訴她：「那是一種無邊的幸福，無邊的平靜，無邊的美麗。我的語言沒法形容。」事實上，那是一次對自性（Self，或作「真我」）的直接體驗，但我當時還不明白。很多年後，我才完全領會當時發生了什麼。

母親還沒放棄她的想法。她拿來一張孩童形象的黑天畫像給我看，並且問道：「你是不是見到了一個長得像這樣的人？」

我再次告訴她：「不，我沒有。」

母親經常在家裡唱誦黑天拜讚歌。她十六歲時成親，十八歲時生下我。所以這件事情發生時，她仍是個年輕小姐。她長得很漂亮，歌聲優美，因此她唱拜讚歌時，很多人都來我們家聽。

雖然和我自己的直接體驗並不相符，母親還是在某種程度上讓我相信那種喜悅是由於與黑天的接觸而來的。她鼓勵我虔信黑天，說如果我冥想黑天並重複持誦他的名號，我那種對他的體驗遲早會再來。這個說法打動了我。因為自從睜開眼睛那刻起，我就感到一種強烈的渴望，想再次體驗那種狀態。既然想不出別的辦法，我就聽從母親的建議開始崇敬黑天。母親親自教我各種與黑天崇拜有關的儀式和修持。一旦開始之後，我很快就愛上黑天的形象，發自內心深深地愛上他，也很快我就忘掉我修虔信的目的是要重新找回兩天前所經歷的狀態。我開始瘋狂愛慕黑天，依戀他的形象，我對他的愛迅速取代了想要回到最初的喜悅體驗的渴望。

我特別喜歡一幅孩童黑天的畫像，就是在體驗結束那天母親拿給我看的那張。我覺得他的臉龐美得無與倫比，充滿吸引力，我很容易就向他傾倒我全部的愛和虔信。由於這份熱烈的虔信，黑天開始出現在我面前，顯現為畫像裡的形象。他定期在夜裡出現，和我一起玩耍，甚至還要睡在我的床上。我那時很天真。我沒有意識到現身在我面前的是印度教最偉大的神祇之一，他的信徒會耗費一生只求能見他一眼。我什麼都不懂，只覺得他出現在臥室和我一起玩是很自然的事。

他的色身形象和我自己的一樣那麼真實——我感覺得到，也摸得到——不過他也能對我顯現為更精微的形象。如果我在頭上蓋上毯子，我仍然能見到他。即使閉上眼睛，他的形象仍然在我面前。這位黑天精力充沛，活潑好動。他總是在我上床之後才出現。他充滿孩子氣，玩得興高采烈，讓我一直醒著無法入睡。他剛出現時帶來的新奇感也消耗殆盡，我漸漸對他的出現感到有些厭煩，因為就算我非常疲倦，他也不讓我睡著。我琢磨著用什麼辦法可以讓他離開，突然想起來打發他去找我母親會是個好主意。她是熱忱的黑天虔信者，我知道她也會很高興見到黑天的。

「你為什麼不去和我媽媽睡一塊呢？」一天晚上我問他：「你這樣讓我沒法睡覺。去找我媽媽吧。」黑天看起來對去找我母親並不感興趣。他從沒去看過她，比較想把所有時間都和我在一起。

一天晚上母親聽到我們在說話，問道：「你在和誰說話呢？」

「我在和你的黑天說話。」我直截了當地回答，「他到晚上就來煩我，不讓我睡覺。我閉上眼睛還是會見到他，有時候比睜眼時更清楚。有時候我用毯子蒙住頭，還是能見到他。他一直想要和我一起睡，但他在的時候我就睡不著。」

她走進房間來一探究竟，卻看不見。黑天來我們家這麼多次，她一次都沒見過。

而他不在的時候，我總是渴望見到他。我真的很想要見他，和他一起玩。唯一的問題是，他來的時候我常常很累，我覺得他應該過一會兒後就識趣地別來煩我，好讓我能夠躺下睡一會兒。

他並非每晚都來。有時候我見到他，有時候見不到。我從沒懷疑過他的真實性。我沒想過那只是某種淨觀[7]。有次我甚至給他寫了張明信片，告訴他我有多愛他。我寄了出去，收到他的回信時，我一點也不驚訝，郵差送來的信上好好地黏上了郵資、蓋了郵戳（我當然會收到啦）。他對我是那樣的真實，與他通信似乎很自然。

從黑天進入我的生活那一刻起，我對學校的課業就失去了興趣。我坐在教室裡，假裝在聽講，但心心念念都是黑天。有時候當極樂的浪濤在體內忽然湧起時，我會放任自己去盡情體驗，和外部世界失去了聯繫。

從第一次體驗之後，我心中就一直有一個尋求神的欲望和對神的渴求。我一直不自覺地為這些感情尋找一個出口。比方說，在我大約十一歲時，一群苦行僧經過我家。我立刻被吸引，想加入他們的行列。我告訴他們：「我的父母死了，你們能照顧我嗎？」他們同意了，於是我們就一起上路了，一直走到離鎮上大約二十公里的地方。我沒有告訴父母，所以他們這幾天發了瘋似地找我。然後聽到傳言說有人看到我和這些苦行僧在一起，才一路追蹤找到了我們的住宿地。

我記得父親在找到我後大聲喊著：「我還以為你走丟了！我還以為你走丟了！」

我對我的探險一點也不後悔。我反駁說：「我怎麼會走丟？我難道是頭水牛，會迷路不知道自己在哪裡嗎？我一直都知道自己在哪裡。」我對父母毫不領情。和苦行僧同行只是為了表達我對神的熱誠和渴望而已。我甚至對父親說：「為什麼你要來找我，而不是讓我和神在一起？」很自然，我的父親不會允許我留在那裡。他訓斥那群苦行僧，說他們的行為不負責任，然後帶我回到鎮上。

童年時，其他男孩會根據幻想扮演士兵或假裝自己是著名的體育明星或政治家。而我正相反，渴望模仿苦行僧。我對這些人的內心生活一無所知，但僅僅模仿他們的外表就讓我頗為滿足。記得有一天我決定要扮演一位裸體的苦行僧，還說服了我妹妹也加入遊戲。我們脫掉衣服，用木灰模仿聖灰塗抹在身上，並在花園裡生了一堆火，盤腿坐在火前。因為對禪修或瑜伽一無所知，我們能做到的也就這些。我們的鄰居恰好從花園的圍牆上看過來，結果一個全身光溜溜、塗滿灰的女孩映入眼簾，當然讓他大驚失色。我們那時很天真，沒想過一個小女孩赤身裸體坐在光天化日下並不得體。鄰居叫母親來，遊戲只好叫停了。

愛上佛陀

我的下一次重大的靈性探險發生在大概十三歲。我在學校的歷史課本上看見一張佛陀的圖片，那張圖是他每日只靠吃一粒米活著時的樣子。他的面容極美，但身體瘦骨嶙峋，只剩皮包骨頭。我立刻被他深深吸引，雖然當時我對他的教法一點也不懂。我只是愛上了他美麗的面容，於是決定效仿他。圖片上的他，正在樹下禪坐。

可是我當時並不知道他在幹嘛，實際上我也連禪坐是什麼也不知道。我心裡沒一點畏縮，只是想著：「我能做到。我也能盤腿坐在樹下。我可以做到和他一樣。」於是我盤起腿坐在家裡花園的玫瑰花叢下。我過著與我愛慕的人一樣的生活，覺得快樂而滿足。

後來，為了能夠更像他，我打定主意要把自己的身體也弄得像他那樣瘦骨嶙峋。那時家裡由母親分發飯菜，我們拿到後可以到旁邊自己吃。這就讓我有機會把飯菜偷偷扔掉，趁著沒人注意，我就跑到外面，把所有的飯菜都倒給街上的狗吃。過了一段時間，我可以做到什麼都不吃。我變得非常虛弱、瘦削，骨頭也漸漸突出，就像佛陀那樣。這讓我非常開心，我對自己的新狀態極其自豪。學校裡的同學見到我瘦成這樣，就給我起了綽號叫「佛陀」，我聽了很高興。

我父親在鐵路局工作。那段時間他在俾路支省[8]當站長。由於工作地點離家很遠，所以我們只有在他放假回家時才能見到他。在我開始斷食一個月後，他回到家，看到他不在時我變得如此之瘦，非常震驚。他帶我看了好幾位醫生，做檢查，想知道哪裡出問題。沒有人懷疑我在有意絕食。一位醫生告訴我父親：「他個子長得太快，所以變得這麼瘦。要給他吃有營養的食物，多喝牛奶，多吃乾果。」母親遵照醫囑，還加上了她自己的秘方，每天她都叮囑我：「多吃奶油，多吃奶油。」於是街上的狗變得又肥又開心，因為新伙食的下場和舊的一樣，都落入牠們的嘴裡。

學校那本收錄了佛陀圖片的歷史書只是給小孩看的簡單小冊子。只講了他的主要生平，但沒有好好闡釋什麼是禪修和證悟。想必作者不認為會有孩子對這些關鍵的東西感興趣吧。所以佛陀在樹下究竟在做什麼，為什麼他最終的成就如此偉大，我依然一無所知。雖然如此，我仍然感到對他的依戀，強烈地渴望要盡可能地模仿他。

我從這本書裡瞭解到佛陀身披橙色的袍子，挨家挨戶托缽乞食。這一點，我花點心思就能模仿。母親有一條白色的紗麗，我覺得那是製作僧袍的理想材料。趁她不注意的時候，我把紗麗拿走了，染成橙黃色，也就是佛陀的袍子的顏色。我用自以為正確的方法裹在身上，然後開始扮演一位托缽僧人。我拿了一只碗，在費薩拉巴德市的大街小巷穿梭化緣。回家前我會換回平日的衣服，把橙色的紗麗折好用紙包起來，塞在課本當中，覺得沒有人會想去翻那裡。

我有個朋友發現了我在做的事情，就對我說：「你這樣是瞞不過去的。會有人認出你，然後把你做的事告訴你的家人。」可是我很有自信能瞞天過海，我對他說：「你的爸媽認識我。我就穿上袍子去你家討吃的。要是我能蒙混過關，我就能瞞過所有人。」

我穿上紗麗，還在整個臉上都塗了灰，好掩飾得更徹底一些，頭上戴了頂帽子，拿著乞討的碗就走去他們家。那大約是晚上八點，黑夜也有助於我的偽裝。我喊著「畢克沙！畢克沙！」（*Bhiksha!*，「布施」之意），因為我之前見過苦行僧就是如此乞食的。我沒意識到自己的聲音可能會被人認出來，所以也就沒想過要變音。我朋友的母親應了門，沒有表現出任何認出我的跡象，還邀請我進屋吃飯。

「好師父，巴巴吉[9]，請進來吃些什麼吧。」她說，帶我進屋給了我食物。

我就順著她，表演著自己該演的角色。「我的孩子，」我對她說，雖然她應該比我年長大約三十歲，「你會有很多孩子，會有很多錢。」我聽僧人都這樣給婦女賜福。因為大部分女性都想要變有錢，想要好幾個兒子，行腳的僧人會給信徒這樣的祝福，希求得到更好的招待和好的食物。

她聽了哈哈大笑，一把掀起我的帽子，告訴我她一開始就知道我到底是誰了。她說：「你的樣子還挺像的，但是我認得出你的聲音。」然後她丈夫走了過來，她解釋發了事情的經過。

他輕蔑地說：「如果你像這樣外出乞討，誰認不出來呢？很快就會被識破的。」

現在輪到我笑了。因為那天早些時候，我在他的商店前化緣，他還給我一個派撒的銅幣。我把硬幣掏出來給他看。

這下他不得不自圓其說。他說：「我當時一定是忙著招呼顧客，看都沒看就給你了。」

我實話實說：「不，才不是這樣，你非常清楚地看到我。我一路乞討著經過你的商店。你見到我，叫我回來，遞給我這枚硬幣。我裝得夠像了，只要不和那些可能聽得出我聲音的人說話，我就瞞過去了。」

大家都被我的古怪舉動逗樂了，卻不知道我一直在用這條偷來的染色紗麗做類似的事情。他們沒有告訴我母親，所以我還能繼續角色扮演。

我母親只有三條紗麗。我拿走那條白紗麗後過了沒多久，有一天她洗了另外兩件，想找出第三件來穿，當然哪裡都找不到。她也完全沒問我，因為我不是女孩，她從沒想過我會拿走紗麗。她最後認為是自己把紗麗給了洗衣工，是那人弄丟了或忘記還回來了。

我又發現佛陀曾在公開場合講法，這就迎來了我扮演佛陀的最終篇章。講法這件事讓我很興奮，因為這是佛陀生平行誼中，我還沒模仿的面向。我對佛教一無所知，但當我站著講法時卻從未想過這會是個障礙。

我們鎮上有座鐘樓，附近搭有高臺，當地的政客通常都在上面發表演說。這算是費薩拉巴德市的中心，通往其他城鎮的起站。我穿上那身裝扮，充滿自信地登上臺階，然後開始了我第一次的公開演說。我無法記起當時說了什麼，不可能是關於佛教的，因為我當時一無所知，但我能記得自己的演講渾然天成、慷慨激昂。我對路人滔滔不絕，偶然還舉起手臂、用手指來強調重點。我見過政客演說時做這樣的動作。

我覺得自己的演說事業有個非常成功的開始，朝著全面模仿佛陀的行誼這一目標又前邁進了一步。我去了幾次鐘樓講法。不幸的是，費薩拉巴德市不是一座大城市，不可避免遲早會有熟人認出我來。所以不出意料，某天一個鄰居認出了我，還向我母親告狀。

起初母親還不信，她問：「怎麼會是他？」，「他哪裡來的橙色袍子？」然後她想起了那條失蹤的紗麗，她打開櫃子，在我放課本的地方找到了紙盒。遊戲結束了，母親發現了之後就徹底終結我模仿佛陀的短暫事業。

那是我人生中一段荒誕但非常有趣的時光，事後想來，我明白這反映了我當時的心理狀態。我對神如此熱忱渴望，但除了外在的諸神形象，我也沒有宣洩的管道。我內心有某個東西認出了佛陀的神聖，我幼稚而天真地去追隨他的腳步，我所做的種種嘗試，只是因為心中燃燒著想要找到神的渴望。我這並不是在胡鬧。我從未將之視作童年的淘氣。某種力量推動我這樣做。有些舊日業習湧現了出來，在把我推向實相，推向自性之真理。這是我的一次認真嘗試，我想找回我經歷過的幸福和平靜的狀態，我知道這就是我自己的內在實相。

母親並沒有特別生我的氣。我們關係一直很好，而且她能體會到這事情蘊含的幽默。因為我出生時她還非常年輕，所以我們彼此間比較像姊弟，不像母子。我們一起玩耍，一起唱歌跳舞，她還經常陪我入睡。

母親的修行

我提過母親是熱忱的黑天虔信者。我還應該提一下，她有一位上師，是非常著名的吠檀多老師。他瞭解許多吠檀多著作，是這方面的權威。他最愛的作品是印度教聖人尼剎達斯的《參問之海》。我母親能背誦大部分章節。許多年後，我比較認識拉瑪那之後，我發現他也喜歡這部作品，還用坦米爾文對此作了刪減，起名為《參問寶鬘》[10]。

母親的上師要她背誦許多吠檀多偈頌，她在一天中會唱誦好幾回。傳統的吠檀多修持是靠「肯定」和「否定」兩種方法來完成的。修行人要麼重複或觀修一句大教言[11]如「吾即梵」（I am Brahman），要麼以口說及感受「我非身體，我非皮膚，我非血液」等等來否定身體的認同，目的是要進入到某種心理狀態，讓自己相信自己的真實本質是自性，不要誤以為自己就是身體。

母親經常唱誦這些「我非……」的詩句，我卻常常覺得好笑。我骨子裡就是個虔愛者。我能領會對神愛慕和虔信所作的修行，但不能明白這種幾乎只是細數流水帳，沒完沒了地說「我不是什麼」的修持意義何在。母親洗澡時她會唱像是「我非尿，我非糞，我非膽汁」，我聽了實在受不了，我會大喊：「你在那裡做什麼？是在洗澡還是在洗馬桶啊？」我不遺餘力地取笑她，後來她就不再高聲吟唱這些詩句了。

母親的上師鼓勵我去當地圖書館借書，那裡有一些很不錯的靈修書籍。我開始閱讀有關吠檀多和印度教聖人的作品。在這所圖書館裡我第一次讀到了《瓦西斯塔瑜伽經》，這本書我一直很喜歡。有一天我想要借閱一本關於史瓦米．羅摩．提爾塔的書，他是位印度教聖人，二十多歲的時候去喜馬拉雅山隱居修行，年僅三十四歲時在那裡過世。我要借這本書的理由很特別：他是我母親的兄長，所以很自然我想要更多地瞭解他。

圖書館員一直觀察著我借的書籍，越來越警覺。在印度中等階層，對靈修略有興趣是完全容許的，但當這種興趣變為癡迷時，警鐘便會響起。這位善意的圖書館員大概認為我對宗教過分認真，覺得我可能會變得像舅舅一樣。如果有家裡有人年紀輕輕就出家成為雲遊在喜馬拉雅山的苦行僧，大多數家庭會很不高興。圖書館員覺得他在做好事，拒絕讓我借閱這本關於我舅舅的書。然後他去找我母親，在他看來我對神祕玄學太著迷，是不好的跡象，要她留意。不過母親毫不在意，因為她自己的生活也以修行為中心，她很高興她兒子也有同樣的傾向。

母親的上師非常喜歡我。他推薦我讀一些書，還經常在靈修上給我建議。他擁有很多土地，許多頭牛。他用一半時間教學，另一半時間則管理土地和財產。有天他向我母親提出一項驚人的建議：「請把你的兒子給我。我會指定他做我財產和靈修事業的繼承人。我死的時候，我的一切都會是他的。我會對他在靈修上的發展負責，但要得到這一切，他必須同意一個條件：他不能結婚，並且必須保持婆羅門的身分。如果他同意，而且你也允許的話，我會對他負起全部的責任。」

我母親對這位上師極其敬愛，但是她更捨不得我，沒想過要把我交給別人。她謝絕了這份提議。我非常尊敬這位上師，如果當時母親願意，我應該會很高興跟他走的。

就在這段時間，母親還宣布要帶我去見另一位師父，她希望我從他那裡得到些特別的靈修指導。我不喜歡這個主意，也不喜歡她為我選擇的人。我告訴她：「如果你帶我去見他，我會測試他是否真的已經降伏了自己的欲念。我只要一見到他，就會往他臉上打一巴掌。如果他動怒了，我就知道他還沒有自制力。如果他不生氣，我就會聽他的，無論他教什麼我都接受。」母親知道我不是在開玩笑，不是說說而已。她不願意因為我無禮的行為而丟臉，所以就放棄了她的計畫。

荷麗節入定

大約在我十五歲那年的荷麗節[12]慶賀時我去了一位朋友家。他母親給了我一些為節日準備的炸蔬菜。我高高興興地吃了兩塊。因為很美味，我就問能否多給我一些。出乎意料的是她拒絕了。我看到她做了很多，而且還準備做更多，所以不明白為什麼她只准我吃兩塊。後來我才知道，因為她在裡面放了大麻葉（*bhang*），所以不希望我服下過多的劑量。那個年代在節慶食物裡放點大麻葉很普遍。比如婚禮上，大麻葉會讓客人高興，促進食慾。婚禮是暴飲暴食的好時機。客人被大麻刺激食慾，變得飢腸轆轆然後狼吞虎嚥。

回家後我坐下吃晚飯。母親做了一些烤薄餅。我吃完了她做的所有薄餅，還覺得餓，還想再吃，她就又做了一些，但還是不足以填飽我。她做好一個我就吃一個，還一直想吃更多，直到我大概吃了二十塊，她才意識到我出了什麼問題。她大笑著說：「你吃了大麻，是吧？誰給你吃的？」我告訴了她炸蔬菜的事，她又大笑了起來。我終於明白為什麼朋友的母親只允許我吃兩塊。我除了感覺到極度的飢餓，還開始感到有一點迷茫。

那天晚上我們睡在同一個房間。大約午夜時我下了床，結跏趺坐並且大聲喊道：「你不是我父親！你不是我母親！」然後進入了深層的禪定。我的父母醒了過來，但他們對我的舉止並沒有很在意。他們認為那些大麻葉產生的作用還沒退，我只是受這個影響而已。

凌晨三點，我還閉著眼坐在那裡。我胡言亂語，發出奇怪的聲音，於是我的父母又被吵醒了。這次他們試圖叫醒我，但我入定太深，無法被喚出定。母親覺得我神志不清，胡言亂語，要我父親出門找醫生。那是假日的三更半夜，很難找到願意上門的醫生。雖然如此，他最後還是找到一位醫生帶回家。

父母焦慮的盯著醫生幫我做了全身檢查。我能覺察到他所做的檢查，也能聽得到母親憂慮的話語，但是我沒法把自己帶出那個狀態，也無法做出正常的行為。醫生最後宣布了他的結論。他對我的父母說道：「可喜可賀，你們有一個非常棒的男孩，非常好的兒子。他身體上沒有什麼問題。只是進入非常深的禪定。結束時，他會非常自然地出定，完全恢復正常。」

那一整夜以及隔天一整天我都沉浸在那個狀態中。白天我繼續發出奇怪的聲音，沒人聽得懂。直到當地一名梵學家經過我家，聽到我在說的話，他聽出來了，於是進門來說：「這個男孩正在用梵文唱誦《夜柔吠陀》的章節。他是在哪裡學的？什麼時候學會這樣唱誦的？」

最有可能的答案就是，這是我在某一世學會的。那時候我會說旁遮普語，這是我的母話，當地穆斯林說的是烏爾都語，還有一點點波斯語。我不懂梵文，也從未聽說過《夜柔吠陀》。一定是大麻葉觸發了某一世遺留下來的記憶和知識。正如醫生所預言的，我最後回到正常狀態，不懂梵文，也不知道吠陀為何物，繼續過著普通的日常生活。

善提 善提

後來大約在我十六歲的時候，發生一件不尋常的事。我那時的學校是雅利安社辦的，這是十九世紀興起的一股印度教改革運動。學校以創辦者達雅南陀史瓦米命名。因為那是一所寄宿學校，我們男孩都睡在宿舍。

每天早上我們都要在外面集合，圍成半圓坐著唱誦祈禱文。唱誦的結束語是「唵，善提，善提」（即「唵，和平，和平」之意）。祈禱結束時，學校操場上會升起一面印有「唵」的旗幟。當旗幟冉冉上升時，我們都必須要跳起來大喊：「勝利屬於法！勝利屬於印度母親！勝利屬於達雅南陀史瓦米！」

一天早上祈禱結束時，「唵，善提，善提」的唱誦讓我整個身體變得麻痹。我開始無法動彈，正如我八歲在拉合爾市別人遞給我芒果飲料時那樣。我察覺得到周圍發生的一切，內在感到極其平靜而喜悅，但我的肌肉卻絲毫不聽使喚，也不能對周圍發生的事情做出回應。其他男孩子都跳起來，對旗幟敬禮，就我一個人癱坐在地上。

監督祈禱活動的老師見我坐在地板上，認定我在偷懶或不守紀律。他把我的名字記下來，要我去接受校長的懲罰，這表示我必須在隔天早上到校長那裡挨打。老師就這樣走了，也沒確認我動彈不得的原因。與此同時，別的男孩開始拿我取樂。他們一發現我沒有能力回擊他們的嘲弄，就作勢弄一場葬禮。他們抬起我的身體，把我平放在肩膀上，假裝抬著我去墓地火化。因為我沒法抱怨或反抗，只能隨他們胡鬧。等他們鬧夠了，就把我抬回宿舍丟在床上。剩下的一天，我都待在那裡動彈不得，但卻沉浸在一種內在的平靜和喜悅之中。

隔天早晨，我完全恢復了，就去校長那裡報到接受懲罰。他拿出藤條，但在他動手之前，我問他：「校長，請問，我做了什麼？犯了什麼錯呢？」校長也不知道。老師只是給了校長一張處罰的名單，因為老師自己是不能體罰的。他向那位記下我名字的老師查證了一下，知道我在前一天有「不守紀律」的行為。

我告訴校長：「我並不是不想站起來。我是突然間全身麻木不能動了。」我把我的體驗講給他聽，解釋說這是由於聽到早晨祈禱的結束語「善提，善提」而觸發的。校長是非常好的人。作為聖雄甘地的支持者，他擔任校長不支薪，因為他相信印度教男孩必須要在印度教的環境中成長並接受教育。在那個時候，大多數學校不是政府組織的世俗機構，就是由傳道士管理的基督教團體。既然校長應該向學生灌輸印度教的價值和觀念，如我因為聽到印度教的祈禱文後產生神祕體驗來懲罰我，就太荒謬了。於是他放過我，後來我們成為了很好的朋友。

自由鬥士

因為我對黑天的興趣持續不減，所以我的學業並不理想，沒念大學。反而是在十八歲時，我當業務，需要四處旅行。我很喜歡這份工作，因為這讓我有機會環遊印度。一九三〇年，我二十歲時，父親決定我該成家了。我根本不想結婚，但為了避免和一大家子人抗爭，我還是同意和父親挑選的女子結婚了。我成了一家之主，有一兒一女。

之後的幾年，我非常關注民族相關的政治事務，一度達到了可以與長期熱愛黑天相提並論的地步。要理解這段故事，有必要說一下當時的背景，與我們在生活和工作上所受的種種限制。

一九三零年代，政局極不穩定。英國對於印度的統治受到多重的挑戰。當時的氣氛讓人覺得，如果我們自己能好好組織起來，向政府施以足夠的壓力，就能終結殖民統治。甘地是最著名的自由鬥士，正在推動一場非暴力不合作運動，他希望有足夠多的印度人拒絕服從英國政府的命令，那麼英國人就會接受事實，承認無法繼續統治這個國家，然後就會讓我們自己管理自己的事務。這套理論，我是不買帳的。我從以前就深信應該採取直接的行動，當時我還覺得我們應該和英國人武力交鋒，給他們點顏色瞧瞧。我想：「如果有人闖進我家，把我家佔為己有，要我們做東做西，服從命令，那麼我們該怎麼辦？」甘地擁護者的回答是：「禮貌地要求他們離開，如果他們說『不』，那麼拒絕服從他們所有的命令。」我覺得這是懦夫的行徑。根據我的經驗，掠奪他人財產的人，跟他們客氣是沒用的，所以當時我傾向拿起棍棒，用武力把他們趕出去。

但是要怎麼做呢？英方的組織完善，而且我知道直接的身體攻擊不會撼動他們的權力架構。我於是決定先學一些瑜伽神通，然後用這些神通來攻擊英國人。我常常在夜裡去墓園召喚亡靈，控制他們，派他們去對付英國人。我成功地勾召出各種各樣的亡靈，也能讓他們聽命於我。但很快我就意識到這些靈體的力量很小，並非對抗英國人的有效武器。

我毫不氣餒，加入一群自由鬥士，決定直接對英國人採取軍事行動。我們本質上是一群破壞者，目的是藉由襲擊關鍵軍事、經濟、政治目標來打遊擊戰，對抗統治者。我接受製造炸藥的訓練，期待著有朝一日能見到一些直接的軍事行動。

雖然我並沒有直接參與，但總督所乘坐的去往白沙瓦（Peshawar）的火車爆炸事件是由我們這個團隊負責的。我們的裝備有點原始，引爆必須依賴引信，而不是遙控器，由於時機不對，我們最終炸毀的是與總督乘坐的車廂相鄰的車廂，讓總督毫髮無傷地逃脫了。

這次莽撞的突襲激怒了英國當局。他們發動了大規模的搜捕，我們小組中的領導成員大多被逮捕了。我沒有被找到，得以逃脫。然而我們這個小組因此而受到嚴重打擊，基本上算是解體了。剩下幾個人決定走另一條路。那時正值第二次世界大戰，英國政府也在積極招募印度士兵加入英軍。我們認為應該加入英軍當臥底，學習戰術、戰略等等，待日後時機成熟就可以起義，或者直接把槍指向英國人。有幾個人還認為一旦學習到了戰爭兵法，就可以開溜加入印度國民軍，和日本人一起對抗英國人。我向印度軍事學院申請加入指揮官訓練課程，馬上就被錄取了。看來幸運的是，英國政府並沒有我加入遊擊隊活動的記錄。

很快我就發現，我們的計畫並不切實際。我們人數太少，根本不足以形成起義的核心力量。此外，在嚴謹而階級分明的部隊組織中，要進行有效的顛覆活動顯然不可能，屈服於現實，我才漸漸放下革命的念頭。

聽起來可能奇怪，在這段軍旅生涯時期，我對於黑天的依戀以及濃烈的愛從未消滅。無論何時我想到祂，喜悅的波浪就會湧現，我常常發現自己處於狂喜之中，完全無法控制自己的身體。比如說有一次，我正走在城中，不經意間聽見有人提到「黑天」的名號。單單是一聲名號就讓我進入一種如癡如醉的狀態，極難控制自己。虔信的浪潮把我淹沒，我差點沒在馬路中央入定。

軍旅生活

軍旅生活表示要保持行為規範和嚴守軍隊紀律，公然展現對印度教神明的熱愛，是不被接受的，嚴重的話會危及到我的職涯。

於是我開始過雙面生活。白天，我扮演著軍官的角色，沉著冷靜，不露聲色。夜裡，鎖上門後，我就變身為愛慕黑天的牧牛女。我會支開我的傳令兵，告訴他不要在早上五點送茶時打擾我。這樣，我就能整晚都和我所愛的黑天在一起。我並不滿足於持誦祂的名號，或對著一動不動的圖畫或塑像禮拜，我想要黑天本尊出現在我面前，就像在我小時候祂經常做的那樣，這樣我可以直接向祂傾訴我對祂的愛。

我假裝自己是黑天的伴侶拉妲。我覺得如果我在各方面都模仿她，黑天就會出現。我穿上紗麗，戴上鐲子和女人的珠寶裝飾，臉上還化了妝。我進入了一種狀態（*bhava*）[13]，覺得我就是拉妲，因思念著神聖的愛人而憔悴。這招奏效了。黑天現身了，我向祂傾訴衷腸。黑天現身後的隔天早晨，我的臉上都會洋溢著神聖之愛帶來的幸福。

我有個長官誤以為我這個狀態是喝醉了，就命令營區餐廳的酒吧服務員，每天不得給我超過三小杯酒。酒吧服務員說我從來不喝酒，這倒是八九不離十，但是長官不相信，他就是不懂，如果不是酒精作用，怎麼會有人看起來這樣喜形於色。

在我短暫的軍旅生活裡，澆熄了我的報國雄心。我對黑天的熱情倒是與日俱增到無以復加的地步。對於一個只想全身心擁抱黑天的虔信者來說，軍隊並不是個可以久留之處，於是我辭去了職務。在戰爭時期要退伍是很難的，但我向一位指揮官解釋了我的困境，他深表同情，在他的幫助下，我得以卸下職責，結束軍旅生涯。

尋神之旅

我回到家就發現父親怒氣沖沖。他認為我有妻子和家人要養，放棄這麼有前途的工作，又沒別的後路，實在不能原諒。

這倒是真的。我原本可以在軍隊裡大有作為。我在軍官培訓學校的同學，凡是繼續留在軍中的，一九四七年印度獨立之後都在軍隊裡擔任要職。我才不在乎呢！除了找到神並且緊緊抓住祂之外，我覺得其他都不重要。

離開軍隊後，我不想找工作，我反而覺得自己需要一位靈性上師來幫助我與黑天的愛戀。我能偶爾讓祂出現，但我希望祂一直都在。既然我無法隨意召喚黑天，所以覺得要找一位老師幫我或者能為我做到這一點。因此，我對未來的上師只有一個要求：他必須親眼見過神，並且有能力讓我看到神。別的能力都無關緊要。

我本著這一個標準，開始周遊印度，拜訪全國上下著名的道場和上師。我去拜見了一些非常有名的人，如濕婆難陀・史瓦米（Sivananda Saraswati）、塔波梵・史瓦米（Tapovan Swami）、阿南達・瑪伊・瑪（Ananda Moyi Ma）、羅摩達斯・史瓦米（Ramdas Swami），兩位商羯羅阿闍梨[14]和眾多沒那麼知名的靈修界人士。在我所到之處，我都問同樣的問題：「你見過神嗎？你能讓神現身給我看嗎？」所有人的回答都大同小異。他們想傳我咒語，或叫我禪修。他們都特別強調，神不可能像變戲法的兔子一樣從魔術師的帽子裡蹦出來，如果我想見到神，就必須苦行多年。

我不想聽這些。我告訴所有的師父和上師：「我是問你是否你能讓我見到神。如果你能，能立刻做到，那就告訴我。如果要付出什麼代價，也請告訴我。無論要付出多少代價，我都會付。我沒有興趣坐在這裡，年復一年唱誦你們的咒語。我要現在就見到神。如果你不能馬上讓我見到神，我就去別處找能做到的人。」我遇到的人沒有一個說可以讓我見到神，我又失望又頹喪，最終不得不回到我父親家裡。

遇見拉瑪那

我回家後不久，一名苦行僧出現我家門口乞食。我請他進屋，供養他一些食物後，問了他我心裡最關切的問題：「你能讓我見到神嗎？如果你不能，你知道有誰可以？」

讓我非常意外的是，他給了我一個肯定的答案：「有的，我知道有個人能讓你見到神。如果你去見到他，你就萬事大吉了。他的名字叫拉瑪那。」

我之前從未聽說過這個人，於是就問他住在哪裡。苦行僧說：「在拉瑪那道場，蒂魯瓦納瑪萊。」因為我也從來沒聽說過這個地方，於是詢問該怎麼到那裡。

他給了我詳細的指示：「乘火車去馬德拉斯[15]，到了那裡就去埃格莫爾（Egmore）車站。窄軌列車就從那裡出發。從那裡乘車去一個叫維魯普蘭（Villupuram）的地方。你得在那裡換車，乘坐往蒂魯瓦納瑪萊的火車。」

我拿紙筆記下了這些細節，心情很複雜。聽到在印度至少有人能夠讓我見到神，我非常高興，但也清楚自己沒錢去見他。我之前那次失敗的朝聖之旅花光了我在軍隊工作時的積蓄，而且我也知道父親是不會資助我的。他反對我為了修行去旅行，他認為，我應該把時間用於養家糊口，這也是人之常情。

所以當我告訴父親我要去南部再參見一位師父，他大發雷霆：「你的妻子和孩子怎麼辦？」他質問道：「離開軍隊還不夠嗎，你現在要跑到印度另一頭，繼續沉迷在尋師訪道上？」顯然，他是不會幫忙的。

之後不久我去鎮上，偶遇一位老朋友。他經營一家茶攤。

他說：「好久沒見到你了。我聽說你從部隊辭職了。」

我回答：「是啊！我再也不幹了。」

「那你現在做什麼呢？」他問道。

我回答：「沒事做，我算是在找工作吧。」

他說：「那你先坐下吧。我給你倒點牛奶喝。既然現在你失業了，就不用付錢了。」

我坐下來，開始翻閱桌上的報紙。因為剛被他說起我失業的事情，我於是翻到了徵人啟事那一頁，有個空缺看起來就是為我量身定做的：「招聘退役部隊軍官。地點馬德拉斯。」英國軍方正在尋找退役軍人來管理一家英軍餐廳底下的福利社。我看了一下招聘地點，發現刊登廣告的招聘單位就位於附近的城市白沙瓦。我寄了申請書，附上一張我穿著軍裝的照片，然後立刻就錄取了。不僅如此，雇主還給了我去馬德拉斯的旅費，告訴我可以一個月後再來報到。於是我就有去見拉瑪那的錢，還可以在報到之前有時間能和他在一起。

那是一九四四年，我當時三十四歲。我根據苦行僧的指示搭乘火車來到蒂魯瓦納瑪萊。下車後我發現拉瑪那的道場距離還有約三公里遠，在鎮上的另一邊。於是我雇了一輛牛車載我和行李前往道場。一抵達道場，我就跳下車，把行李丟在男眾宿舍，飛也似地去找那個能讓我見到神的人。我往大廳的窗戶裡望，看到有個人坐在沙發上，而這人，正是出現在我旁遮普家門口的那個苦行僧。

我覺得很反感，心想：「這傢伙是個騙子，他先是出現在我旁遮普家裡，叫我去蒂魯瓦納瑪萊，然後就跳上火車好搶在我前面趕到這裡。」我氣到不行，覺得這個大廳也不用進了，默默地把他加入我第一次環遊印度朝聖時遇見的一長串騙子名單中，我轉身回到宿舍去拿行李。

就在我準備坐上載我來道場的牛車離開的時候，一位常住道場的男子和我搭話，問道：「你不是從北部來的嗎？你看起來像北方人。」後來我知道他名叫佛萊姆吉（Framji），在馬德拉斯經營一家電影院。

「是的。」我回答。

「你不是剛剛才到嗎？」他問道，注意到我正準備離開。「你不打算在這裡住個幾天嗎？」

我告訴他我來到蒂魯瓦納瑪萊的前因後果，最後說：「這個人就這麼周遊四方，到處推銷他自己。我可不想見他。我來這裡是因為他說有人能讓我見到神。如果這個人真的有能力讓我見到神，為什麼他在旁遮普見我的時候不這麼做呢？為什麼要我大老遠地趕到這裡？我對見這樣的人沒興趣。」

福拉姆吉說：「不，不，你搞錯了。在過去的四十八年裡，他從未離開過這小鎮。要不是你認錯了人，不然就是他的肉身還在這裡時，靠著他的神力，在旁遮普化現出了一個身形。曾有一個從美國來的女孩子也說了個類似的故事。這樣的事情確實偶爾會發生。你確定你沒有認錯人嗎？」

「沒有。」我毫不猶豫地回答：「我認得他。我沒有認錯人。」

他回答：「既然如此，請你留下來吧。我會把你介紹給住持，他會給你安排住的地方。」

因為我的好奇心被挑動了起來，於是我聽從了他的建議。這事有點奇怪，我想弄明白到底是怎麼回事。我打算在私底下和拉瑪那當面對質，讓他對他奇怪的行為做出解釋。

但是，我很快就發現他從不私下接見別人，於是我決定等他接見訪客的大廳比較空的時候再去見他。

我在道場吃了午飯。用餐結束時拉瑪那和侍者回到他的房間。沒有人跟在後面。我當時不知道道場有個不成文規定，在上午十一點半到下午兩點半之間，訪客不該去見拉瑪那。住持認為拉瑪那需要在午飯後休息幾個小時，但因為拉瑪那是不會同意立下規定，阻止人去見他的，於是就形成了一種折衷方案。他的大門永遠敞開著，但訪客和信徒都被旁人積極勸阻下來，不要在這段時間裡去見他。我對此毫不知情，就徑直跟著拉瑪那進了他的房間，心想這正是進行私下對話的最佳時機。

拉瑪那的侍者，一個叫做克里希納史瓦米（Krishnaswami）的男子試圖阻擋我，他說：「現在不行。兩點半後再來。」拉瑪那聽到了我們倆在說話，就告訴克里希納史瓦米我可以進去見他。

我語帶挑釁地質問他：「到我旁遮普家來看我的那個人是你嗎？」拉瑪那保持靜默。

我又問了一遍：「你是不是來過我家，還叫我到這裡？是你要我來的嗎？」拉瑪那仍不做聲。

既然他不願意回答這些問題，我就切入此次來訪的主要目的。我問：「你是否見過神？如果你見過，你能讓我見到祂嗎？我願意付出任何代價，甚至我的生命，但是你必須讓我見到神。」

他回答：「不，我不能讓神現身，也不能讓你看見神，因為神不是一個可以被看到的客體對境。神是主體。祂是觀者。不要去管那些能被見到的客體對境。找到觀者是誰。」他還補充：「你自己就是神。」這就像是在斥責我尋找一個外在而有別於我的神。

他的話並沒有打動我。對我來說，這和我從全國各地的師父聽到的種種藉口沒什麼兩樣。他承諾過讓我見到神，而現在卻試圖告訴我非但他不能讓我見到神，而且別人也都不行。若不是在他說出要我去找這個想要見到神的「我」是誰這句話之後，我立即有某種體驗的話，我早就把他和他的話拋到一邊了。

他說完那番話就看著我，當他凝視著我的眼睛，我整個身體開始震顫、發抖。一陣神經能量的顫慄穿過我的身體。我的神經末梢彷彿在跳舞，汗毛全都豎了起來。我開始覺察到在我之內的靈性之心。那不是肉體的心臟，而是一切存在的源頭和支柱。在此真心之內，我看到也感到有個什麼東西，就像收攏的花苞。它非常亮，是淺藍色的。

在拉瑪那的注視下，在我所處的內心寂然中，我感覺到這顆花苞打開並綻放開來。我用了「花苞」一詞，但這不是準確的描述。更準確的說法應該是在心之中、在我之內，有個感覺像花苞一樣的東西打開並綻放了。

而當我說「心」一詞時，並不意味身體的某個特定的地方正在開花。這個心，吾心之心，既不在身體之內也不在身體之外。我沒法給出更準確的描述來說明到底發生了什麼。我能說的只是在拉瑪那的臨在中，在他的凝視下，心打開並綻放開來。那是一次非同尋常的體驗，我之前從未有過。我來到這裡並沒想過要尋求什麼覺受體驗，所以這個發生時，我非常震驚。

雖然在拉瑪那的臨在中我得到極其有力的一次體驗，但他所說的「你自己就是神」和他建議的「找到觀者是誰」並沒對我產生強烈的吸引力。他說的話和我在他身邊所產生的體驗，都沒有驅散我想要尋找身外之神的執著。

我心想：「自己成為巧克力有什麼好的，我想要嘗到巧克力的滋味。」我想要與神保持分離，這樣就能夠享受和祂融合的喜悅了。

那天下午，信徒進來的時候，我帶著一名狂熱的黑天虔信者的偏見打量他們。就我所能見到的，他們只是在那裡安靜地坐著，什麼也不做。我心裡想：「看來這裡沒人在唱誦神的名號。看不到有人帶著用來念誦的念珠。他們怎麼好意思認為自己是合格的信徒呢？」當時我對於宗教修行的看法相當狹隘。這些人可能都在禪修，但在我看來，他們只是在浪費時間。

我又把挑剔的目光轉向拉瑪那，升起了類似的念頭：「這個人應該為他的追隨者樹立一個好榜樣。他卻只是靜靜地坐著，也不給予任何關於神的開示。他自己似乎並不唱誦神的名號，也不用任何方法專注繫念於神上。這些弟子會這麼懶懶散散地坐著，就是因為師父本人也就這麼坐著，什麼都不做。這個人自己對神沒有表現出任何興趣，他又怎麼能讓我看到神呢？」

這樣的想法飄蕩在我腦海中揮之不去，不久之後，我就開始對拉瑪那和他身邊的人生起了反感。去馬德拉斯報到之前我還有些時間，但我不想在道場裡和這些懶於修行的人一起度過。於是我去慧焰山的另外一邊，大概幾公里之外，在山丘北麓的森林裡找到一處安靜的好地方，在那裡安頓下來，獨自一人做我的黑天持誦，不受打擾。

我在那裡待了大約一周，沉浸在虔信修行中。黑天經常現身在我面前，我們一起玩了很久。最後，我感到是時候返回馬德拉斯準備就職了。離開小鎮的路上，我再次拜訪了道場，一方面是去告別，另一方面是要告訴拉瑪那我不需要他的幫助來見到神，因為靠我自己的努力，我每天都能見他。

當我出現在拉瑪那面前時，他問：「你去了哪裡？你住在哪裡？」

「在山的另一邊。」我回答。

「你在那裡做些什麼呢？」他問。

這打開了我的話匣子：「我一直和我的黑天一起玩。」我洋洋得意。我對自己的成就非常驕傲，覺得自己比拉瑪那厲害，因為我非常確信在那段時間黑天肯定沒有出現在他面前。

「哦，是這樣嗎？」他評論道，看起來有些吃驚也有些感興趣，「非常好，非常好。那現在你能看到祂嗎？」

我回答：「不，先生，現在沒有。只有我有淨觀的時候我才見到他。」我仍然對自己很滿意，覺得我被賜予擁有這些淨觀，而拉瑪那卻沒有。

拉瑪那說道：「所以黑天來和你玩，然後祂消失了。一個出現又消失的神有什麼用？如果他是真的神，祂必然一直和你在一起。」

拉瑪那對我體驗到的境界缺乏興趣，這讓我有些洩氣，但還不至於讓我甘心聽取他的建議。他告訴我要放棄追求外在之神，而要去找到是誰想要見到神，找到這個源頭。這對我來說，實在消化不了。我用了一生時間來虔信黑天，這使得我除了尋求人格化的神之外，無法接受別的求道方式。

雖然我對他的建議不感興趣，但拉瑪那身上還是有些什麼東西啟發了我、吸引著我。我請他傳我一句咒語，希望藉此能讓他認可我這種求道的方式。

他拒絕了。不過後來，我到達馬德拉斯後，他倒是在夢中傳了我一句咒語。隨後，我問他是否願意剃度我出家，因為我對馬德拉斯的新工作沒什麼興致，接受這份工作純粹是為了有機會來見拉瑪那，他也拒絕了我這個請求。於是在我帶著偏見的眼中，除了有過一次不錯的體驗和收到了一些糟糕的建議，我從拉瑪那那裡一無所獲，於是我回到馬德拉斯上任。

在馬德拉斯的日子

我找到一間不錯的房子，大到足夠容下我全家居住。我就開始新工作了。因為要撫養妻小，雖然我對工作本身沒有興趣，但還是盡責盡力。所有閒暇的時間和精力我都用來親近黑天。我在家裡佈置了一間普嘉房[16]，告訴妻子當我在裡面時，絕對不要打擾我。每天清晨我兩點半起床開始修行。有時候我讀一些黑天的故事，奧義書或《薄伽梵歌》，而大部分時間是在持誦名號。我把持名和呼吸同步起來。

我算出自己每天大約呼吸兩萬四千次，於是決定每次呼吸至少要重複一次神的名號。我形成了這樣的觀念，我的每一次呼吸，如果沒有用在憶念神之名號上，那就是個浪費。我發現這是個相對容易達到的目標。

然後我想到：「我的人生中之前有好幾年完全沒有念誦名號。那些年所有的呼吸都白白浪費了。如果我把每日持誦增加到五萬聲，就能彌補年輕時浪費掉的那些呼吸。」很快這個新目標也達到了，時時刻刻我都能做到念誦和呼吸保持同步。

我會待在普嘉房裡，從淩晨兩點半起一直唱誦名號，直到早晨九點半必須離家去辦公室。早晨十點開始上班。每天下班回家後，我把自己鎖在普嘉房裡，繼續念誦黑天名號直到入睡。我睡覺也是在普嘉房裡，這樣就有效地切斷了我和家人之間的所有互動。我甚至不再和他們說話。

有天淩晨兩點左右，我聽到門外有說話聲。我知道那不是我妻子，因為我告訴過她，我在普嘉房時絕對不要來打擾我。於是我想到，可能是我旁遮普的一些親戚過來看我們。從旁遮普出發的火車通常在傍晚時分到達馬德拉斯，但我覺得很可能是火車誤點了幾個鐘頭，所以他們這個時間才來到我家。我好奇心起，決定開門看看來的是誰。

想像一下我有多驚訝吧。一打開門，沒見到自己的親戚，卻看到了羅摩、悉塔、拉克什曼、哈努曼[17]閃閃發光地站在門外。不知道祂們在那裡幹什麼。我一生大部分的時間都在呼喚黑天，從沒覺得對羅摩有什麼依戀或興趣。雖然如此，我還是懷著極大的敬畏和虔誠向祂們行禮。

悉塔舉起手，開始向我說話：「我們從阿育提亞[18]來拜訪你，因為哈努曼告訴我們在馬德拉斯有一位非常了不起的黑天虔信者。」我看著祂舉起的手，不經意間注意到祂手掌上的紋路。這副畫面一定是永遠地刻進了我的記憶中，因為每次我回想起這個場景，都能清楚地看到祂手掌上的所有紋路，就像祂出現在我面前的那天一樣。我能肯定的是祂們的身體並非尋常的人類色身，我能透視祂們的身體，隱隱地看到祂們身後的東西，但祂們真的美極了。過了一段時間，眼前的景象轉變成了一副風景，我看到一座山，金翅鳥遨遊在天空，向我飛來，但始終沒有到達我的身邊。當這一切發生時，我完全感覺不到時間的流逝。

這景象似乎只持續了很短的時間，但我最終還是被妻子拉回現實，她說我如果再不去上班就要遲到了。因此，我猜一定是從淩晨兩點半左右持續到上午九點半左右。因為這個淨觀，那天是我第一次沒有完成自己規定的每日五萬的名號誦持。雖然那淨觀令人敬畏，但我依然為忽略了持誦而感到愧疚。我沒有向辦公室裡的人談及淩晨發生的事情，因為我已經養成了在辦公室裡儘量少說話的習慣。只有當有事務要處理時我才開口，否則就保持沉默。

靈魂的暗夜

那天晚些時候，我試著唱誦時，卻發現無法再重複黑天的名號了。不知為何，我的心拒絕合作。我也讀不進任何靈性書籍。我的心，無念而寧靜，無法專注或去注意任何擺在面前的靈修對境。這實在太令我迷惑不解了。整整二十五年，神的名號一直毫不費力地在我心中流淌，而現在我卻連一聲都說不出來。

我立刻去見馬德拉斯羅摩克里希那傳道會的領袖，他叫凱拉薩南陀·史瓦米（Swami Kailasananda），我告訴他我修行中遇到了問題。我數年來一直在念誦神的名號，也閱讀了很多靈修的書籍。我告訴他現在無論我如何努力，我的心都沒辦法集中在任何與神相關的事物上。

凱拉薩南陀·史瓦米回答我說，這就是基督教密契者所說的「靈魂的暗夜」。他說這是修行的一個階段。在這個階段，修行者發現經過數年用功之後，修行突然變得非常困難或者毫無回報。他要我不要放棄努力，還要我來參加傳道會舉行的薩特桑[19]，因為他覺得在那樣的氣氛裡，我也許會更容易恢復對神的憶念。但我對他的建議很不滿意，所以我沒有再回去過，也沒有參加集會。我去見了馬德拉斯其他幾位著名的師父，但是他們多多少少說的都是同樣的東西：「不要放棄嘗試，來參加我們的薩特桑，我們相信這個問題會很快消失的。」

我從沒參加過這些集會，一部分原因是我對這些建議不以為然，另一部分原因是為我認為這些人沒有資格向我提出建議。雖然我能看得出他們都是很好的修道人，但我也能感到他們並不曾親睹神的面容，而在我看來，他們要是有過這種體驗的話，會更有資格對我的情況作出判斷。

我的念頭再次轉向蒂魯瓦納瑪萊的拉瑪那。前不久我在普嘉房內見到他的形象，他微笑著站在我面前，什麼話也沒有對我說。那時候我也沒把這個顯現當成多麼重要的事，現在我改變看法了。

我想：「這個人，以某種方式大老遠地來到旁遮普，出現在我家門前，指引我去蒂魯瓦納瑪萊見他。我去到那裡，坐在他身邊時有一次很好的體驗。這個人肯定有資格指導我。或許他在我屋內出現就表示他想要我再去蒂魯瓦納瑪萊見他。無論如何，既然在馬德拉斯沒有人能提出我認為有價值的看法，我或許應該去見見他，聽他怎麼說。」我對拉瑪那的那套道理還是沒什麼興趣，但是我確實記得自己當時頗被他的人格和存在所吸引。

再次拜見拉瑪那

之後的那個週六下午，我有半天的假期，周日又自然是每週必有的休假。於是我跳上火車，又一次來到了拉瑪那所在的大廳。如同上一次拜訪一樣，我覺得我的事情是私事，所以還是要找一個沒有旁人在場的機會和他交談。我用了上次會面時同樣的手法，在午飯後去見他。我知道那個時候大廳裡幾乎沒有人。如同上次那樣，侍者試圖勸說我晚些時候再來，而拉瑪那再次制止了他，允許我進來和他說話。

我坐在拉瑪那面前，開始訴說我的遭遇：「過去的二十五年來，我一直在修行，主要是重複持誦黑天的名號。直到最近我還可以每天持誦五萬聲名號。我還經常閱讀靈修讀物。然後羅摩、悉塔、拉克什曼、哈努曼在我面前現身。他們離開後，我就無法繼續修行了。我無法繼續持誦名號，讀不進書，無法禪修。我感覺到內在很寧靜，但心中卻不再有任何專注於神的渴望。實際上，甚至就算我想要努力也都做不到。我的心拒絕繫念於神。我到底是怎麼了？我該怎麼做？」

拉瑪那看著我，問道：「你是怎樣從馬德拉斯來到這裡的？」

我不明白他為何要問這個，但還是禮貌地回答：「搭火車。」

他問：「你到達蒂魯瓦納瑪萊車站時發生了什麼？」

「嗯，我下了火車，交回車票，然後叫了一輛牛車帶我來到道場。」

「當你到達道場，付錢給車夫，然後牛車怎樣了？」

「它就離開了，應該是回鎮上去了。」我說道，仍然不明白這一串問題意指何處。

然後拉瑪那開始解釋他的用意所在：「火車把你帶到了目的地。你下車是因為你不再需要它了。它已經把你帶到你想要到達的地方了。

「牛車也是如此。它載你來到拉瑪那道場後，你就下了車。你不再需要火車或牛車了。它是帶你到此的工具。現在你就在這裡，它對你就沒有用處了。

「你的修行也是如此。你的持誦、你的閱讀和你的禪修帶你來到了靈修的目的地。你不再需要它了。並非你自己放棄了你的修持，是修持自行離開你，因為它已完成使命。你已經到了。」

接著他專注地看著我。我能感覺到我的整個身心正在被純淨之流洗滌，被他寂靜的目光淨化。我能感覺到他專注的目光看進我的心。在那種無法言喻的凝視下，我感覺體內的每一個微小粒子都被淨化了。就好像有一副新的身體正在被創造出來。轉變的過程還在繼續：舊的身體正在一個微粒接著一個微粒地死去，而新的身體正在被創造出來。忽然，我明白了。我知道，這個和我說話的人，實際上就是我本來的樣子，就是我一直以來的樣子。在我認出自性的剎那，我受到猛烈的衝擊。

我有意使用「認出」（recognition）一詞，因為當這體驗[20]向我顯露的一剎那，我就知道，絕對沒錯，這就是那個八歲男孩在拉合爾拒絕芒果飲料時所沉入的那種平靜而喜悅的狀態。拉瑪那寂靜的凝視再次讓我安住在那原初的狀態，但這一次，它是永恆的。為了重新回到孩童時期的原初狀態，長久以來一直在尋求身外之神的這個「我」，消亡於拉瑪那所揭示的對自性的直接了知與體驗中。我無法準確描述在那時或現在的體驗是怎樣的，書上說得很對，這是文字無法傳達的。我只能說一些週邊的事情。我能說每一個細胞、每一顆粒子都猛然警醒，因為它們全都認出並體驗到了那個驅動並支撐它們的自性。但對於體驗本身我無法形容。我知道我的求道之路已徹底走到盡頭，但那「知道」的源頭永遠都不可描述。

我站起身，充滿感激地向拉瑪那禮拜。我終於明白他之前和這次的教導是什麼。他曾告訴我不要執著於人格化的神，因為所有的形象都會消逝。他看出我主要的障礙就是神的莊嚴形象及我對神的熱愛。他曾建議我忽略那些倏忽即逝的神祇的顯現，轉而去參問想要見到這些顯現的「那個」的本質和源頭。他曾試圖將我指向真實而永恆的東西，但我自大又愚蠢，沒有理會他的建議。

事後我發現，「我是誰」這個問題是我在多年前就該問自己的。我八歲時就對自性有直接體驗，然後我窮盡餘生之力試圖回歸自性。是母親讓我相信虔信黑天能再現這個狀態，並且某種程度上給我洗腦，使我開始尋求外在之神，她說外在之神能給我帶來我極其渴求的那個體驗。在這一生的靈性探索中，我曾遇見數百位苦行僧、師父和導師，但沒有一位能像拉瑪那那樣，告訴我這個簡單的真理。沒有一位說過：「神就在你之內。祂並不有別於你。你就是神。若你問自己『我是誰』來尋找心念的源頭，你會體驗到他就在你心中，那就是自性。」如果我早年就遇見拉瑪那，聆聽他的教誨並且付諸於實踐，我或許就能免於多年來徒勞無功的向外尋覓了。

對拉瑪那的偉大，我必須還要再說一點。在我見到羅摩後的那幾天裡，我踏遍馬德拉斯，尋求關於如何再次開始我修行的建議。我見到的師父都一本正經地說著陳詞濫調，因為他們不能像拉瑪那那樣看透我的真心和頭腦。幾天後，當我坐在拉瑪那面前，他並沒有要我繼續努力，因為他可以看到我已經達到了一種狀態，在這種狀態下，我的修行無法再繼續下去了。他說：「你已經到了。」他知道我已經準備好證悟，並且用他神聖的注視，使我安住於他的境界之中。

真正的上師能看透你的頭腦和真心，知道你處在何種狀態，給出的建議永遠都中肯而貼切。那些還沒有安立於自性的人，給出的建議只是基於他們自己有限的體驗或他們聽到或讀到的東西，這樣的建議通常很愚蠢。真正的老師永遠不會用糟糕的建議誤導你，因為他總是知道你需要什麼，總是知道你處在什麼狀態。

覺悟的過程

在我繼續講述我的故事之前，我想先回顧一下我求道之路上的主要事件，因為這能說明一般覺悟過程是怎樣的。首先，必須要有對神的渴望、對神的愛慕，或對解脫的渴望。否則就沒有證悟的可能。以我自己的情況來說，我八歲時的體驗喚醒了內在對神強烈的渴望，以至於我用了四分之一個世紀的時間對神孜孜以求。這份對神或對證悟的渴望就如同內在的火焰。我們必須要點燃這個渴望，然後煽旺這個渴望，直到成為熊熊烈火，吞噬自己所有其他欲求和興趣。除了「我想要神」或「我想證悟自性」之外的念頭，都足以障礙證悟的發生。如果這樣的念頭出現，就表示火還燒得不夠猛烈。

在我還是一名狂熱的黑天虔愛者的日子裡，我一直在都在煽旺自己對神的渴望之火，並且在此過程中燒盡了我其他所有的欲求。如果內在之火燃燒得足夠久而且足夠猛烈，它終究會焚毀那個唯一的、核心的、壓倒性的對神或自性的渴望。這至關重要。因為只有當這種渴望也離開了，證悟才會發生。在這個最後的渴望消失後，是無念的寂靜。這並非終點，只是一種念頭和渴望不再升起的心靈狀態。這就是在馬德拉斯，羅摩出現在我面前之後我所經歷的事情。我所有的念頭和欲望都不見了，以至於我無法再繼續任何修行。

很多人都曾有短暫瞥見自性的體驗。有時候這是自行發生的，常見的是在一位證悟的上師身邊發生。

短暫的瞥見之後，這種體驗就結束了，因為念頭和隱藏的渴望並沒有被根除。自性只會接受、使用並且完全摧毀已全然脫離了欲望習氣的心。那就是我在馬德拉斯那幾天的內在狀態。但是在那幾天裡證悟並沒有發生，因為還缺乏最後的要素。我需要上師的加持，我需要坐在他面前，我需要他告訴我「你已經到了」，而且我需要信任他，我需要他以神聖的目光把他的力量和慈悲傳遞給我。當拉瑪那的凝視遇上我沒有欲望的心，自性就伸出手來，一把將頭腦徹底摧毀，再也無法升起或運作了。留下來的，唯有自性。

我在前面提到過，是母親將我變成了黑天虔信者。覺悟之後，我發現她只算得上是誘因，我對黑天那種特殊熱情的根源可以追溯到我在南印度做瑜伽士的前世。在我瞭解到了那一世的經歷之後，我這一世的人生軌跡就說得通了。

在上一世，我是個有名的黑天虔信者，有自己的弟子，還建造了一座黑天神廟，其中有一座巨大的白色石雕神像。在那一世裡，我常常達到無分別三摩地狀態，但是還未能了悟自性。我的障礙之一是我仍然對道場裡的一名工人有性欲。她是一名低種姓婦女，在道場做些零活。我從未和她有進一步的接觸，我非常努力地控制自己的欲望，但欲念從未完全離開。當我轉世為彭嘉後，她就是我最終迎娶的女子。那個精微的欲望就足以帶我轉世，我必須娶她和她組建家庭。這就是業力。

我作為黑天瑜伽士那世的生命終結方式不太尋常，可以說有些恐怖。當時我進入無分別三摩地，並在其中停留了二十天。弟子們認為我死了，因為他們觀察不到任何呼吸或血液在流動的跡象。有一位來自當地村裡的人，應該是這方面的專家，他被帶到這裡來看看命氣是否已經離開了我的身體。他仔細檢查了我的囟門，然後說要在上面鑽洞，來看看是否體內還有生命跡象。他借來一把砍椰子的工具，在我顱頂鑿了一個洞。他向洞內看了看後，宣布我已經死亡。我的弟子們接受這一判決，在寺院附近挖了一個墓穴[21]，把我埋葬了。於是我就這麼被活埋了。別人在頭頂鑿洞以及弟子們最終埋葬我，對這一切的活動我完全知曉，卻無法用任何方式回應，因為我深深地融入於無分別三摩地。這和我今生在孩童時期的經歷出奇得相像，那些經歷中，我一直沉浸在平靜和幸福中，對周遭所發生的事物完全知曉，但是沒辦法回應。

許多年前，我曾到過南部，去探訪過這座神廟。我對上輩子的路線記憶猶新，雖然離城很遠，沿途好幾個路口要轉彎，我仍然能給計程車司機指路。它和我記憶中的一模一樣。我樹立的白色黑天神像依然在那裡。我還去看了那舊日的墓地，但已經不在了。當地的河道稍有改變，把它沖走了。

拉瑪那教導我不應再追逐黑天等神的形象，因為這些都是倏忽即逝的。雖然自從他向我開示了我是誰之後，我就聽從了他的教導。但是，諸神的形象仍然繼續出現在我面前。即使是現在，在我的靈性探索結束了幾十年之後，黑天仍然時常向我現身。無論他何時出現，我依然能感受到對他深切的愛，但是他不再有力量推動我去尋找任何自性之外的東西了。

容我解釋一下。小時候，我認為黑天的身體是真實的，因為我能碰觸得到。現在我知道這並不是辨別真偽的標準。真實應該是永遠存在而恆常不變的，唯有無形的自性才符合這個定義。現在我可以說，小時候在臥室出現的黑天形象只是短暫而不真實的幻影，是從覺性這唯一的真實中展現出來的。所有出現在我生命中的黑天的顯現都可歸為此類。如今我安住於自性，就算諸神現在就出現在我面前，我也不會再被那莊嚴的形象欺騙或迷惑，因為我知道無論這些顯現看上去是多麼強大、多麼美麗，那都是幻覺。所有的力量和莊嚴都在我之內，是我的自性，我不再需要去別處尋求這些了。

覺悟之後

在拉瑪那的座前有過那次最終體驗後，我的外在生活基本上和之前差不多。我回到馬德拉斯繼續上班，盡我所能掙錢養家。每當週末或我累積足夠的假期，我會回到蒂魯瓦納瑪萊，坐在上師的腳邊，盡情沐浴在他存在的光輝之中。那個在第一次拜訪時曾激烈挑釁拉瑪那的刻薄狐疑的求道者已經徹底不見了，剩下的只有對他的愛。

在我覺悟之後的頭幾個月，我沒有起過一絲念頭。我可以去上班，履行所有的職責，而頭腦裡卻沒有一個念頭。我去蒂魯瓦納瑪萊時也是如此。無論我是在大廳裡和拉瑪那坐在一起，還是在山上散步，或是在鎮上買東西，我所做的每一件事都完全不帶任何心念活動。那是一片內在的寂靜之海，從來沒有起過一絲念頭，泛起漣漪。沒過多久我就明白了，在世間行事並不需要頭腦和念頭。人安住於自性時，某種神聖的力量會接管他的生命。所有的行動都會自然而然地發生，並且非常有效地進行，不需要頭腦的努力或行動。

我經常在週末帶著家人和同事去道場。在所有我帶去的人裡，拉瑪那似乎特別喜愛我的女兒。她在馬德拉斯的時候，坦米爾語學得很好，所以她能用拉瑪那的母語和他交談。每次我們到訪的時候，他們總是一起歡笑嬉戲。

有一次，她坐在拉瑪那面前，進入到一種似乎是甚深的禪定狀態。午餐鈴響時，我也沒法喚醒她。拉瑪那要我不用管她，讓她靜靜待著，於是我們就自己去吃午飯了。回來後，發現她還在原地、處於原來的狀態中。又過了幾個小時，她才回到日常清醒的狀態。

查德威克少校（Major Chadwick）一直饒有興趣地注視著這一切。我女兒的禪定結束後，他向拉瑪那說道：「我在這裡已經超過十年了，但我從來沒有過這樣的體驗。這名七歲的女孩似乎毫不費力地就達到了。為什麼會這樣？」

拉瑪那微微一笑，說：「你怎麼知道她不比你年長？」

在這次強烈的體驗後，女兒愛上了拉瑪那，並且開始非常依戀他的身形。

我們離開之前她告訴拉瑪那：「你是我的父親。我不想回馬德拉斯。我會在這裡和你在一起。」拉瑪那笑著說：「不，你不能待在這裡。你必須和你的親生父親一起回去。去學校完成學業，然後如果你想來的話就再回來。」

這次體驗對她的人生產生了深遠的影響。就在幾周前，我偶爾聽見她在廚房裡跟別人說話，說從那之後她沒有過一天忘失過那次體驗。但如果你問她那是什麼體驗，她卻無法給出答案。如果有人問她：「那天你坐在拉瑪那面前，在禪定裡發生了什麼？」她的回答永遠是一樣的。她就會開始哭。她沒辦法形容或解釋到底發生了什麼，就算是對我也不能。

穆斯林辟爾

另一次拜訪時我帶去了一位在馬德拉斯遇見的穆斯林辟爾[22]。他是巴格達的一位教授，有過一次內在覺醒後，就專心於宗教生活。他來印度是因為他突然感到有一種衝動，想去拜訪一些印度教的聖人，想看看他們所在的境界。我鼓勵他和我一起去見拉瑪那，我想不出更偉大的印度教聖人了。在蒂魯瓦納瑪萊，我們一起在大廳坐了一會兒，目視著拉瑪那。然後辟爾站起身，向尊者致敬，然後就走出去。我追上他，問他為什麼走得那麼突然，他說：「我已在印度教的花園裡嗅到了這朵殊勝之花，我不再需要去聞別的花香了。現在我此行圓滿，可以回班加羅爾了。」

這個人是智者，在和拉瑪那相處的短短幾分鐘裡，便能完全明白印度教智者的芬芳與伊斯蘭聖人們達到的至高體驗沒有區別。

這樣的悟者非常稀有。在過去的大約四十年裡，我遇到無數的苦行僧、史瓦米、大師等等。我去過百萬朝聖者參加的大壺節；去過印度許多大道場；我曾遊歷喜馬拉雅山區，遇見許多避世的隱士。我遇到過擁有大神通的瑜伽士，他們真的會飛。但自從證悟的這些年來，除了拉瑪那本人之外，我只遇到過兩個人，他們讓我相信他們已經達到全然圓滿的自性覺悟。這位穆斯林辟爾就是其中之一。另一位是我在卡納塔克邦（Karnataka）的路邊遇見的一位沒那麼知名的苦行僧。

我當時在克里希納吉里鎮（Krishnagiri）附近一個偏僻的地方等車，克里希納吉里鎮是蒂魯瓦納瑪萊和班加羅爾之間的一個小鎮。有一個看起來衣衫不整的男子走了過來。他穿著破爛骯髒的衣服，腿上露出多處沒癒合的傷口，他一點都不在乎，任由傷口感染長出了蛆蟲。我們聊了一會兒，我提議為他去掉腿上的蛆蟲並給他一些藥，好讓傷口癒合。他對我的提議毫無興趣，他說：「讓蛆蟲待在那兒吧，牠們正在享用午餐呢。」

我覺得不能讓他這麼慘，於是就從披肩上撕下一條布，綁在他的腿上，這樣至少他有一條乾淨的繃帶。我們互道再見後，他就走入了附近的森林。

我已經看出此人是位智者，於是開始猜測是什麼特別的因緣讓他如此忽視自己的身體。此時一位婦女走了過來，她剛才在路邊的小攤上賣蒸米糕和脆餅。

她說：「你非常幸運，那是位偉大的聖雄。他住在森林裡但幾乎從不現身。大家從班加羅爾趕來參拜他，但他從不讓人找到，除非他自己想要見人。我整天坐在這裡，但一年多來，這還是我第一次見到他。也是我第一次見到他接近一位完全陌生的人，並且主動和他說話。」

我稍微岔開話題說到這位邋遢的智者的故事，因為他和穆斯林辟爾正說明了我想講的兩點。第一點已經間接提過了，雖然許多人都暫時對自性有過直接的體驗，但全然且永恆的證悟是極其罕有的。我這麼說是基於親身經驗，走在各種靈修道路上的人，我親眼見過的數目絕對不下百萬。

第二點也很有意思，因為它說明了拉瑪那是多麼的難能可貴。在我覺悟以來遇見的人之中，只有三個人完全讓我信服他們是智者，而只有拉瑪那一位，讓自己能被大眾接觸到，每天二十四小時，任何想要見他的人都能見到他。克里希納吉里的修行人藏身於森林之中；穆斯林辟爾在馬德拉斯住我家時，一直關在房裡拒絕見客。在這三者之中，唯有拉瑪那容易找到，也容易接近。

我自己先前的拜訪也說明了這點。對我兩次午飯後的造訪，他大可默不作聲，讓侍者把我打發走。相反，他感覺到我有迫切的問題，允許我進門，把困擾我的事情說出來。從來沒有人因為不夠成熟或不適合而禁止與他接觸。訪客們和弟子們可以坐在他身邊，想坐多久都可以，所有的人都能吸收盡可能多的加持。單單就他的智慧（*jnana*）而言，拉瑪那就是讓人高山仰止的精神巨人。他一直有求必應，他的偉大光輝也因此更加燦爛。

在拉瑪那道場

在拉瑪那道場時，我會坐在拉瑪那所在的大廳裡，聽他處理弟子的疑難雜症。偶爾，如果某些答案不甚清晰，或和我自己的體驗不符，我就會發問。在軍隊裡的訓練教會我對所教的內容要打破砂鍋問到底，直到完全明白為止。對於拉瑪那的教法我也採用了同樣的原則。

比如說有一次，我聽見他告訴一位訪客靈性的心之中心位於胸腔右側，「我」之思維（I-thought）從中升起並沉沒於此。這和我自己對心的體驗不符。在第一次拜訪拉瑪那時，我的心打開並且綻放，我知道它既不在身內也不在身外。而當我第二次拜訪，對自性有永久性的體驗時，我知道不能說心是受限於身體，也不能說它在身體之內。

於是我加入談話，問道：「為什麼您把靈性之心安放在胸腔右側，並且限定它在那個位置呢？對於心來說是沒有左右的，因為它不在身內或身外。為什麼不說它無處不在呢？您怎麼可以把真理限定在身體內的某個位置呢？與其說心在身內，倒不如說身在心內還更準確些。」我發問時氣勢豪邁，毫不畏懼，因為這是我在軍隊所受的訓練。

拉瑪那給出的回答讓我完全信服。他轉過身來，對著我解釋說，他這個說法只針對還以為自己等同身體的人：「說『我』是從身體右側，從胸部右邊某處升起，這一說法是給那些依然認為自己是身體的人聽的。對那些人，我說心的位置就在那裡。但是，如果說『我』是從位於胸部右側的心中升起、消融，這個說法確實不大正確。心只是實相的另一個名稱，它既不在身內也不在身外。對它而言，沒有內外之分，因為唯它即是。我所說的『心』並不是指生理器官或神經叢一類的東西，但只要某人還認同身體，還認為自己就是這副身體，我就建議他去看『我』之思維是在身體的哪個部位升起又消融的。這個心一定是在胸部右側的，因為每個人，無論他的種族和宗教，無論他用哪種語言說『我』，都會指著胸部右側來表示自己。世界各地都是如此，所以一定是這個地方。每日專注地觀察『我』的念頭，在醒來時升起、在睡眠中消融，就可以見到它就在右側的這個心裡。」

我喜歡在拉瑪那獨自一人或周圍人很少的時候與他交談，但這種機會並不常有。大部分時間他都被人群包圍著。即使我向他提出問題，我也必須有一位翻譯在場，因為我的坦米爾語不足以應對哲理上的談話。

夏天是能和他安靜相處的最好時節。因為天氣很熱，很少有訪客到來。有一次在五月炎夏鼎盛之時，大概只有我們五個人和拉瑪那在一起。在場的查德威克開玩笑說：「我們是您可憐的弟子，薄伽梵。有錢去山裡避暑的都走了。只有我們這些窮光蛋留下來。」

拉瑪那笑著回答：「是啊，夏天待在這裡，沒有遠遠的跑開，這是真正的靈熱[23]。」

有時我會陪拉瑪那繞著道場散步。這讓我能和他單獨交談，並且親眼觀察他是如何對待弟子和道場工人的。我看到他監督食物的分發，確保每個人都得到同等的分量。我看到他勸誡工人不要停下工作向他禮拜。他所做的每一件事，都是在給我們上課。他所走的每一步，本身就是一種教導。

拉瑪那更喜歡以一種低調、不顯山露水的方式對待周邊的人。他不大張旗鼓地展現神力，他的加持只是持續而微妙地散發出來，不動聲色地滲入每個和他接觸的人的心裡。

我親眼見過一件事，剛好體現拉瑪那對待眾人的那種微妙而間接的方法。一位女子帶著她死去的兒子來見拉瑪那，把屍體放在拉瑪那的足下。這個男孩應該是被蛇咬死的。女子央求拉瑪那使他復活，而拉瑪那故意對她和她的一再請求毫不理會。過了幾個小時，道場住持請她把屍體帶走。女子離開道場時遇見一位像是弄蛇人的男子，他聲稱能救活她兒子。這名男子在男孩手上被咬的地方做了些什麼，男孩就立刻活了過來，雖然他那時已經斷氣好幾個小時了。

道場裡的弟子將這奇蹟歸功於拉瑪那，紛紛說：「若有危難求諸於智者，某種『神聖之力』自然就會啟動，解救困苦。」按照這個說法，拉瑪那並不是有意識地做了什麼來救這個男孩，但在更深的無意識層面，只要他知道存在這個困境，就能讓應該出現的人出現在應該在的地方。

拉瑪那當然否認和此奇蹟有關。「是這樣嗎？」這是他在得知男孩戲劇性康復時的唯一反應。

這是典型的拉瑪那。他從不表演神蹟，對於那些似乎是因為有他在場或由於弟子對他的信心而發生的奇蹟，他也從不承認和他有什麼關係。他不加以克制的「奇蹟」，只有那些內在的轉變的「奇蹟」。一句話、一個眼神、一個動作，或僅僅是保持靜默，他就能讓周圍人的心安靜下來，令人開始覺察到自己究竟是誰。還有什麼比這個更厲害的奇蹟呢？

「我和你同在」

一九四七年，英國政府在穆斯林的壓力下，決定在印度獨立後進行分治。穆斯林占多數的地區將建立新的巴基斯坦國，其餘的地區會成為獨立的新印度。在西北部，邊境線大致是南北走向，位於拉合爾市以東。這就表示我的家人會在八月獨立後歸屬巴基斯坦。在獨立前的幾個月裡，許多穆斯林從印度移居到之後巴基斯坦的領地。同時，居住在即將歸屬於巴基斯坦地區的許多印度教徒也移居回印度。兩邊都情緒沸騰：想離開巴基斯坦的印度教徒被穆斯林襲擊、搶劫甚至殺害，而想離開印度的穆斯林也遭到印度教徒以牙還牙。暴力不斷升級，甚至有些搭載印度教徒離開巴基斯坦的火車，整車都被穆斯林劫持擊斃，而另一方面，印度教徒也襲擊運載著穆斯林的列車，殺害上面所有的乘客。我當時對此一無所知，因為我沒興趣讀報紙，也從不聽廣播。

一九四七年七月，獨立前一個月，達瓦拉吉·穆達利爾（Devaraja Mudaliar）來找我，問我是從旁遮普哪裡來的。我說是拉合爾以西三百二十公里的地方，他告訴我即將印巴分治，並強調我的家人和我父親的房子都要歸屬巴基斯坦了。

「你的家人現在都在哪裡？」他問。

「據我所知，他們都還在我的家鄉。他們住的地方以後不在印度國土之內。」我這麼回答，因為我和他們很少聯繫。

他問道：「那你為什麼不去接他們呢？他們在那裡很不安全。」他告訴我現正發生大屠殺，堅持我有責任照顧家人，把他們帶到安全的地方，他甚至建議我把他們帶到蒂魯瓦納瑪萊。

「我不去，」我告訴他，「我不能離開拉瑪那。」這不是藉口，我是確確實實這樣覺得的。我對拉瑪那的感情已經到了我愛他愛到視線無法離開他的地步，我也無法想像自己要去到國土的另一端，還不知道要去多久。

那天傍晚，我們陪拉瑪那在道場外散步，達瓦拉吉·穆達利爾對尊者說：「彭嘉的家人似乎還滯留在西旁遮普。他不想回去，也不想把家人接出來。還有不到一個月就要獨立了。如果他現在不去，可能就太遲了。」

拉瑪那同意他的看法，認為我應該和家人在一起。他對我說：「你的家鄉會有很多麻煩。為什麼你不立刻去那裡呢？為什麼不去把你的家人接出來？」

雖然這就相當於命令，但我還是在猶豫。自從拉瑪那為我指出真面目的那天起，我就感覺到對他無盡的愛和深深的依戀。我由衷地感到除了和他的關係外，我在這個世界上已了無牽掛。我當時的態度是「我對這個人非常感激，他化解了我的恐懼，消除了我心中的黑暗，讓我看到光明。除了他之外，我不可能對誰再有牽掛」。我想要向拉瑪那解釋我的態度。

我說：「過去種種如同幻夢，夢中我有妻子和家庭。當我遇見您，您結束了我的夢。我已經沒有家庭了，我只有您。」

拉瑪那反駁說：「如果你知道家人是場夢，那你留在那場夢裡完成你的職責又有什麼關係呢？如果只是一場夢，你為什麼要害怕到夢裡呢？」

於是我解釋自己不想離去的主要理由：「我太眷戀您的身影。我無法離開您。我如此愛您，我無法把視線從您身上移開。我怎麼走得開呢？」

「無論你在哪裡，我都和你同在。」這就是他的回答。從他對我說話的方式，我看得出他很確定我必須離開。他最後的這句話，其實就是對我即將踏上的旅途和未來人生的祝福。

我瞬間明白了他話裡的深義。這個「我」是上師的真實本性，也是我自己的內在實相。我怎麼可能遠離這個「我」呢？那就是我自己的自性，我的上師和我都知道除此之外再無其他。我接受他的決定。我向他禮拜，第一次也是最後一次觸碰他的雙足以表達崇敬、愛慕和尊敬。通常他不讓任何人觸碰他的腳，但當時是個特別的時刻，他沒有反對。起身前，我收集了一些他腳下的塵土，放在口袋裡留作神聖的紀念。我還請求他給我祝福，直覺告訴我，這將是我們最後的告別。不知道為什麼，我知道我再也見不到他了。

最後一班火車

我離開道場趕往拉合爾市。那裡的氛圍就和別人告訴我的一樣糟糕。憤怒的穆斯林四處奔走叫囂：「殺死印度佬！殺死印度佬！」還有人喊著：「巴基斯坦輕易就到手了，現在讓我們殺進印度拿下它吧！讓我們高舉利劍征服它！」

我到火車站買了一張回鄉的車票，在一節空蕩蕩的車廂裡坐下，放下行李，走到月臺的茶攤上買東西喝。我沒料到車子會那麼空，於是就問一位過路人：「怎麼回事？為什麼車子那麼空？」

他告訴我：「印度教徒不再旅行了。他們不敢搭火車，因為在這裡他們已經是少數。許多乘客都被殺死了，沒有人再願意搭火車。」

在那些暴力的日子裡，印度教徒和穆斯林分坐不同的車廂，這樣如果出了什麼事，可以保護自己人。我見到的那節幾乎無人的車廂是給印度教徒乘坐的。

這時內心有個聲音，那是我上師的聲音，他對我說：「去穆斯林的車廂和他們坐在一起。在那裡你不會有事的。」看起來這倒像是個好主意，只是我懷疑自己是否有能力糊弄我的穆斯林同胞，讓他們相信我是他們的一員。我的穿著和他們很不一樣，而且在我一隻手背上有一個非常醒目的「唵」字刺青。我來自印度教婆羅門地區，那裡的人認為所有的穆斯林都是染汙不淨的，因為他們吃牛肉。任何人要進到我們家都必須先出示他的手背。當地的印度教徒都在手背上刺一個「唵」字，穆斯林則沒有。印度教徒可以進屋，而穆斯林不能。

我聽從了那個聲音，和穆斯林坐在了一起。我是否有權坐在那裡，沒人提出反對或質疑。火車開到鄉間的某處後，被穆斯林攔下，所有在印度教車廂裡的乘客都被槍殺了。沒有人注意到我，雖然至少在我自己看來，我明顯就是一個印度教徒。

到站後，我下了火車，朝老家走去。我到達時，屋門緊鎖上了門。我敲門，卻沒有人應。最後我父親在屋頂探出頭來看是誰。

我喊道：「是你的兒子。你看不出來嗎？認不出我的聲音了嗎？」

他認出了我，對我的歸來非常驚訝。

他知道家庭責任從來不是我優先考慮的。「你回來做什麼？」他有些難以置信地問道：「旁遮普滿是戰火。到處都在殺印度教徒。不說這些了，你是怎麼到這裡來的？還有火車嗎？」

我回道：「是的，還有火車。我就是坐火車來的。」

我父親想了一會，然後做了一個重大的決定。他說：「這樣的話，你必須帶著家人離開旁遮普，把他們安頓在印度。如果火車還在運行，我可以給你們所有人弄到鐵路通行證。」

次日，帶著相關的通行證，我帶著全家三十四口，幾乎全都是婦女，離開了西旁遮普去往印度。我們從拉合爾市乘坐的火車是離開該市前往印度的最後一趟火車。印巴分治之後，就再也沒有列車能穿越邊界了。

拉瑪那派我到旁遮普履行我的責任。這是他的典型做法，因為他從不允許弟子不顧家庭責任。他對我說的那句話「無論你在哪裡，我都和你同在」，就是要我去履行我的義務。當我第一次聽到那句話時，只領會到其中的哲理涵義。我沒有想到，在現實中我也一直受到他的照顧和保護。事實證明了這一點。他告訴我在火車上應該坐在哪裡。在大屠殺發生後的二十多個小時候裡，我一直坐在穆斯林車廂裡。雖然我有耳洞，手背上有「唵」字的刺青，這兩個都是典型的印度教徒的身分標示，但我沒有被認出來。在極度混亂的環境中，我給一大家子人都找到了座位，搭上從拉合爾市到印度的最後一班火車，順利脫險。獨立之後，跨境列車線路中止了，邊境也封鎖了。

到達勒克瑙

我帶著家人來到勒克瑙，因為我有一個在部隊裡認識的朋友住在那裡，我可以求助於他。在他的幫助下，我找到了合適的住所。我不可能再回到拉瑪那身邊了，因為我是家庭成員裡唯一能掙錢的人。從巴基斯坦逃往印度的難民在離開前被剝奪了所有財產，甚至連私人的首飾也被拿走了。抵達印度時，我們只隨身帶了一些替換的衣服。因此，給這一大群貧困無依的流亡者提供衣食用度，我義不容辭。

拉瑪那給世人的教導我已經聽了幾年，我深知他給一家之主的建議從來都是：「安住自性，履行你的世間職責而不帶任何執著。」在接下來的幾年中，我有充分的機會來實踐這一理念。

我必須日以繼夜地工作來維持家人的開銷。我一直是個高大而強壯的男人，年輕時我是名成功的摔角手。然而即使有這樣的體魄，在那段時間裡我也是精疲力盡、舉步維艱。我們流落在一片陌生的土地上，要盡力滿足三十四口人的需求和期望實屬不易。不巧的是，我的家人沒覺得有任何節儉度日的必要。在我難得回家的日子，一進家門就會看到滿滿一屋子婦女，喝著茶，煎著一大堆炸蔬菜。我記得那時幾乎每週都要給她們買一罐十八公斤的食用油。

上師永在

一九五〇年四月十四日，傍晚八點四十七分，我正走在勒克瑙的街道上。我突然感到胸部一陣劇烈的抽痛，差點昏倒在地。我當時覺得應該是心臟病發作了。過了幾秒鐘，我看見很多人抬頭，一顆巨大的流星劃過天空。在印度各地有數千人在拉瑪那剛過世的幾秒鐘內見到這顆流星。許多人說他們直覺就明白了流星代表拉瑪那離開人世。不過我那時完全沒有想到這一點，直到第二天收聽電臺新聞時才知道他的離世。

在說完這個我與上師之間的故事前，我還必須要說最後一件事情。

許多年之後，我坐在恆河邊，經歷了一次不尋常的禪觀，我看到自己，這個曾經是彭嘉的自己在時間長河裡的各種轉世。我看著這個自己在不同身體與形象間轉換，曾是種種植物、種種鳥獸、種種人身，每一次都在不同的時間、不同的地點。這一幕出奇的長。成千上萬次的轉世，恆河沙數的歲月，一一在我面前出現。最終出現的是我這一世的身體，隨後就是拉瑪那尊者那燦爛的形象。然後禪觀結束了。拉瑪那尊者的出現，終結了這看起來永無止境的輪迴轉世。因為他進入我的生命，這個以彭嘉之形象出現的自己不用再轉世了。拉瑪那僅用一個眼神，就摧毀了它。

我看著這永無止境的轉世一幕幕上演，同時也覺得時間是以正常的速度在流逝。也就是說，我真的感覺好像過了數百萬年。而當我的意識恢復正常時，我發覺整個場景其實只發生在一瞬之間。人可以在夢裡經歷一生，醒來後會發覺夢中流逝的時間不是真實的，夢中的人不是真實的，那個人所居住的世界也不是真實的。這一切都在醒來的一剎那了悟。同樣地，當一個人了悟自性時，會在那一瞬間明白，世界，以及看似活在其中的生命，也都不是真的。

恆河邊這的一幕讓我清楚地明白這個真理。我知道在輪迴中的所有生生世世都不是真的，是拉瑪那讓我了悟自性，知道真正的我是誰，讓我從這虛幻的長夜夢魘中醒來。現在，脫離了這荒唐的輪迴，從自性這唯一實相的角度出發，我能說：「沒有任何東西存在，沒有任何事情發生，唯有不變而無形的自性永存。」這就是我的體驗，這就是每一個了悟自性者的體驗。

幾個月前，一次我在勒克瑙主持的薩特桑上，有人遞給我一張紙條，末了寫道：「我謹向您，特別是向拉瑪那尊者過去的弟子[24]，致以崇高的敬意和感恩。」我沒法放過話裡的細節。「你為什麼要說『曾經的』？」我大聲說道，「請糾正你的時態！請糾正你的時態！我是他的弟子！他是我的上師。你怎能把他歸到過去時態？對於上師，沒有過去也沒有未來。甚至沒有現在，因為他超越了時間。」

一九四七年，我和他的色身別離的時候，他告訴我：「無論你在哪裡，我都和你同在。」這是他的承諾，也是我的體驗。再也沒有叫做彭嘉的那個人了。他曾在的地方只有一片空寂。在那片空寂之中，閃耀著「我」，這個「我」就是實相，這個「我」就是上師，這個「我」承諾無論在哪裡都和我同在。每當我說話，並非是一個叫做彭嘉的人在說話，而是「我」，也就是拉瑪那在說話，那就是在一切眾生心中的自性之「我」。

我試著向遞紙條的人解釋這些。解釋我是誰，我是什麼。

我從不認為這是我，我這個彭嘉在說話。是他，是拉瑪那，是上師在說話。如果我認為這個叫做彭嘉的人在向你們說話，我就沒有資格坐在這裡，因為無論從我嘴裡說出什麼，都是錯的。是我自己的上師在說話；是你們自己的上師在說話。是你自己的心正在說；是你自己的真我正在和你說話。這裡沒有誰能聲稱是自性的傳話人。這裡沒有誰能聲稱他曾有一位名叫「拉瑪那尊者」的上師。只有空。在空之中，「我」，也就是我的上師正在說話，不是「曾經」說過。

「我坐在這裡向你們介紹我的上師和他的教法。他是老師，我不是。他是你們的自性。他是全世界的老師。在你們認識他之前，他就是老師了。他就在那裡，等著你們，在你們本心之中微笑。現在你們被他吸引，而不是被我。我，彭嘉，完全不在其中。」

彭嘉已經永遠離開了，但上師還在，並且永遠都會在。他位於我的本心，是我不朽的自性。上師即真我，朗然獨存。

凱瑟琳·英格拉姆與帕帕吉

躍入永恆

採訪者：凱瑟琳·英格拉姆

一九九二年，勒克瑙

問：請問彭嘉吉（Poonjaji，即帕帕吉），什麼是自由？

帕帕吉：自由就是認識到你的本性，你的自性（Self）。沒有別的了。其實自由是最容易獲得的東西，你連想都不用想，就自由了。

問：您說的「自性」又是什麼呢？

帕帕吉：自性是無法形容的。它非關思維，也不是超越思維的。就好像在沒有「二」的概念下去想「一」，然後把「一」的概念也放下。

問：您經常提到「臣服」，是向什麼臣服呢？

帕帕吉：臣服於那個源頭。因為它，你才能夠與人交談，看見景物，你才能夠呼吸，品嘗和觸摸，地球因它而旋轉，太陽因它而照耀。也正是因為那個源頭，你才來問這個問題。一切都因那個覺性而生，連虛空也在覺性之中。你的自性，就是那超越一切的無上力量，你必須向它臣服。

問：您所說的覺性是永恆的，不生也不滅嗎？

帕帕吉：覺性超越了生與死的概念，甚至超越了任何關於永恆、虛空或空間的概念。容納了空間、虛空或永恆的「那個」，我們稱之為覺性，萬物皆在其中。

問：可是，一切看上去都是有生滅的呀。

帕帕吉：創造和毀滅無休止地發生。所有這些表像都像大海中的泡沫和波浪，那就讓它們發生吧。大海不會覺得自己與海浪分離。泡沫、漩渦、浪花，可能自認為是獨立的，但海洋本身全然接受，任它們在海面上移動，任它們變換出不同的形狀和名字，任它們來來去去。這副肉體將成為蟲子和螞蟻的食物，來自大地，又復歸於塵土。但真正的你，是從始至終閃耀其中的「那個」，是覺性，如如不動。

問：您是否認為我們應該認同海洋那個源頭，而不是認同海浪？

帕帕吉：不，你不需要認同什麼，你只需要擺脫你的觀念。不要認同虛幻不實的名相，名相都不是真實的。現在，你不需要努力或者採取任何方法去思考或辨別，就可以屏棄一切名相。一直以來，你都認同名相，它讓你覺得自己並非究竟本性，但其實你一直就是它。所以不要認同這些不真實的東西。你也不需要認同海洋或源頭，因為你就是源頭。一旦不再認同虛幻的名相，你就會成為你的自性——已經是，現在就是，將來也是的「那個」。

問：什麼是頭腦（mind）呢？

帕帕吉：從來都沒有頭腦！（笑）既然你已經用了「頭腦」這個詞，把頭腦拿來啊。沒有人見過頭腦是什麼。頭腦是思想，以主、客體的形式存在。第一道波浪，是「我」，然後是「我是」，然後是「我是這個，我是那個」，最後，「這屬於我」。心就這樣產生了。現在，保持安靜，不要讓任何欲望從源頭產生。哪怕只有一瞬間的無欲，你就會發現，你並沒有心。你也會看到，在某個無法描述的地方，你沉浸在巨大的幸福之中，然後你就會知道自己究竟是誰了。

參問「我是誰」，這個問題會帶你回到家。首先拋棄「誰」，然後拋棄「是」，最後就只剩下「我」了。當「我」這個念頭，沉入它的源頭，消失化為「存在」（Being）。在那裡，你可以很容易地過一種「無心」的生活。如果你這樣做了，你就能發現會有個「別的什麼」來接管你的所有活動。讓那個「別的什麼」來照顧你，那可比你的心強多了。

我們可以看到使用妄心帶來了什麼結果，讓當今世界變成了什麼樣子。我相信，只要你靜下心來，讓那最高力量來掌管一切，你就能知道如何與所有眾生共處。只有了知自性之人，才能知道存在一切的動物、植物、岩石到底是什麼。如果你無法了悟自性，你就什麼都不知道。

問：很多熱衷於靈性生活的人，都在所謂的「我執」中掙扎。

帕帕吉：我們來看看我執是從哪裡升起。我執，必然是從某個地方產生。先產生了我，然後是心，然後是五種感官：色、聲、香、味、觸。在我執產生之前，必須先有「我」的概念。有「我」，是一切輪迴的根源：我執、心、心的顯現、快樂、不快樂。回到「我」，並且質疑這個「我」究竟是什麼？它從哪裡來？我們來找找看。

問：我已經試過很多次了，但是……

帕帕吉：你可能做過，但是現在不要做。安住其中就好。什麼也不做。當你陷入自己是「做為者」，你必須一次次地回到源頭。我執、頭腦、感官，這些都稱為「做」。而我所說的根本不需要做，只需要智慧。只要你警覺、警醒、專注、認真。無做、無思、無精勤、無觀念，無目的。拋開一切，靜候佳音。

問：在您身邊，現在立刻就有結果，但是……

帕帕吉：那麼，就從現在的感受開始吧。現在有體驗發生，至少你已經打破了我執、頭腦、感覺和顯現的過程。你可以從這體驗中往回轉，你可以從裡面跨出來，但你要做得像個國王一樣。當國王從寶座上起身走到花園，他不會因此而變成一個園丁，他還是國王。同樣的，無論你在哪裡，你就是這個當下。

問：佛陀講過修習這種覺知（awareness）。他教導一種禪修方法，使人能夠體會到這種覺知。

帕帕吉：我還沒發現這些方法的成效，然而大家卻一直這麼做。我不教你什麼修行方法，我只是幫你卸下你身上陳舊的包袱。不要指望我會給你新東西。你學到新的東西，它的本質就不是永恆的，你必將失去它。沒有原因可以讓你自由，你已經擁有了一切。你就是皇帝，把你的討飯碗丟掉吧。

當你還有目標，還有一些東西想要達成的時候，你就仍然需要修行。屏棄這種日後會有所得的觀念，永恆只在當下此刻。就算你修行了三十年找到了自由，那個自由也只是在當下此刻。既然如此，為什麼還要等三十年呢？

只要頭腦冷靜地坐下來，看看你現在在哪裡，你要到哪裡去。問一問自己，我修行是為了什麼？要修行的話，要有個「人」去修、有個「意圖」去修，你修的時候有什麼念頭呢？你是從哪裡得到力量而付諸行動的？你了解我的意思嗎？如果你想去什麼地方，你得站起來，走到那裡。站著走路總得靠某種能量吧？是什麼讓你站起來的？

問：某種欲望。

帕帕吉：是的，但欲望從哪裡升起？是誰讓欲望產生？欲望又是從哪裡來的呢？大家都在為求解脫而修行。我想讓你看清，就在當下此刻，在你抵達目的地之前，你想要的到底是什麼。如果你想要自由，那就先找出什麼是束縛。鎖鏈在哪裡？枷鎖是什麼？冷靜地坐下來，耐心地問自己：「我是怎麼被束縛的？」除了這些觀念、概念、看法，還有什麼能束縛你呢？把這些東西統統忘掉，不要升起觀念、意圖或者想法。哪怕就一秒鐘。就這樣在一瞬間，擺脫這些念頭。然後看一看，是誰在追求自由？那個求道者本身從未沒被審視過。

問：有一種說法，「你所要尋找的恰恰就是那個正在尋找的」。

帕帕吉：是的，找出那個求道者是誰。你不必去任何地方，就能找出「我是誰」，因為它就在此時此地。它一直在這裡，在當下。你已經在這裡了，你已經自由了。你認為必須去尋找些什麼，或者禪修好獲得些什麼。你已經被這樣告知了無數次了。現在，只要一下子，靜靜地坐著，不要起一個念頭。你會發現，你以種種方法或修行（*sadhanas*）企圖尋找的，已經在這裡了，正是它促使你去禪修的。對自由的渴望，就來自於自由本身。

大多數的禪修只是用頭腦去治頭腦。你的實相是頭腦無法涉足的地方。真正的禪修只是知道自己已經自由了。

問：然而念頭卻像不速之客一樣，不請自來。而且禪修似乎會減少雜念。用某種方法，在一個寂靜的地方，保持安靜，念頭會越來越少，甚至是完全消失。

帕帕吉：那樣的話，你就是在和念頭進行拉鋸戰。只要你精力還足夠充沛，在你控制念頭時，它就不在了；但你一不控制，它就又回來了。不要擔心這些念頭，讓它來和你玩耍吧，就像海浪和大海一起玩耍一樣。海浪擾亂了大海的寧靜，大海是不會介意的。允許思緒產生，但不要讓它駐留。

問：所以，大家花了太多精力想要擺脫念頭，好像有一顆無念的心就等於覺醒了似的。

帕帕吉：不，不，不。讓念頭進來。如果你拒絕它，它就會硬闖進來。把門卸下，把牆拆掉，那麼還有誰能進來呢？正是由於有了這堵牆，才有了進出的想法。而這堵牆只是一個「我與覺性分離」的想法。讓念頭來吧，念頭和大海的波濤根本沒有區別。最好是與念頭、我執、頭腦、感官和顯現和平共處。我們別去抗拒任何事物，讓我們成為一體。然後你會在每一樣事物上看到自己的面容。你可以和植物講話。你可以和岩石低語，因為你就是堅硬的岩石；你就是鳥兒的嘰嘰喳喳。你會看到，鳥兒的鳴叫就是我，閃爍的星光就是我。

問：一顆寂靜無聲的心，不是更有助於達到這種深度嗎？

帕帕吉：其實沒什麼深度，只有純淨無染的虛空。無內無外，沒有表面，沒有深淺，沒有地方可去，所到之處都是「這裡」。看看周圍，告訴我此刻的界限，有多遠就走多遠，要怎麼測量？多長？多廣？多寬呢？這一刻與時間和深度都無關。

問：眞的這麼簡單嗎？

帕帕吉：是的，當你瞭解了這一切，你會放聲大笑！有人跑去山洞裡待上三十年，就是為了尋找「存在」本身。而「存在」就在此時此地。這就像戴著眼鏡找眼鏡一樣，你一直在尋找的東西比你自己的呼吸離你更近。你一直都在源頭之中。無論你在做什麼，都是在源頭之中做的。

問：彭嘉吉，各種宗教總是承諾來世。您說的這個源頭也是永生的承諾嗎？

帕帕吉：我不相信這些死後才會發生的承諾。我所說的這種體驗發生在當下。不在此時此地的東西，不值得你去獲取。要享受此時此刻，你必須要擺脫「你不在當下」的想法。

真理必然是簡單的。謊言就會複雜。凡是有二元對立的地方，就有恐懼，謊言即由此而生。

問：拉瑪那、尼薩迦達塔．馬哈拉吉，乃至佛陀，都提到人生就是一場夢。爲什麼這樣說呢？

帕帕吉：因為人生不是永恆的。沒有什麼是永恆的。所以他們不去分別清醒狀態和夢境。你在夢中看到山川河流和樹木，看起來很真實。但你醒來的時候，你會說：「我做了一個夢。」醒來後，你發現那些東西都不復存在，所以你把它稱之為夢。比起做夢，你現在醒著的狀態似乎是真實、永久而連續的。但同樣，當你覺醒，成為覺性本身時，你會發現現在這個所謂的清醒狀態也和夢境沒有兩樣。

問：上師或老師的作用是什麼？

帕帕吉：「上師」這個詞的意思是「消除無明，驅散黑暗」，認為「我是身體」、「我是心」、「我是感官」、「我是對象和顯現」的癡闇。不但自己徹悟真理，還能傳授這種了悟，給予這種體驗，這樣的人就被稱為「上師」。

問：很多人認爲您就是他們的上師。

帕帕吉：他們說的是色身。上師眼中只看到自性。你是我的自性；我也是你的自性。這種師徒關係不是彼此相對的關係。你的自性和我的自性有什麼區別呢？我在對你的自性講話，這也是對我自己的自性說的。

其他人可能是屬於某個教派的傳教士，他們可能會給你一些信條，但上師只把他自己的體驗給你，這種體驗是永恆的覺性，僅此而已。上師不給你任何教理，修行方法，或任何可被毀壞的、無常的東西。如果他們這樣做了，那他們就不是真正的上師。你不要跟在別人後面。你是一頭獅子，獅子只會義無反顧地走自己的路。

問：在勒克瑙，有許多奧修的學生和您在一起，每天還有更多的人過來。您可能知道，他是一個頗受爭議，名聲不太好的老師。能講講您和奧修的區別在哪裡嗎？

帕帕吉：我不想比較。一切都是神性的遊戲。不管發生什麼，都是至高無上的源頭的旨意，都是自性的粉墨登場，一切都漂亮地上演。

問：您說這是神性的自導自演，但我們來看看這個星球上的苦難，在印度我們到處都看到生態的破壞，對於在這個夢中還沒有醒來的人和眾生來說，這正在製造一個人間地獄；我們在地球上還製造了大片沙漠，毒害我們的土地、水域、空氣；更多人面臨飢餓，生活在日益惡劣的環境之中；世界的緊張局勢加劇，不一而足。在這個歷史上的時間點，如果首要關注的是靈性事務，有時會被指責爲自私，不負責任。您對服務社會有何感想？如果這些顯現都被看作是夢，怎麼會生出熱情服務社會呢？

帕帕吉：在了悟最高的境界：了悟真我之後，內心深處就會升起慈悲心。我們會自發地行動。這不是服務，服務是建立在與他人的關係之上的。慈悲心發出指令的時候，並沒有一個人在為別人服務。你餓了，你就得吃飯，你並不是在給胃服務，而負責把食物放進嘴裡的手也不是僕人。我們應當像這樣生活在這個世界上。服務，是真我的職責。否則，是誰在服務呢？若行動是出於個體小我，虛偽、嫉妒和危機就會出現。沒有做為者，慈悲心就會產生。一個證悟了的人，他的一切行為都是美好的。

問：不能解脫的主要障礙是什麼？

帕帕吉：主要的障礙是，缺乏對解脫完全的、絕對的渴望。這是因為我們還是無法徹底割斷與這個世界的關係。

在夢中，我們可能舉行了一場婚禮，然後有了孩子，我們當然會愛自己的孩子。我們一醒來，就知道我們是如何從夢中的婚禮、妻兒的場景中突然抽離出來。像這樣，我們從夢中醒來，關係就終止了，我們就自由了。明辨（*Viveka*）就是能分辨真實與虛幻。

問：如果把顯現看作是一場夢，您不覺得危險嗎？抱持著這種態度，很可能不會對自己的行爲負責。

帕帕吉：這是誤解。一九四七年印度分治後，我的家鄉被劃分到巴基斯坦境內。當時我在蒂魯瓦納瑪萊和拉瑪那尊者在一起。

他對我說：「你的家鄉會有很多災禍。你為什麼不去照顧你的家人呢？」

我回答說：「自從遇見你，我就沒有家人了。那只是一場夢，而我對那個夢已經沒有興趣了。」

他對我說：「既然你知道那是一個夢，那你留在那個夢裡去盡你的責任又有何不可呢？」

然後我說：「我不想離開你。」

他回答：「無論你在哪裡，我都和你在一起。」這話，我一聽就明白了，直到現在這還是事實。

現在，當你辨別出真實和虛幻之後，就不要再懷疑。懷疑是你與解脫之間的一堵牆，哪怕這種懷疑只是一個概念、一個幻影，也會阻礙解脫。投入永恆吧，那才是甘露。人害怕品嘗甘露，有什麼辦法呢？

問：有的老師提出，燒盡欲望是有益的，先充分滿足欲望，直到我們厭倦，不再索求爲止。而您說的是，我們只需要看清現實只是一場夢，然後自然就會對它失去興趣。

帕帕吉：是的，有些老師說，你必須滿足欲望。我不認為火上澆油就能滅火，這反而只會讓火勢更旺。滿足欲望不會導致欲望的終結。最好的方法是知道什麼是真實的。一旦你知道什麼是真實的，什麼是虛幻的，你就不會對那些不真實的東西產生欲望。然後你將立於世間，手裡只握著一樣武器，那就是明辨虛實，以及對自由的渴望。有了這種渴望之後，它就會匯入自由本身。

問：常常會因爲頑固的習氣而一直心存疑惑，無法辨別眞實與虛幻，這往往會讓心裡很苦。您有什麼建議嗎？

帕帕吉：經歷這種痛苦表示你正在翻舊帳。如果你不去觸碰過去，你就不會不開心。如果你生活在當下，你就是幸福的。在過去與未來之間，你是誰呢？你就是至福。

問：是愛爲宇宙提供了動力嗎？愛作爲一種恢弘無比的振動，想與自己合一？

帕帕吉：我不會稱它為「愛」。你說出「愛」這個字眼的時候，如果你仔細地觀察，你會發現它把你帶去一些發生在過去的體驗中。就我的經驗來看，你所指的不是愛，算不上愛。這是另外一種東西，一種全然的圓滿，就像沒有波浪的無垠大海一樣。「愛」這個字被錯用了。當既沒有愛的人，也沒有被愛的人的時候，真正的愛才會發生。沒有主體，也沒有客體，這才是真正的愛。

問：那麼，「虔敬」這一說法又是指什麼呢？

帕帕吉：它不是個體對某樣東西「虔敬」，而是靜默本身向它的源頭臣服。

問：彭嘉吉，在您的一生中，您是否還在不斷地超越？

帕帕吉：是的，即使是現在也是如此。時時刻刻。時時刻刻。

現在提問的是誰？

採訪者：韋斯·尼斯克

帕帕吉：心不過是念頭而已，你無法把心和念頭一分為二。因此，你要先找出心裡升起的第一念。哪個才是第一念呢？

問：「我」。

帕帕吉：是的，「我」是第一念。這個「我」，就是我執。我們使用「我」這個字眼的時候，我執就產生了，然後依序產生了頭腦、身體、各種感官以及感官對境，一切的顯現由此產生。

問：然後就有痛苦。

帕帕吉：是的。凡是有獨立個體存在的地方就有痛苦，痛苦只會在無別的一體中消失無蹤。所以，要瞭解這個「我」是從哪裡產生的，不妨問問自己這個問題：「我是誰？」保持警覺，然後你就會明白。要全神貫注，然後就等待答案出現吧。保持安靜，靜候答案浮現。這只需要短短的一瞬。就在這個當下，參問一下「我」究竟從哪裡升起。過去的觀念和概念都無法幫你。這是一個你從未問過自己的問題。你問了別人不少其他的問題，卻從來沒有拿這個問題來問問自己。

問：我覺得，其實我有問過這個問題。

帕帕吉：「我覺得我問過」，認為「我問過」的是誰？在解決其他一切問題之前，你得首先解決這個問題。

問：我用「我」這個詞，是在相對的意義上，只是爲了……

帕帕吉：「我用」、「我用」，還是「我」。

問：你要我問自己「我是誰」，而這正是我在過去二十年的禪修中一直在做的事。我一直在探究「我是誰」。

帕帕吉：是的，「我一直在探究」、「我一直在探究」，但你並沒有真正地探究過。探究表示向裡看。

問：現在？您是要我現在就這麼做嗎？

帕帕吉：是的，就是現在。不要從這個「當下」逃掉。只要抓住這個「當下」。你可以試著離開這個「當下」，但它會一直跟著你，在你的前後左右，這邊那邊，上上下下，無所不在。那麼，在這個「當下」中，你看到了什麼？

問：我看到了我。

帕帕吉：「我看到了我，我就是自己，我就在當下。」這些話又是什麼意思呢？誰是觀者？正在看的是誰？告訴我，你看到了什麼？「我看到了我」。（這個我）是主體還是客體？以什麼樣的形態出現？「我」的形態是什麼？

問：（沉默，進行了一番審視後說）我說的這個「我」，似乎並沒有實體的形態。

帕帕吉：當一個詞沒有實體的形態，那時語言就不復存在。前面你所使用的「我」已經不復存在。現在你已經抵達了真正的「我」，你正在以這個「當下」說話。以前的那個「我」是虛假的，它代表的是身體，是以自我為中心的「我」。但剛才，當它躍入無限的超越之中時，它就完結了。而現在這個「當下」也完結了。你必須重新開始，從頭再來。

問：每一個時刻，我都要重新開始。

帕帕吉：要看到真正的「我」就表示要看到一體的覺性，它實質上就是空性的體現。之前，你所用的「我」是來自身體、我執、頭腦和感官。但當它從空性中升起時，它就是空性本身。這個「我」深不可測。你一旦看到了這個「我」，你就會把一切都看成是「我」，愛和智慧將自然流露，然後，你會在所有的動物、鳥類、植物和岩石上看到自己的身影。

現在，你說說這二十年來，你的探究參問做得怎麼樣？二十年裡，你都做了些什麼呢？

問：我一直在往內看。我覺得我體驗過空性，並在禪定中融入了空性。我能看到一切現象都是空的。

帕帕吉：你看到的那個空性充滿了自我。那並不是空性，只是一個詞，一個概念。我所提到的空性，甚至不能被稱為空性。我正引導你去的那個和空性一點關係都沒有，我只是借用這個詞罷了。我甚至不允許你使用它。你是從哪裡學到「空性」這個詞的？一定是從某些經書裡吧。

問：很多大乘佛教的經文中都講到空性。

帕帕吉：但那是屬於過去的，與我所講的空性無關。現在我告訴你，不要使用「空性」這個詞。這個詞不過是標月之指，你必須放棄對手指的關注才能看見月亮。現在，如果你想超越，就得丟掉「空性」這個詞。

問：這麼說來，您認爲我這二十年的毗缽舍那（*Vipassana*）禪修完全是白費力氣了？

帕帕吉：不，正是這二十年的禪修把你帶到了我這裡。（笑聲）其實也並非只有這二十年，三千五百萬年以來，你一直都在做這個！不過，也並沒有什麼時間真的被浪費了。空性中什麼都不存在，這才是終極的體驗。

「空性」只是一個概念，而心出於傲慢，抓著這個概念不放。一旦你觸碰到了「我」這個字，與此同時，時間就產生了，你就有過去、現在和未來。「我」終止了，一切就都終止了。終極的真理就是「什麼都不存在」。這是不可言說的，無論是在過去還是將來，都是如此。佛陀花了四十九年的時間不停地講啊講，但我認為他並沒有抓住重點。不然他開悟後為什麼還要傳法五十年呢？

問：他說他講法是爲了幫助世人止息痛苦，是爲了讓人得解脫。

帕帕吉：他不過是想表達他根本無法表達的東西罷了。

問：我們都試著把它說出來，傳下去。正因爲如此，佛陀才會教導我們各種修行的法門。

帕帕吉：所有的修行都包含了我執。所有的修行，都是以自我為出發點所進行的。當你認為自己就是這副肉身，說「我是這樣、那樣」，你就與究竟的真理分離了。絕對真我是完全不同的東西，你無論做哪種修持，都會錯過。

問：您是否認爲所有的修持（*Sadhana*）或修行都是一種障礙？對每個人都是如此嗎？

帕帕吉：修行不是為了解脫。修行確實可以去除一些習氣，比如認同身體。但它不是為了得到解脫或者了知究竟實相。從你修行以來，真相就在你面前對著你微笑，你卻視而不見。障礙你的是你過去所形成的觀念，比如說你被束縛的想法。你對自己說：「我被束縛了，我很痛苦。」你修行的目的只是為了要去除痛苦而不是為了解脫。解脫不需要任何修行。解脫是當下的，你已經解脫了。

問：某個禪宗師父曾說：「現在我開悟了，我還是像以前一樣痛苦。」[25] 換言之，雖然你明白了眞理，覺悟了自性，卻終歸還是要活在世間。

帕帕吉：也許禪師之所以這麼說，是因為他忽然間意識到，三千五百萬年以來，他一直在無謂地受苦，而他其實一直都是自由的。（笑）

問：那麼，您會怎麼定義開悟呢？我想很多人都相信他們應該能夠達到一種穩定的開悟狀態，始終生活在「當下」，永遠在空性之中。您會這樣定義開悟嗎？還是說它也是一種有生有滅的現象？

帕帕吉：無論你做什麼或者不做什麼，一切都是空。每天都有人來到我這裡，他們曾經拜過很多不同的師父，也修過各種法門。他們對我說，我們來拜訪你，是因為你不教我們修什麼法。現在我們什麼都不用做，只要放聲大笑就好了。（笑）

問：或許他們能夠大笑，只是因爲有您在身邊。畢竟有些人說，了悟自性要上師的加持。您同意這個說法嗎？

帕帕吉：這取決於恩典本身的加持。只有你對解脫充滿渴望的時候，上師才會把你吸引到他身邊。你首先要加持你自己。

問：我們能做得到嗎？

帕帕吉：你隔壁的鄰居可沒有來我這裡，坐在我身邊提問題。這說明，你的確已經被加持了。

問：我可能是獲得加持，但是，這是我選的嗎？我有自由獲得加持嗎？

帕帕吉：加持和解脫是同一回事。加持從何而來？它來自於你的內在，但你不明白它的語言。正是這加持讓你感覺到，「我想要解脫」。你說你已經禪修了二十年了。是什麼驅使你這樣做的？你的鄰居就沒覺得有這個必要。為什麼被選中的是你？這難道不是來自你內在的加持嗎？這種加持會把你帶到一個人那裡，他將用你能理解的語言為你揭示真相。這個人只會告訴你，你已經解脫了。那些對你指手畫腳，告訴你該這樣或那樣做的人不該被稱為「師父」，稱他們為屠夫還差不多。真正的師父會把你從一切的行為、觀念和戒律中解脫出來。三千五百萬年來，你從未休息過，你已經做得夠多的了。當你來到一個真正的師父面前，他不會叫你再多做什麼。

問：您叫我們往內在參問。這不也是在做些什麼嗎？

帕帕吉：深入內在表示傾聽你內在的上師的聲音。而這個上師就是你的自性。你不認識他，你還沒認出他來，你還不理解他的靜默之聲。真正的上師會把你帶到你內在上師的面前，告訴「你」保持安靜。這是你自己的恩典，它來自你的內在。別人是無法給你這種恩典的。

問：誰能得到這種恩典？是誰如此有福，能得到這種恩典呢？

帕帕吉：每個人都能得到。

問：每個人都能？

帕帕吉：是的，每個人都能。

問：那爲什麼很少有人能聽到呢？爲什麼這麼多人仍然生活在妄想之中？

帕帕吉：每個人都已經是自由的了，但有一堵牆將真相隱藏起來，而那堵牆就是欲望。

問：這正是佛陀所說的，是欲望蒙蔽了雙眼。

帕帕吉：是的，但你可以直截了當地就把欲望拋掉，這就行了。你不需要做什麼。所有的欲望都屬於過去。當你沒有任何來自過去的欲望，你的眼睛就能重見光明。現在就試試。你就這麼做，看看會怎樣。不要讓欲望阻擋在你和解脫之間。拆掉這堵欲望之牆，哪怕就一秒鐘，告訴我你的體驗。

問：現在嗎？

帕帕吉：是的，現在。

問：（長時間的停頓）這裡什麼都沒有啊……

帕帕吉：那麼你已經看到了。這堵牆就是欲望。

問：我到這裡的時候，我懷著欲望，要做一個很棒的採訪。

帕帕吉：任何渴望都是牆。哪怕是解脫的渴望。

問：彭嘉吉，很多人都很崇拜您，在虔敬道的傳統中，是否有某種人更容易藉由虔敬而非參問來了知實相？

帕帕吉：對極少數根器很利的人而言，最直接的方法是參問，不需要其他方法了。用這種方法，你瞬間就可以證悟，就能解脫。所有的修行最終都會讓你達到這個目的。也許就在今生，或者是在幾世之後。你最終都將來到究竟解脫之地。在虔敬道中，在弟子和上師，或信徒和神之間仍然存在著二元對立。最終，虔誠的信徒必須完全臣服，但很少有人能真正做到這一點，大多數情況下，虔敬往往變成了某種儀式。

問：但如果一個人能夠徹底向上師臣服呢？

帕帕吉：如果虔敬者真的能夠臣服，那麼一切也就都結束了，他不會再積累業力，從此以後，神聖的力量會照顧著他。這是一種愛，一種永不止息的繾綣，你無法忘懷的纏綿，這實際上就是一場與你的真我的愛戀。而參問表示你必須進行探究，「我是誰？自我從哪裡產生？」臣服或參問其實是一回事。此外還有成百上千的道路，比如瑜伽和密續等等，但我不認為它們能通向終極的解脫。參問才是真正的修行，這是一條捷徑。

問：我們都想走捷徑。
帕帕吉：這就是最快的捷徑。真正的上師能夠只用一個字，就讓他的學生成就。
問：您告訴大家做自己就好。這聽起來就像禪宗大師們說的，「平常心是道」。
帕帕吉：保持平常心。是的，只要把那個總是認為自己還沒有覺醒的疑惑之心去除就可以了。因為你就是了，就這麼簡單。
問：那爲什麼還有那麼多人活在妄想中呢？難道這只是leela，是神的遊戲嗎？
帕帕吉：是的。
問：不幸的是，在這場神的遊戲中，有太多的苦難了。
帕帕吉：那是因為大家把它當真了，所以才會受苦。
問：彭嘉吉，最後，能否請您給我一些建議，使我打開心扉，更愛這個世界？
帕帕吉：要想愛這個世界，你首先要學會如何愛你的自性。如果你愛你的自性，你就會愛整個世界，因為你的自性包含了一切。同時，如果你能了悟真我，就沒有你不知道的了。所以，了知你的真我。而這個了知，就是本然面目。這就是你需要知道的全部：了知即本然。

香緹·提琵

這篇文章是為了南非一家新時代雜誌《奧德賽》(*Odyssey*)所撰寫的。帕帕吉將此文在薩特桑上朗讀了出來,並且說這是一篇很棒的文章,因為是發自內心,而非用頭腦寫出來的。

此時此刻，在勒克瑙

採訪者：香緹・提琵

好運（luck-勒克）當下（now-瑙）！對於彭嘉吉所居住的這個城市來說，真的是一個再恰當不過的名字了。乍看之下，它似乎是一個汙染嚴重的印度大城市，很容易就會把那些不真誠的求道者給嚇跑。有誰會來這裡呢？尋求解脫的人！每天都有超過兩百人匯聚於此，具體數字隨著季節有所變動。其中有許多奧修的門徒，但也有不少人從世界各地趕來，只是為了在這裡待個幾天。是什麼將他們帶到這裡來的？恩典、自性、他們的真我、宇宙，這股推動我們走向自己宿命的力量，你怎麼命名都可以。無論怎麼稱呼那個目標，真實的「那個」（*That*）正是我們在勒克瑙的發現：我們的自性，我們究竟是誰！

首先，彭嘉吉是誰？他將自己定義為「那個」。他是一位聖人，一位導師、老師、上師（雖然他並不認為自己有這些身分）。他把我們帶到了盡頭，輪迴的盡頭，千百萬年來不停尋求和受苦的盡頭。他帶給我們的訊息是什麼？覺悟，就在此時此地！我們已經開悟了，只是我們還不清楚這一點。帕帕吉說，束縛，只是一個概念，並不真實。我們可以現在就從夢中醒來，從生活和世界的幻象中即刻醒來。不要再拖延了，我們只需要對自由的渴望和內心的片刻寧靜，就在轉念和呼吸的一瞬間。不用打坐，也不用修行。沒有什麼可學的，也沒有什麼要做的。沒有什麼要實現、達成、掌握或理解的，只要保持安靜。那代表什麼都不做，不攪動升起一絲念頭，無欲、無求、無牽無掛，無所期待。所有這些都可以藉由參問自性來完成。捫心自問「我是誰」，這是安住於「當下此地」的關鍵。這個問題撼動了頭腦的根源。事實上它徹底繞過了頭腦，直接向我們揭示了我們的本來面目。

如果我們不是由骨頭、血肉構成的皮囊；如果我們不是感官，也不是由思想、觀點、概念聚合而成的頭腦，那麼我們到底是誰，是什麼呢？真正的我們是不可能被理解或體驗的，只能被契悟。因為它超越了頭腦，沒有語言可以描述。我們所是的「那個」，是永恆、無限的。我們可以稱它為覺知、覺性、虛空、愛、寂靜，或者更確切地說，是超越寂靜的那個。我們是「一」，我們是神，我們又什麼都不是，完全的無形無相。離於言說，沒有名字，這是個徹頭徹尾的奇蹟和奧祕！

煩惱之所以會產生，是因為我們認為自己是身體、感官和頭腦，因此造成了分裂和二元對立，而這正是痛苦的根源。「分別，就有虛假。」彭嘉吉如是說。

在參問自性時，我們去檢視的，就是這個「我」的根源，之後就再也不需要觸碰它了。這就是解脫，從頭腦中解脫出來，自由地做我們真正的自己，完全不受限制，永遠享受寧靜的滿足、平和、愛、喜悅、幸福和極樂。在這種狀態下，坦然地接受自己的本然，沒有觀念、概念和判斷。既沒有過去，也沒有未來應該如何的想法。有的只是一種對實相的臣服，臣服於此時此刻。這就是智慧，這就是真理，它是如此簡單，只是頭腦希望我們相信這很困難。

是誰讓我們了解這其實很容易？是上師，一個已經開悟了的人。只有極少數的人，比如拉瑪那尊者，能在沒有人身上師在世的情況下，自動了悟自性。即使是對有上師的人而言，了悟自性也很罕見，這就是為什麼擁有像帕帕吉這樣依然在世的上師是很幸運的，他的加持可以給我們必要的推動力，讓我們一躍進入此時此地。給我們的加持，來自他無垠廣闊的本心深處。

定義帕帕吉，就像談論自性一樣：任何言語都不足以適切地表達，也不妥當。要怎麼形容那種無條件的愛、無限的智慧，那種善良、耐心和甜蜜？要怎麼談論他的靜默？這種靜默能向你娓娓道來。要如何表達他周身閃耀著那不可名狀的自性之美？

他現在已經八十三歲了，可能是世界上最幸福的人。他的快樂有感染力，讓人無法抗拒；他的幽默一針見血，犀利，歡快；他的薩特桑是個總是洋溢著大笑聲的場合；他從不問罪、指責或評判。他無我亦無念。

他所流露的就是明晰的本心，就是真理。他有一雙慧眼，能夠識得來者的本質和真心，而不局限於他們的名字和形象。他是一個真正的聖人，他的言行舉止有時會讓人感到驚訝與困惑，但隨著時間的流逝，必然會洗刷掉這些誤解，他偉大的智慧也將展現無遺。他是令人愉快、帶點淘氣、俏皮，他只是簡單地做自己，就充滿著不可思議的歡樂。在他的薩特桑上，充滿著美妙，大家感激地獻上歌聲和音樂。那是愛的時刻，是真理的時刻。坐在帕帕吉身邊，我們回到家，回到此時此刻，那一直都是我們真正的家。

帕帕吉和馬杜卡

多年以來，帕帕吉一直在他自己家裡舉行小規模的薩特桑，直到一九九二年為止，因為來訪者人數與日俱增，再這麼做就不切實際了。於是，他把薩特桑改在一間租來的大房子裡進行，離他的居住地約一公里遠。每年冬季的幾月中，參加者達三百餘人。隨著人數的增加，各種為訪客提供便利的服務專案也出現了，開了一家餐廳、一家書店和一個麵包店，大家開始發售帕帕吉的錄影帶和錄音帶，還啟動了幾個出版和電影計畫。

在多年的教學生涯中，帕帕吉一直拒絕讓人在他周圍建立道場，因為他覺得這種組織將不可避免地走向腐化，也曾多次在公開場合強調這一點。只是在他周圍如雨後春筍般興起的這些類似道場的活動，大家很想知道他的看法。為了澄清情況，身為參與專案建設最積極的弟子馬杜卡，向帕帕吉提交了一份問卷，並請他在公開的薩特桑中回答所有的問題。

候機室裡不蓋大樓

作者：馬杜卡

問：親愛的帕帕吉，在我們就要邁入一九九三年之際，請允許我向您提出以下問題。爲了讓我們大家都能受益，請您在薩特桑上就這些問題給予解答。

在過去的兩年裡，面對那些爲數眾多的人，把您當作師父、導師、上師，您都敞開大門。是我們使您成爲了我們的上師嗎？

帕帕吉：是不是，他們知道。我不太清楚。

問：您也參與其中嗎？

帕帕吉：是，為了幫你們一把。沒有人是什麼的「一部分」。我的角色是告知你這個事實：你並不是部分，而是整體。部分最終都會消失，但現在是不安全的。

「你也是其中的一部分嗎？」是誰在問這個問題？是誰產生了這個想法？問這個問題的人是誰？如果你找到了「我是誰」這個問題的答案，你就能找到你剛才向我提出的那個問題的答案。你的問題，你認為有「部分」存在的想法，這一切都是你自己創造出來的。如果你不去探究你的真實身分，那麼你不僅僅會變成「部分」，你還創造了一個世界。去探究並找到那個從未創造過任何「部分」的地方。藉由參問，走向那一體完整之地。

我所說的「部分」是指什麼？就是認為「我是某某。我與整體是分離的」的這些人。如果不參問，你就成了「部分」，你就成了顯現。你就變成了一些最終會滅亡的東西。所以，參問「誰是那個提問的人」，返回自己的源頭。

對這個問題，最先想到的回答是，「我是提問者」，這也是最顯而易見的回答。但你說「我是提問者」的時候，你指的一定還是身體、感官、欲望、財產和期望。這些不同的身分認同，全在尋找其源頭，就好像海面上的波浪，想知道自己到底是什麼，從哪裡來。海浪第一次這樣參問時，起先會認為自己是整體的一部分，會說：「我們都是海洋的一部分。有的大，有的小；有的在前，有的在後；我們大家都在不停地湧動。」如果這些海浪的參問只局限於研究彼此相對的大小、位置、速度，那麼它永遠也不會發現自己到底是什麼。關注名字和形相永遠不能帶你回歸本質。

所以，海浪開始嘗試新的東西。它們聚集在一起，決定舉行一場薩特桑，在薩特桑中，它們認真地參問：「我們到底是誰？我們的源頭是什麼？我們真正的本質是什麼？」然後，每個部分，每個波浪，會突然發現，「我就是水」。這一發現，使波浪的名稱、形態、大小突然間消失得無影無蹤。海浪們發現了它們共同的本質、本性和實相，一個它們過去以為自己只是名相時所忽略的實相。這些名相並不是水所創造的，而是從無明中而生。之所以生出名相，是因為波浪們從來沒有認清自己的本來面目。

水是波浪的源頭和本質。如果一朵浪花帶著「我只是水」的認知而升起，當它變成浪花的形態，就不會有問題，因為它從來沒有忘記它的真正本性只是水。如果它忘記了，因而受苦，那麼由另一朵瞭解真實情況的浪花來告訴它：「你是水，全是水。不要再假裝自己只是一朵浪花了！」就能幫助它。

波浪忘記了自己的本來面目。它認為自己只是一個名字、一個身體，不停尋找真理，尋找智慧，尋找自己的真實身分。但這種尋找永遠不會觸及真相。海洋永遠保持著海洋的本色。就算波浪還沒有意識到這一點，這個四處尋求、飽受苦難的波浪始終是水，始終是海洋。

因為錯認自己的本質而受苦的人，必須由證悟的人來告知真相。在海洋中，會出現一朵浪花，根據自己的直接體驗和認知而說話，會說：「我是海洋，我是解脫的。你也是同一片海洋，你也同樣是解脫的。」出於慈悲，那朵浪花會傳播解脫的訊息：「我是解脫的，你也如此。你已經解脫了。」

你變得執著於名字和形相，你臆想自己是一朵浪花。不要緊。每天你睡覺的時候，大約會有六七個小時的時間會把名相忘得一乾二淨。你為什麼不把這種遺忘延伸到你清醒的狀態中去呢？現在，就忘掉你的名字和形象吧。你不是身體，不是頭腦，不是感官，不是個體的「我」。試著忘掉所有對自己的錯誤認知。如果你在睡覺的時候做得到，為什麼在清醒的時候就不行呢？此時此刻，做個了斷吧。無論你能忘記什麼，無論你能改變什麼，都放一邊，因為真實的東西是無法改變的。往內去看，找出那個真實的是什麼。在你之中一定有個東西是真實的，否則你就不能說話、不能看，也不能動了。是什麼讓你動起來的？是什麼讓你能說話的？朝那裡探究，自己去找出來。如果你這樣做了，你會發現在你內心深處的某個地方，在那個內在的洞穴，藏著一個「潛伏者」。他並不是真的藏起來了，只是因為你不願意直視，所以他在你眼前隱而不現。為什麼你不想看他呢？因為你總是忙東忙西。當你終於受夠了那個總是看向別處的「誰」，他才會顯露真身。要知道，你的大好河山就是被希望和欲望遮蔽住了。

在這創造中，誰是誰，你是誰？真正的「誰」，也就是真正的「你」，是整體。真正的「誰」是一切。這個「誰」本身是空的，但千千萬萬的創造從中而生。一旦你直接了悟到這一點，你就會知道，沒有部分，也沒有整體。這個「誰」超越了一切，超越了想像，超越了任何計算，也超越了任何描述。你是那不可思議、不可碰觸、連想都不能想的東西。你是如此的純淨，如此神祕而聖潔，無物可觸及。一旦接觸了別的東西，你就會被染著。那別的東西是什麼呢？就是「我」的念頭。你碰觸到「我」的時候，你就變得驕傲起來。「驕傲」這個詞用在這裡很恰當，我不想用其他的詞彙來替代。

當你碰觸到你的驕傲，你的傲慢，你會變得自負：「我在做這個，我已經實現了那個。我想要這個，我想要那個。」這個和那個，欲望和希望，這些都是傲慢。一旦你斷定你不是這些東西，你就會平靜，你就會自由。

問：您有自己的上師拉瑪那尊者，他的作用是什麼？作爲一個上師，您的作用又是什麼？

帕帕吉：由於他的慈悲，他對每個人都敞開自己。任何對自己是否解脫，或對自己的本來面目有所懷疑的人，都可以去找他。他只需靜靜地坐著，就能解決所有問題。所有的疑惑都在他的靜默之下蕩然無存。

他是我的導師，我有幸在他生前就追隨左右。現在，我是他卑微的僕人。我為他服務，幫助每一個來找我的人。他開啟的工作由我來繼續。在某個地方，以某種方式，總有「某個人」會繼續這項工作的。他點燃的蠟燭將被傳遞下去。它將永遠明亮，永遠不會被廢棄。

上師的教誨會經由「某個人」一直流傳下去，這個「某人」是誰？沒有人知道。它不是身心，也不是個體的「我」。它是別的，永遠不為人知。它是什麼？你就是「那個」。不要把自己當成別的東西。你就是光，你就是智慧。不要假裝你是別的東西。不要否認自己的實相。你和他其實並沒有區別。

他曾經在靜默中說話和教導。在那靜默中，他使人相信，同時讓他們體驗到，他們就是真理本身。這個真理被稱作存在、能知和極喜（existence, knowledge and bliss，也就是*sat-chit-ananda*），而你就是「那個」。

問：勒克瑙已經出現了一個新的薩特桑大廳，還有一家餐廳和一家書店。接下來還會制定出一套日常流程。我們當中越來越多的人長期居住在印諦拉那迦鎮（Indira Nagar，也就是帕帕吉住所所在的鎮）上。一個道場式的組織似乎正在成形。

帕帕吉：「勒克瑙已經出現了一座新的薩特桑大廳。」如果這是一座真正的薩特桑大廳，那麼我很高興聽到這個消息。一般來說，這種事情都行不通。我見過許多靈修組織在成立後，就遇到種種困難。

每當這樣的事情發生，就會發生問題和爭吵。大家開始產生分歧，煩惱和誤解隨之而起。許多道場一開始時有一個好的上師，但之後總會招來一些麻煩。我在瑞詩凱詩（Rishikesh）、哈德瓦（Haridwar）和南方都見過許多道場是這樣的。不知為何，這些地方迷失了方向，聲譽掃地。如果組織被謀求私利的人控制了，那還不如關了。我對擁有這樣的組織不感興趣。如果變得只為個人利益，我寧願不再舉辦薩特桑。

我只是兩三年前才在這裡住下來的。在我健康出現問題之前，我經常去西方旅行，回來後，再在喜馬拉雅山待一段時間。我也曾到南方旅行，因為我對那裡很熟。直到最近，我才在勒克瑙定居下來。現在，因為我的健康問題，我的腿腳有點毛病，所以我就一直待在這裡。我再也走不動了，所以不旅行了。現在我定居在這裡，好為你們服務。但是，如果這裡的人，不管是什麼原因，突然對名利感興趣，或者除了解脫，還想得到別的東西，那麼我就無意再去幫助他們。我在這裡只為那些真正渴望解脫的人服務。我在這裡是為了清除他們心中可能懷有的疑惑。

要找到沒有私心的人是非常困難的。這個薩特桑會場是自然出現的。現在這裡有一些人是不帶私心的，但是以後可能就不是這樣了。最近有人問我要不要在這裡建一棟我自己的房子。我拒絕了，因為我知道建造這樣的建築、這樣的機構，是行不通的。

這個地方就像一個機場。這裡的每個人都在候機室裡等待他的航班。沒有人會在這裡永久停留。我可不想在機場裡大興土木。為什麼我要在這裡造什麼永久性的建築呢？我自己早晚也得走。我也在等我的航班帶我離開。

這棟房子是租的，我很高興有好心人付了租金，提供這個地方給我。只要他們繼續提供這個場地，我就會繼續來這裡。否則我現在住的房子對我來說已經夠了。我曾在那裡給三四十個人舉行過薩特桑，我和他們這樣會面，根本就沒什麼問題。

最近，因為很多外國人來到這裡，我們開了一家餐廳。開這家餐廳的目的是因為我看到很多來訪者不習慣鎮上買來的辛辣食物，有些煮菜用的油會讓訪客生病。所以，為了幫助這些訪客，方便他們，有人問我是否可以為他們開一家餐廳。我同意了，因為我不想看到大家因為吃不到合適的食物而生病。這家餐廳就是為了那些不想在這裡病倒的訪客而開的。餐廳的伙食很棒，都是由信徒親手準備的，不會用有害的油和香料。此外，鹽也放得很少。食物是精心準備烹飪的。所有的來訪者都可以加以利用。

問：在這其中我們的角色是什麼？

帕帕吉：應該把「無私的服務」當成你的座右銘，只有這樣，才會成為一種虔敬的禮拜。無論做什麼，哪怕是在餐廳切菜，都是在敬拜。打掃大廳也是一種敬拜。我相信，打坐、掃地和給外面鞋架上的鞋撢灰，這之間是沒有區別的。你無私奉獻的時候，你就可以嘗到真正的禪修的滋味。用正確的態度做卑微的服務，你就能獲得解脫。

我給你講個故事吧。從前有一個聖人，他有一個道場。每天一大早，凌晨五點，大家就會來找他。這位老師，這位師父，是個受過良好教育的人，也是一位出色的詩人，詩句從他內在的靜默中自然湧出。每當他吟出詩句時，旁人都會用紙筆記錄下來。信徒打算出一本詩集，收錄大師所有的詩作。但在即將成書之際，一陣風吹過聖人的房間，把書頁都吹散了。信徒本想在詩集中把詩作按照時間順序排列，但書頁上都沒標日期。事後，也沒有人記得正確的順序是什麼。拜訪過聖人的兩百名弟子都被問了一遍，但沒有一個人知道書頁的正確排序。最後，聖人說：「把那個打掃道場的人叫來吧。」

這個人的工作是清掃道場的地板和清除牛棚裡的牛糞。信徒知道他是個文盲，而且他從不參加薩特桑，所以不明白為什麼要去問他。信徒對聖人說，這個人不可能幫他們解決這個問題。

聖人說：「他是道場中唯一一個還沒被問到的人。也許他可以幫忙。」於是，就有人把他帶到聖人面前。

聖人告訴他：「昨天晚上，一陣風吹過我的房間，把寫有我詩句的紙都吹散了。順序也都被打亂了。你知道正確的順序嗎？」

「是的，上師尊，」他回答道，出乎大家的意料。「我知道。我可以從頭開始，從您開口的那天開始。我知道每一首詩，我知道它們應該按什麼順序排列。」

然後，其他信徒在他的指導下把書頁按正確的順序放好後，他按照詩作的順序，從頭到尾把整部詩集都背了一遍。所有人都大吃一驚，因為他沒有參加過薩特桑，沒有當場聽到詩作吟唱或覆述。一個信徒問聖人，這個人是怎麼會知道所有的詩的。聖人回答說：「你自己去問他吧，我也不知道。他背出這些詩的時候，我和你們一樣驚訝。」

在信徒的追問下，他回答說：「我是個幹體力活的。我知道我不識字，我不能和你們這些有文化的人坐在一起，因為在牛棚幹完活後，我總是渾身髒兮兮的。但同時我又覺得，聖人說的每一個字都是那麼美，我不想錯過一個字。那麼，該怎麼辦呢？怎樣才能記住那些我聽都沒聽過的詩句呢？我是這樣解決這個問題的，就是把我的耳朵放在上師的本心上，放在語言還未浮現出來的地方。「我的耳朵現在就在上師的本心裡。上師說這些話的時候，我就在發出這些話語的源頭，在他的心裡。我知道今天早上在這裡所發生的一切，因為我現在在所有人的心中。宇宙之主就居住在眾生的本心之中。你同樣也可以住於自己的本心來認識這位上主。當你以這種方式被上主知曉時，你自己就是眾生之主了。」

在這裡幹活的人，每個人都應當像故事中的這個人一樣。只有這樣，你們的工作才會利益世界。如果沒有無私的工作態度，就只會造成混亂和爭吵。姊妹之間、母子之間都會吵架。今天我們從世界各地聚集到這裡。大家都知道世俗的生活是怎麼一回事，即使是血親之間也會發生爭吵。為了避免類似情況的發生，我們一定要心中帶著愛在薩特桑相聚，帶著對真理的愛，對彼此的愛。如果心中無愛，那麼舉行薩特桑就毫無用處。

如果你們想要這樣的薩特桑，那麼，只要我還在這個身體裡，我就會作為一個卑微的僕人來到這裡，為你們服務。我不會拒絕。我會來的。但是，如果想讓這個薩特桑繼續下去，你們也要盡心。你們都必須毫無私心地服務他人。只有這樣，才有效果。如果你開始想，「我是薩特桑會場的負責人」，或者「餐廳的運營全靠我」，那麼薩特桑就沒什麼效果了，我也不想參與進來。你們要有正確的工作態度。這樣大家都會受益，我也很樂意來到這裡。我沒有別的事情可做，聽到大家從這些薩特桑中受益，我總是很高興。

我很高興看到這麼多人正在發現真正的自己。這樣的事情，我覺得在過去任何時代都不曾發生過。這裡正在發生的事情是前所未有的。也許這祝福正是來自你的真我。你的真我對你非常滿意，所以我們才能相聚在這裡。這場相會，受到極大的祝福，正因如此，我們稱它為「薩特桑：與真理相會」。因為那個真理是一體的，所以我們在這裡也必須是一體，而非形同陌路。我們眾人在場，必須如同一人；我們眾耳傾聽，必須如同一人。沒有人低賤，沒有人高貴。我們不要這樣想，「他是從這個國家來的，她屬於另一個國家」。我沒有任何關於國界的概念，也不去區分。我不接受任何基於種姓、宗教或政治理念的分別。

我們在這裡的時候，我們必須非常自由。我們與來這裡的人之間，必須只談論真理。如果我們整天閒聊，浪費時間，那對誰都沒有好處。

問：每天大約有二百五十人在這裡和您一起舉行薩特桑。我曾聽您說過，「哪裡有群體，哪裡就一定有謊言」。既然薩特桑有那麼多人，這個說法又怎麼解釋呢？

帕帕吉：我常說：「哪裡有群體，哪裡就有謊言。」這一點我不否認。甚至都不用一群人，謊言就會出現，即使只有兩個人在一起，就有混亂和爭吵。如果你想反駁我「哪裡有群體，哪裡就有謊言」的這句話，你就得證明當你身處群體之中，你總是很快樂，而這一點你是做不到的。我總是期待聽到有人說，他身處群體之中很快樂，但我想我不會相信他。

這個「群體」到底指什麼呢？「群體」就是頭腦本身。你的頭腦總是擠滿了妄念。每一秒鐘都充斥著各種念頭。有誰能沒有念頭呢？在念頭的群體中，謊言無所不在。在充滿了妄念、感官覺受、各種對境、主客體關係的群體中，怎麼可能快樂呢？不管是在醒位還是在夢中，稠密聚集的念頭讓每個人都快樂不起來。六十億人的茫茫人海中，沒有一個人快樂過。

我們都有五種感官。有成千上萬種東西要用眼睛去看，有成千上萬種話語要用耳朵去聽，有成千上萬種東西要用鼻子去聞，用手去觸摸。所有這些都構成了「成群的」思想和語言。你知道眼睛每秒鐘要記錄多少資訊，才能在大腦中形成一個短暫的影像嗎？數以百萬計！那麼，在一分鐘內或在你的餘生中，你會記錄多少圖像呢？這是無法估量的。每一個影像都會進入你的記憶，構成了你所謂記憶的海洋。記憶中的每一個印象都是一個輪迴轉世。不僅如此，每一個印象都有能力為你再創造出一個新的轉世。在死亡的那一刻，你的最後一個念頭會化現出一個形象，而這個形象將是你的下一生。群體越聚越多，轉世滋生更多轉世。你永遠無法擺脫它們的束縛，睡覺的時候不會，做夢的時候不會，甚至到死的時候都不會。

想像一下，你獨自一人待在公寓裡，睡著了，正做著夢。在你的夢中，你看到很多人在打架。在這種情況下，即便你的房門緊鎖，即使躺在床上的只有你一個人，你也無法獨處。無論身處何地，你都無法逃離「群體」。即使在五星級酒店的房間裡也不行。這些地方的工作人員都訓練有素，會把不受歡迎的人從你身邊趕開，但他們卻無法保護你不受「念頭」的影響。

你用眼睛、耳朵、鼻子、雙手和嘴巴，感知了百千萬億的對境，這都是經由五種管道而感知的，也就是這五種感官掌管著這「念頭」。讓這五種感官去專注於用眼睛看、用耳朵聽、用鼻子聞、用舌頭嘗的「那個」吧。如果我問你那是什麼，你會說那是心。當心不在時，你將視而不見、聽而不聞、食而不知其味。是心掌管著這「群體」：五種感官和成千上萬的對境。

這個心是什麼？成千上萬個念頭，只等於一個「我」。所有的一切都凝聚成一個「我」。心、身體、感官、感官對境、萬千思緒、看到這些對境的主體，這些都是「我」。過去、現在、未來，這些也全是「我」。你永遠無法從「念頭」中解脫出來。你永遠無法從「我」中解脫出來。

如果你想自由，如果你想快樂，如果你想獨處，你必須找出產生這龐大群體的「我」是誰。現在我想帶你去到一個非常僻靜的地方，捫心自問：「這個『我』是從哪裡升起的？」這個「我」的源頭是一個遺世獨立的地方，一個充滿安寧、平和、愛和自由的地方。你在此時此地就能去到那裡。你真正想要看到它的時候，它就會向你顯現。如果你想迫切地找到那個地方，一秒鐘不到你就可以如願以償，但如果你還想從生活中得到其他東西，那你就會錯過了。如果你總是把尋找推遲到未來的某一天，你就永遠不會找到它。它不存在於明天，只存在於當下。

在世俗生活中，是沒有寧靜可言的。童年的時候懵懂無知，青年時代充滿了欲望激情。再後來成家了，就有成家後的問題。無論你身處人生的何種階段，你的幸福總是依賴別人。這種依賴讓你永遠都得不到寧靜。

人出生後就容易生病。身心都健康的人是非常幸運的，但更加幸運的是那些渴望解脫的人。人的一生，最棒的就是同時擁有健康的體魄、明晰的分辨力和對解脫的強烈渴望。如果你有這些品質，你就能從群體中脫身。如果沒有，你只能永遠待在那裡了。把你對解脫的追求進行到底，並獲得幸福吧。追求自由的路上，你不需要別人的陪伴。與別人相伴總會帶來麻煩。

在這裡，我們是一個大家庭，但這個家庭不屬於輪迴。有些外人來到這裡，可能會說，「這裡有一大群人」，但我看到的不是這樣。這裡可能有上千人，但如果我們的思想是一個，那麼我們就是一體的。思想決定了你的樣子。如果這裡的共同思想是真理或自由，那麼我們就都是真理和自由。我們在這裡是為了尋求解脫。有了這個願望，我們就屬於解脫的家族。在這種狀態下，我們之間沒有差別。當我們都有同樣的想法時，在那一刻，我們就不再是聚起來的群體了。所以，我希望我已經講清楚了我所說的「群體」這個詞的涵義，我希望你們現在明白了我說的「哪裡有群體，哪裡就有謊言」的意思。如果你們現在不信我說的，那可能要再等上好幾年才能明白了。我不想你們拖那麼久，我真心希望你們在此時此刻就能得到這一正見。不過，如果你還想繼續留在群體之中，你就只能品嘗苦果了。

我並不是在給你預測未來，我只是在給你擺出事實。我再把這個最重要的事實重複一遍：「哪裡有群體，哪裡就有謊言。」除非有人能向我證明這句話是錯的，否則我將繼續堅持這一說法。

我們之中參與薩特桑相關事務的人，必須是態度謙卑的僕人，為來參加薩特桑的人服務。這樣才有可能成功。以前也沒有其他靈性組織成功過。如果這裡成功了，那將是有史以來的第一次。我們都知道其他人想建立這樣的組織的結果，但他們都失敗了。明知如此，卻還是一試再試，或許顯得很傻。但是，我們還是要努力。

問：身爲您的信徒，發自內心的感激之情使我不由自主地想要爲您服務。能否請您說說您在其中的角色是什麼？

帕帕吉：一個真正的信徒沒有立場這麼問。他是一個虔敬者，表示他處在虔敬的狀態，融入這種虔敬狀態後，他就成為「那個」。一個人只有在完全臣服之後，才會成為真正的虔敬者。這時，一個人會放棄自我的認同，就像河流在滙入大海時放棄了它的獨立性一樣。融入大海後，河流沒有立場說「我是一條河流」，因為當它變成海洋時，河流的身分就消失了。

虔敬者虔敬什麼，他就會成為什麼。如果他虔敬於神性，他就會成為神性。這種神性就會駐留在虔敬者的心中，因為他就是「神性之心」。在這之中，我的角色是什麼呢？虔敬者和神性融合的時候，我這個角色也消融不見了。在那裡，在那個地方，我不知道我還能扮演什麼角色。

唵，善提，善提，善提。

帕帕吉和亨納·瑞特

沒有問題，沒有答案

採訪者：亨納．瑞特

一九九三年，勒克瑙

問：我想請問您，了悟眞我和覺醒之後，剩下的是什麼？

帕帕吉：就「了悟真我」而言，既沒有你，也沒有我，沒有提問者，也沒有人被提問。無題可問。當你超越了，超越了這個展現之時，你還要問什麼呢？當你覺悟了真相，當你「超越」了，你還能問什麼，對誰提問呢？

問：沒有問題了。

帕帕吉：好的。現在這個時刻，要讓問題從「沒有問題」的狀態中浮現出來。你還做不到，還是要提問題的，因為這是個採訪，「沒有問題」可不行。

問：人類正在急切地尋找克服全球危機的解決辦法。

帕帕吉：這是個很好的問題。「人」必須變成「仁」[26]。要是能做到這點，就不會有什麼困境了。所有其他的方法都失敗了，因為他們不仁，缺失了仁愛。那麼，如何仁愛呢？

東方，特別是印度，一直以來都在強調未顯現的本然和無限的覺性。表像上腐朽和物質化的世界，是東方世界所要超越的。而覺性，是這個世界的源頭和本質。你在這個所謂的物質世界中見到的一切，都是從覺性中升起現形的。所以，我們必須從這個根本的覺性入手，瞭解到這個純淨無染的覺性只可能升起覺性，不可能是別的。就像大海那樣：無論海洋中出現何種形態，是波浪、氣泡、漩渦還是泡沫，組成每種表現形式的基本物質都是相同的，都是不同形態的水。同理可知，一切從覺性中產生的東西，一定也只能是覺性本身。

要永遠牢記，我們就是覺性，我們必須帶著這樣的信念和了知，把這齣戲演下去，這些名字都只是覺性展現出的不同形相而已。一旦明白本質都是一樣的，就不會再有衝突了。如果我們不明白這個道理，只注意外在的名相，就會不停爭論下去。

時間和空間從覺性中升起。它們是如何產生的呢？你沉睡的時候，你什麼都不知道，甚至連時間的流逝也一無所知。睡眠中沒有對時間和空間的覺知，而一旦你醒過來，馬上就有了時間和空間。這種分別造就了東、西、南、北之間的差異。不要忘了，無論你走到哪裡，都只有覺性，在覺性中根本沒有空間的劃分。覺性一塵不染、純淨無瑕，不能劃分成區域。要在這一見地中扎根站穩，繼續生活下去。

用黃金製成的不同形狀的飾品，譬如戒指或手鐲，永遠不會失去「黃金」這個根本屬性。不同的只是名稱而已。同理，覺性無論以何種形相存在，都只是覺性而已。當你看著一枚戒指，你看不到金子，你只看到外形，所以把它稱之為戒指、手鐲、項鏈、金錶。當你給任何純金製品賦予名相之後，黃金的屬性就被忽略了，但無論外形如何，其基本的共同屬性仍舊是純金。

在這個世界上之所以會產生各種誤解和衝突，是因為我們只著眼於「金飾」的外在名相，卻忽略了構成這一切的共同基底的覺性：黃金。金子可以被熔化，重鑄成各種樣式，但它的根本屬性，這個「金性」卻絲毫沒有改變過。同樣的，雖然覺性看似在不斷地改變形態，但真實本性卻恆常不變。金子始終作為金子存在，即使沒有被打造成飾品，還是金子。同理，當覺性中沒有出現任何形相，覺性依舊是覺性。對覺性而言，形相在或不在都無關緊要，覺性始終不變。

問：西方強調的是變化，而把對「永恆」的解釋權留給了教皇和僞君子。但與此同時，他們對世界肆意掠奪到自掘墳墓的地步。我們應該如何爲東西方文化的利益融合盡一份力呢？是否還有希望？您的願景是什麼？

帕帕吉：依我看來，我們從來都沒有分裂過。恰恰相反，我們是完全合為一體的。你如何證明我們是分裂的？只能靠關注名字和形相，這些並非你真實本性的東西。覺性是無法被分割或「分裂」的。如果你看到或感覺到分裂，就朝內看吧。轉向內在，找到那個從未分裂過，在所有物質形相的生滅前後都永恆不變的實相。創造和毀滅僅僅是覺性之海中起伏的現象而已。正如海洋不受海面上升起和消失的波浪影響，各種具有名字和形相的事物也會在覺性中出現，並最終被毀滅。而作為基底的覺性則是不生不滅、如如不動。

諸如「存在著分裂」或「我與覺性是分離的」此類的概念都是錯誤的。它們源自無明。當你看透這些概念，領悟到它的虛幻不實，它就會煙消雲散。無明沒有開始，但卻可以、也確實能被終結。如果你將繩子誤認為是一條蛇，你可以說，蛇沒有開始，因為它從來沒有出生過。它看似存在，但並沒有真正的存在過。雖然它沒有開始，但它可以也確實有了結之時。一旦你意識到它只是一條繩子，它就消失了。同樣，當你直接了悟到「我是覺性」時，分裂的概念就會消失。那種認為有東方國家和西方國家、它們之間存在差異之類的錯誤觀念也隨之消失了。

問：當某人憶起並了悟到不可言說的眞理和一體本性之後，他也就明白這不是一個結束，而僅僅是一個開始。

帕帕吉：想像有一個圓，你正繞著它的圓周旅行。無論你從哪個地方開始你的旅程，那個地方都是你的起點。但是，一旦你開始移動，就停不下來了，你一直在繞圈圈。如果你想擺脫這種無休止的迴圈，你就得明白圓是有中心的，你必須待在圓心，而不是在圓周上。

這個中心是什麼？它是居住在一切眾生真心之中的實相。它是覺性，它是真理和愛。所有人，如果他們想終結無休無止的輪迴，不再一刻不停地從一個點移動到另一個點，那就必須瞭解這個中心。在那個中心，沒有這點那點的存在，所以，也沒有移動。當你抵達那個中心，一切對你來說都結束了。在那個中心，沒有開始，也沒有結束，因為在那裡，所有的方向、所有的區別、所有的移動都停止了。鮮少有人知道這個中心在哪裡，也鮮少有人知道如何安住其中。

有一次，卡比爾，他是一位生活在十六世紀的證悟者，他看到妻子正推著石磨研磨麥粒。他注意到所有的麥粒先是被倒入石磨中間的一個洞裡，然後觀察這些麥粒是如何被碾碎並磨成麵粉的。看著看著，他哭了起來。他是個非常善良的人，非常有慈悲心，以至於不忍心看到麥粒被碾碎。我在這次採訪的一開始就提到，「人」必須成為「仁」，像卡比爾那樣的仁者，因為他與覺性融為了一體，知道覺性是萬物的共同基底，所以他對所有的生命，甚至是麥粒，都能感同身受。

他的妻子問他：「你為什麼哭？」他回答說：「我不忍心看到這些麥粒都被倒入石磨裡碾碎。」他的妻子也是一位悟者，她把石磨的上層磨盤拿了下來，說：「瞧！這裡有幾顆麥粒沒有被碾碎。我碾不碎，因為它們離軸心很近，貼著中心。」

在這個世界上，能免於被壓碎的，是那些貼近中心的人，他們貼著自己本然存在的真心。如果你遠離了這個中心，你就會被碾碎。大多數人都遠離這個中心，僅憑這一點，他們就會受苦。最好是貼近軸心，安住其中，紋絲不動。如果你待在這個地方，世界將繞著你轉，而你不會被它碾為塵泥。假如你在那個中心休歇，世界就無法影響你或擾動到你。

問：要怎樣利用「了悟真我」在世間和在身體上發揮其功用呢？

帕帕吉：了悟真我以後，你會明白，是真我本身，而並非自我，在執行所有的行為。是同一個真我在驅動著所有人的行動。當你了悟真我後，你將完全信任真我，也完全信賴真我經由你執行的種種作為。

了悟真我是最有價值的成就。如果你想幫助世界，這就是最好的方法。在那種狀態下，真我會將它的計畫向你展露無遺。覺悟後，你自己不會決定「我要去幫助世界」或者「現在我以行動造福人類」。覺悟後，如果真我需要你做事，它就會用。

要讓真我以這種方式使用你，你必須向真我臣服，對它忠心耿耿，對它百依百順。如果你做到了，你就會明白你和真我是一體的。知道這一點後，你就會明白你的身體所做的行為，都只是真我在做。在那種狀態下，你，作為個人，不需要負責任。在這種狀態下所做的一切都是完美無缺的，因為真我永遠不會犯錯。它甚至沒有去判斷行為是好還是壞的能力。

以最大的虔誠，臣服於真我吧，並保持安靜，這就是你需要做的。如果你成功了，你會立刻發現，在自己的內在深處，有一股能量之火給你力量，滲入你的神經系統，比從自身獲得的力量要強千百倍。在這種臣服的狀態下，如果你讓這種能量經由你運作，你將明白沒有一個「你」在工作。身體會工作，但你將知道你不是身體。某種其他的能量，某種永恆的力量經由你的肢體來運作。

即使是現在，在這種臣服還沒有發生之前，也是同樣的力量，正以你的身體在工作，但你的自我卻把功勞據為己有，說「是我在工作」。消除這種感覺吧，那麼覺得自己在做某事的想法就不會再產生了。

想像你正拿著一張紙。當「我拿著這張紙」的想法消失，以一直以來你所理解的方式來「拿著」這張紙，就已經是不可能的了。那麼，拿著這張紙的力量是從哪裡來的呢？這力量使得紙張恰好停留在手指之間，回到這股力量上。手指是從哪裡得到的力量來握住那張紙的呢？又是從哪裡來的智慧，使手指以那種特殊的方式拿住紙張？這些事情是怎麼發生的？我們所做的一切，我們所想的一切，都在給我們上課。如果我們能與這股潛在的力量合為一體，而不把它當成是「自己的」，就能學到這一課。這股力量無時無刻都在教導我們，覺悟可以隨時發生。一旦你明白了這股力量的種種展現所要教給你的道理時，那個瞬間，覺悟就會發生。

那股力量從我們之內升起。智慧也是從同一個源頭升起的。不要用諸如「我應該」或「我不應該」這樣做，這樣的想法來遮蔽你的覺知。

問：我們每一個人都要與宇宙中的所有眾生和平友愛地相處。不僅要與人類，還要與動物、植物和岩石和平共處。人和動物之間的區別是什麼呢？

帕帕吉：當你探究兩者的中心時，你會發現這中心是一樣的。

問：佛教提倡菩薩道以培養種種美德：布施、忍辱、持戒、智慧等等。

帕帕吉：你了悟到真理的時候，這些美德就會隨之而來。菩薩修行是為了培養美德，但我認為美德是無法培養的。美德會因認識到真理而自發展現。然後，這些美德會一直協助你，那時候無論你做什麼，都會是智慧的、具德的。

每一個覺悟者，都自動具有菩薩的慈悲心。菩薩指的是等到其他眾生覺悟之後，他才解脫的慈悲者。為了給別人帶來幸福與平靜，我們每個人都要具備這種程度的慈悲心。你自己都沒有智慧，要怎麼去幫助別人呢？我相信它們是相輔相成的。因此，佛和菩薩沒有區別，做佛的人也要做菩薩。佛陀八十多歲的時候還在幫助別人。在他臨終之時，有一個可憐人出現在他面前，他的弟子阿難說：「師父快要入滅了，你不能見他。」但佛陀已經看到了這個人，就請他來到身邊。在生命的最後幾分鐘，佛陀向他說法，給了他大愛，然後就入滅了。這個人在佛陀生命的最後時刻開悟了。阿難是第一個從佛陀那裡得到證悟的弟子，而這個人是最後一個。

問：有一些人聲稱，應該修習克利亞瑜伽，以修煉出一具不朽的軀體，像巴巴吉（Babaji）或羅摩林伽（Ramalingar）那樣，然後就可以永生，幫助其他人類。

帕帕吉：我不認為這些練習會有效，甚至對他們自己本人，也沒什麼幫助。在你沒有了悟到真理之前，任何練習都不會有效。了悟之後，一切都會好起來的。如果你在自己沒有認識到真理的情況下就去教別人，做這些瑜伽又會有什麼結果呢？

問：是否應該像奧羅賓多（Aurobindo）所堅持的那樣，追求人類的超精神轉化（Supramental transformation），從而把人類帶入到下一個超人類（superhuman）的進化階段？

帕帕吉：到目前為止，這也沒有發生。沒有任何結果。你可以去龐迪切里（印度的一個城市）親自看一看。

問：我去過那裡。

帕帕吉：你的印象是什麼？你在那裡看到了什麼樣的變革？

問：他們還在追求。

帕帕吉：還有追求，是的。這種追求是頭腦的把戲。「追求」和頭腦，這兩者沒有區別。在這裡，我不要求大家嚮往或追求任何東西。我要大家在這一瞬間就放下頭腦，而不是長時間的修行之後才放下。我說的是：「保持安靜，什麼都不要想。把你的心導向它的本源，覺性，你馬上就會覺悟。」當心面對它的源頭，就會即刻開悟。所以，這個只需要把心轉向它源頭的建議，難道不是很合理嗎？

你沒必要去做什麼修行，在這上面浪費一生。你可以即刻就獲得解脫，因為解脫已經在那裡了。如果它不在，那就表示我們想要的是某種現在還不在這裡的東西。要是抱著這種錯誤的態度，會導致你渴望獲得一些什麼。如果此時此地它並不在，而你又想得到它，那麼，當你得到它時，它就成為了你得到的東西，無論你新得到了什麼，那都不可能是覺性，因為覺性已經在了，覺性永遠不可能被獲得，因為它並不是一樣能獲得的東西。但凡不是永遠存在的東西，都應該拋棄，因為它們不是永恆的。永恆的東西永遠存在。你不應該嚮往任何不是永恆的東西。

是什麼阻礙了我們了悟到覺性就存在在於當下，就在此時此地的呢？只是因為我們一心一意渴求著轉瞬即逝的外在事物。一旦我們擺脫了這種執著，實相、覺性就會自己顯露出來。

問：有些人極力宣揚出離，特別是放棄性行爲，希望以此獲得救贖，並拯救世界。

帕帕吉：那些主張棄絕性行為的人，本身就是性愛結合的產物。現在，出於某些只有他自己清楚的原因，可能是一些私人因素吧，才提倡獨身。

覺悟是不朽的，不會被任何東西所玷汙。任何事情都不會令它蒙羞；在它之中，沒有忌諱和禁忌，也無有分別。僅僅靠戒除色欲，是不能獲得解脫的。如果那是可以的，太監就會成為第一批成佛的人。所以，我不贊成棄絕性愛。性愛是一種天性，是自然而然的需求，無需放棄。但是，話雖如此，人的一切活動都應該有一定的規範，飲食、睡眠、性行為等等，都應該符合健康的、可接受的人類行為規範。

動物和人類的區別是什麼？牠們睡覺，我們也睡覺；牠們吃飯，我們也吃飯；牠們有恐懼，我們也會有恐懼；牠們有性行為，我們也有性行為。所以，這四件事情：睡覺、吃飯、恐懼和性行為，是兩者的共同點。我們有一樣區別於動物的東西，那就是明辨力，正是這種能力使我們能夠自稱為人類。我們應該充分利用這種能力。

今天，明辨之力把你們帶到了這裡，是因為你們想知道如何與所有人和平共處。這種力量也使你們產生了「我現在就想解脫」的渴望。完全是因為這種明辨之力，每個人才有獲得解脫的機會和可能。但在這個星球上的六十億人中，只有很少數的人做出了這個抉擇。那些能夠行使自己的明辨力並得到真正自由的人，將永遠不再受苦。他們將成為覺性，成為光明、愛和善妙。

人在尋找覺性，但卻遍尋不得。覺性就在他們自己的腳下、在他們的真我之中、在呼吸間、在視網膜下。只有我們保持安靜的時候，覺性才會顯露。「安靜」並不僅僅是指不說話，真正的安靜是指一切都靜下來的時候。

卡比爾說：「你的頭腦要安靜，你的感官要安靜，你的身體也要安靜。然後，當所有這些都安靜了下來後，不要做任何事情。在那種狀態下，真理自會向你顯露。它將出現在你面前，問：『你想要什麼？』」

你必須保持安靜。在這種安靜之中，會有某種東西展現出來，向你展露，並讓你得到安樂。但如果你追著它跑，想要抓住它，你是抓不住的。如果你背對著太陽，想要追著自己的影子跑去抓住它，那你註定會失敗。因為你跑得越快，你的影子跑得也越快。

我們總是努力追逐各種名字和形相的影子來獲得滿足。相反，你要做的是，把臉轉向太陽。把「你的影子」當作是這個世界上如影子般虛幻的各種名字和形相，它們也都會轉向太陽，因為無論你走到哪裡，你的影子就會跟到哪裡。當你面對源頭，消融在真我中時，你的影子，這個世界的各種名字和形相，也會消失，這就是把你自己獻出去的終極供奉。

你大可不必去追逐影子，只需要面對自己的太陽、你的真我。然後，就算你不想要，一切都會辦到，一切都會賜予給你，一切都會加諸於你。只要保持安靜，不去追求，一切都會賜予給你。

如果你像個乞丐那樣去乞討：「我想要一個王國。」這是沒有人會給你的。連一塊錢都沒人會給你，更別說王國了。不如就自己直接坐上國王的寶座，在那裡，一切都屬於你。這個寶座，就是解脫。

問：也有人認爲，壓抑性愛本能是導致痛苦的主要原因。

帕帕吉：我已經跟你說過了。有些人拒絕各種性接觸，逃到了修道院裡。你一定在你的國家也見過這種情況。我拜訪過瑪利亞．拉赫[27]一座很大的修道院。我見了所有僧侶和修女，我還見到了院長。我在那裡的時候，有一個女人來見他，和他握手。在那之後的一個小時裡，他什麼都想不起來，只記得剛剛被一個女人碰了一下這件事。我能怎麼辦？我去見他是想和他說說話，但和他會面時，我能感覺到他的心思完全不在我身上，而是沉浸在他被女人撫摸的幸福感中。我能感覺到他的念頭：「我跨過了界限，我逾越了規矩，我把自己的手伸到了她的手裡。」

所以，這樣的人雖然外在表現為拒絕女人，但是他們的內心還是留戀著女人。一想到女人，他們就沒法放下這些念頭。

我接受不了這種不自然的生活。試想一下，如果整個世界都變成了修道院，會是什麼結果呢？那時候上帝就只能發明一些其他的方法，好能瞬間把人造出來。

現在，被裝在了這些身體中、這些性結合的產物中，我們有一百年的壽命。這對於獲得解脫來說是綽綽有餘的。我們應該充分利用這段生命，不要把時間浪費在「不應該這樣，不應該那樣」等等的念頭上。在覺性中，永遠不可能有拒絕，也不可能有接受。要讓它自由流動，你會發現它是從覺性中流淌出來的，那股覺性之流總是會很妥善地引導你。但是當你啟用你的個體自我時，你所走的每一步都將是混亂無序的。這就是為什麼人會殺害自己的同胞。即使是豬也不會殺害同類；也從來沒有一匹馬殺害過另一匹馬，但現在很多人卻很得意自己能多快就殺多少人。

如今，各國政府正在討論禁止使用某些類型的武器，這類武器可以殺死數百萬人。雖然這樣的會談可能最終不會有什麼結果，但至少是在朝著正確的方向邁出了一步。在考慮成為解脫之人或智慧之人之前，我們首先要成為人。那些殺害自己同類的根本就不算是人。

問：從眞我的角度來說，痛苦只是一種幻覺。

帕帕吉：沉睡的時候是沒有痛苦的，只有在醒位和夢位才會受苦。但你沉睡的時候，結束的只是身體上的苦；如果解脫了，一切苦難都會結束。

問：然而，一個在現實生活中被毆打、虐待並被遺棄的孩子，其實是很痛苦的，而且還會繼續受苦。因此，西方就發展了心理治療，就是爲了消除和治癒心靈的這些創傷。你覺得自性參問和心理治療之間能在某些方面進行合作嗎？

帕帕吉：你說：「一個在現實生活中被虐待並被拋棄的孩子……」首先，這是誰的錯？是虐待孩子的父母的錯，還是孩子的錯？需要照顧和治療的是父母，他們才是罪魁禍首。但這對父母本就沒有什麼責任感，要不然也不會虐待自己的孩子。作為一個心理醫生，你該治療的誰，是孩子還是父親？

我可以給你講個故事作為例子。這個故事很可怕，不好意思，但這是真事，發生在德國。我在報紙上讀到的。有個家庭，有母親、父親和一個女兒。十三歲的女兒拿著她父親的左輪手槍，射殺了她的父親和母親。然後她向員警自首，並被逮捕。審判時，法官問她為什麼要槍殺父母，女孩回答說：「我父親強姦了我。於是我拿起他的左輪手槍，向他開槍，他就死了。」

法官問道：「那你為什麼也向你母親開槍呢？」

女孩回答說：「我當時向我媽媽呼救。她目睹了發生的事，但並沒有來幫我。所以我就向她開槍了。」

法官駁回了這個案子，釋放了她。那麼，你的治療是針對孩子的還是父母的？在這種情況下你會怎麼做？

問：兩者都要治療。

帕帕吉：父母必須對自己的孩子負責，他們不應該錯誤地對待孩子。小孩從出生開始，就被父母染汙了。有一次我在紐約搭乘地鐵，看到一對夫婦帶著大概六個月大的孩子，那位父親一邊抽菸，一邊親吻孩子。看到這一幕，我很心痛。我把這個故事告訴你，是因為我至今仍感到不安。他一邊吐出菸圈，一邊親吻小孩。孩子在那麼小的時候，就吸入了菸，吸入了尼古丁。如果孩子早早就得了癌症，誰來負責？誰需要接受這方面的教育？不該是孩子，因為孩子只有六個月大。是父親，他應該知道在這種情況下不該親吻孩子。

我本想阻止他，但我一直沒有說話。在這種情況下，該怎麼辦呢？如果我說了，他可能會說：「這是我兒子，你有什麼資格管我怎麼對待我兒子？」所以，我保持沉默。

在很多情況下，損害孩子的是父母或其他長輩。這些成年人應該要接受治療。很抱歉我不得不這麼說，但我見過很多這樣的案例。今天有一個曾受到過虐待的女孩來這裡參加薩特桑，她只有二十一歲。她告訴我，她不能再待在自己的國家。我問她為什麼，她告訴我：「我父親對我毛手毛腳，我為什麼還要留在那個國家？」所以，她來到了這裡。

我很高興心理醫生們在努力工作，但同時我也相信，心理治療只是把一個人帶入他們的過去。在治療中，你會被慢慢帶回過往，以便找到並挖掘出你煩惱的根源。而我們在薩特桑做的是，把一個人從過去帶到當下。在這個絕對的當下，一切都會被化解掉。

你的工作是美好的，我也想和你好好聊聊，但很遺憾，你沒有太多時間。我聽說你的工作表現很出色，而且你是無私地在做。正因如此，我有興趣告訴你如何帶著慈悲工作。有一種慈悲，你甚至不用開口，就能幫助任何來找你的人。一旦你學到了這種慈悲，你就能幫到世界上的每一個人，甚至連一句話都不用說。

再給你講個故事。有個覺悟者，他是個苦行僧，正在森林裡漫步。天氣晴朗，他想找個地方休息一下。於是他在一棵樹下坐了下來，靠在樹幹上，打了個小盹。醒來後，他準備繼續往前走。當他拿起手杖和乞討的飯缽時，他看到許多人坐在他周圍。令他感到驚訝的是，他們都站起身來，感謝他的薩特桑。

他說：「可是我一直在睡覺，我並沒有對你們說過一句話。」

他們回答說：「這是一種我們在別處從未體驗過的薩特桑。其他地方的人都是大呼小叫著：『你必須這樣做，你不能那樣做！你必須這樣坐著，要看起來像這樣。』而你的薩特桑卻不同，我們找不到可以媲美的。我們都是天神，來自不同的天界。我們發現有一位聖雄，一位覺悟者，坐在這棵樹下。我們都這麼想，『為什麼不去參加他的薩特桑呢？』於是，我們都下凡來到這個世界，相伴在你身邊。

「我們是神，但我們仍然忙於各種活動。我們從來沒有時間靜坐或禪修，仍然有許多未滿足的欲望。我們的壽命很長，即使過了一千年，我們也不會變老。所以有足夠的時間來享樂。」

因過去生的善行而得到善報的人，在死後可以轉生到天界，獲得無盡的享受。但是，他們還是要再次出生，因為這些快樂不會帶來最終的安樂。

這些天神厭倦了無盡的享受，便下凡來到苦行僧的身邊參加薩特桑。他在薩特桑時一直靜靜地睡著，眾神把鮮花拋灑在他的身上。附近已掉光葉子的樹，也反季開了花，並且落英繽紛，也灑落在這個靜默的人身上。這就是薩特桑的力量。

眾神都來拜見那位靜默者，連花草樹木都有感應。你為什麼不能用這種方式來幫助別人呢？你要學會這個竅門。

你要回國了，我祝你一路順風。如果你想和我保持聯繫，我非常歡迎，我會和你保持聯絡的。

問：我希望世界上的每一個人都能感受到你的臨在所帶來的祝福，感受到您無法抗拒的笑聲所擁有的解脫人心的力量。

帕帕吉：我很感謝你們來到勒克瑙，我邀請所有在現場的聽眾再來作客。

如果你們有什麼想說的，現在就可以說出來。

問：沒有問題，沒有答案。

帕帕吉：這就是你的心理治療應該開始的地方，就從這裡，從沒有問題也沒有答案的地方開始吧。去到那裡吧，去看看會發生什麼。

問：我會向您彙報的。

帕帕吉和傑夫·格林沃爾德

你是誰？

採訪者：傑夫．格林沃爾德

一九九三年，勒克瑙

問：第一個問題：您是誰？

帕帕吉：我是能顯現出你、我、她、他和其他所有的「那個」。我就是「那」。

問：您看著我時，您看到了什麼？

帕帕吉：觀者。

問：帕帕吉，像您這樣的覺悟者是如何看待這個世界的？

帕帕吉：看做我自己。看著自己的手、腳、身體、頭腦、感官和智力，你知道它們是部分的你，你會說：「這些都在我裡面。」你也要用同樣的眼光，把世界看成自己，與自己沒有不同。現在你認為你的手、你的腳、你的指甲、你的頭髮就是你自己，你也應以同樣的方式來看待這個世界。

問：您的意思是說，並沒有一個「我」會結束而「那個」開始的地方？

帕帕吉：有這樣的地方。我正要帶你到那裡去。

問：帕帕吉，您談到解脫，什麼是解脫呢？

帕帕吉：解脫是個陷阱！一個被關在監獄裡的人才需要解脫，不是嗎？他身陷囹圄，知道外面的人是自由的。你們都在監獄中，並且你們從父母、牧師、老師、傳教士那裡聽說了外面的情況，他們說：「到我們這裡來吧，我們會給你自由；到我這裡來吧，我會讓你們安歇。」這是一個許諾，但其實只是另一個陷阱。一旦你信了，你就陷入了想要解脫的陷阱之中。你應該從這兩個陷阱中脫身：你既不在束縛中，也不在解脫中，因為這些仍舊只是概念而已。束縛是一個概念，解脫的概念因它而起。把這兩個概念都丟掉。然後，你在哪裡呢？

問：就在這裡。

帕帕吉：對，就在這裡。「這裡」，既不是束縛的陷阱，也不是自由的陷阱。根本不在「那裡」，事實上，甚至連「這裡」也不在。

問：在我看來，語言文字就是一個巨大的陷阱。我在這裡的這段時間，就發現語言文字根本不足以表達這裡所發生的覺醒的本質，甚至也不足以說明爲什麼語言文字的不足。一定要比較的話，我得拿足以說明覺醒的東西來比較，但我也無法用語言文字做到這一點。不過，在西方以及東方都經常提到「覺悟」（enlightenment）這麼一個詞，它就是您所說的「覺悟」嗎？

帕帕吉：覺悟就是「真知」，不是對某人、某事或某個概念的了解，覺悟就只是「真知」。當你對過去沒有想像，對未來沒有期盼，連當下也沒有想法，那就是覺悟了。

問：我無法想像一種不帶想像的狀態。

帕帕吉：這就是所謂的束縛，這就是所謂的受苦，這就叫做輪迴。我告訴你：「不要想像。在這個當下，不要有任何想像。」你想像的時候，你是在構建影像，而所有的影像都屬於過去。不要回憶過去，不要嚮往未來的東西。然後，想像就消失了，就不在頭腦中了。頭腦中的一切，都來自於過去。

問：叫我不要什麼都不要想，就像告訴我不要去想河馬一樣，我頭腦第一個想到的就是河馬。

帕帕吉：我不是要你去想什麼。我說的是，不要想像任何屬於過去、現在、未來的東西。如果你能從想像中解放出來，你也就從時間中解放出來了，因為影像會一直提醒你別忘掉時間，把你留在時間的框架內。在醒位，你能看到種種影像：形形色色的人、東西和概念。但當你沉沉睡去，這些就都消失了。現在，你睡著的時候，這些影像在哪裡？人在哪裡？東西又在哪裡？

問：在睡眠中，這些東西仍然存在。我睡覺的時候，它們不會消失。

帕帕吉：你說的是夢位，而我說的是深睡無夢狀態。我來解釋給你聽。你一般什麼時間睡覺？

問：大約晚上十一點半。

帕帕吉：想想最後的一秒鐘，也就是十一點二十九分五十九秒之後的那一秒。在這最後一秒發生了什麼？第六十秒算是屬於睡眠還是屬於清醒狀態呢？

問：介於兩者之間，既不屬於這裡，也不屬於那裡。

帕帕吉：現在，我們來談談一秒鐘之後的事情。第六十秒已經過去了。剛才你講到「這裡」和「那裡」。在你進入睡眠狀態的第一個瞬間，「這裡」和「那裡」在哪裡？在那一瞬間，你屏棄了一切：影像、事物、人和關係。在你進入睡眠狀態的那一瞬間，所有的想法都消失了。在那第六十秒之後，沒有時間、沒有空間、沒有國家。我們現在講的是沉睡。現在，你醒來了，請描述一下你睡覺時發生了什麼。

問：睡覺時會做夢。

帕帕吉：不要提夢，我在說的是沉睡。夢位和你眼前看到的這個醒位狀態是一樣的。在夢中，如果你看到有強盜搶了你的東西，或者有老虎撲向你，你體會到的恐懼和你清醒時是一樣的。而在你深睡無夢時，你看到了什麼呢？

問：什麼都沒看到。

帕帕吉：這個回答是正確的。那麼，你為什麼要拋棄世界上的一切，拋棄那些你極為珍愛的東西，只是為了把自己獻給一種什麼都沒有的狀態呢？

問：會這樣做是因爲我累了。

帕帕吉：為了恢復體力，你要去能量的儲藏庫，去到那個什麼都沒有的狀態。如果你不去碰觸那個能量庫，你會發生什麼，你會去哪裡？

問：我會瘋掉！

帕帕吉：瘋掉，沒錯。現在我來告訴你如保持在沉睡的、什麼都沒有的狀態，甚至是在你醒的時候。我還會告訴你如何在身體睡著的時候保持清醒。這很棒，不是嗎？

我們來談談你從睡眠中醒來之前的最後一秒，即將結束的那個瞬間。那時，醒位還沒有到來，沉睡位即將結束。你說說看，在隨後醒位的第一個瞬間，你體驗到的是什麼？

問：我的感官喚醒我回到這個世界。

帕帕吉：好的。現在告訴我，你在熟睡時體驗到幸福去哪裡了？你從什麼都沒有的那幾個小時裡又帶了什麼出來？

問：那個體驗消失了。我很放鬆，神清氣爽。

帕帕吉：那麼，比起沉睡時的放鬆，你更喜歡清醒狀態下的緊張感嗎？

問：關於這個我有一個問題，稍後再說。

帕帕吉：如果你明白我想傳達給你的意思，你可能就不會問我下一個問題了。想像一下，你看一場十點演到五點的電影，看完從電影院回到家，你的朋友問：「好看嗎？」你會告訴他們什麼？

問：我會說，「電影很棒」。

帕帕吉：你可以記得那些畫面，轉述給朋友聽，但你卻沒從沉睡之中帶東西出來。醒來的是誰？是誰從那種幸福的狀態中醒過來了？你在沉睡時是幸福的。如果不幸福的話，就沒有人會願意每天臨睡前對自己珍愛的人說「晚安」了。無論你和他們的關係有多麼密切，你還是會說一聲，「晚安，我要睡了」。

獨處，是一種更好、更高級、更美妙的東西。問問你自己這個問題：「我醒來時，醒來的是誰？」

你醒來時，你並沒有把之前六七個小時中所享受到的無夢沉睡的幸福感帶出來。你帶得出來的，只是你在夢中起舞的印象。

你得養成一種新的習慣，這種習慣只有在薩特桑中才能建立起來。你還小的時候，父母就帶你去戲院。每次看戲，就漸漸學會描述感官所接收到的印象，也學會了享受。但你的父母無法告訴你，也無法教你，要是沒有感官體驗會發生什麼。這只有在薩特桑中才能知道，這也是你們來這裡的原因。所以，我再問你一次：「你醒來的時候，醒來的是誰？」

問：醒過來的是「我」。

帕帕吉：好。「我」醒了過來。「我」醒來的時候，過去、現在、未來也醒了。這表示時間和空間也醒過來了。伴隨著時間和空間，太陽醒了，月亮醒了，星星醒了，山峰醒了，河流醒了，森林醒了，人、鳥、動物都醒了。這個「我」醒來的時候，一切都會醒來。這個「我」在沉睡位酣睡的時候，一切也都沉寂了下去。如果你不去觸碰那個醒過來的「我」，你就能在醒著的時候體會到沉睡時的幸福。試著在一秒鐘、半秒鐘、甚至四分之一秒鐘之內，不要去觸碰「我」。「我」這個東西，是我們完全可以不用帶著的。不要碰觸那個「我」，然後跟我說說你的體驗，如果你還沒睡著的話。

問：眞是如此。在一瞬間，一切如夢。

帕帕吉：這就叫「睡時清醒，醒時沉睡」。你永遠在幸福中，永遠清醒著。這個覺醒叫做了悟、自由、真理。不過，不要去碰這些名詞。把你至今從任何地方聽到的所有文字都丟掉！你將看到你的真面目。

問：（沉默不語）

帕帕吉：現在，別睡著！

問：帕帕吉，我住在您家隔壁的汽車修理廠附近。有時候，我覺得唯一障礙我在靈性上進步的，就是工人敲打汽車的雜音。感官不斷從環境中抓取，我們怎麼保持安靜呢？畢竟，那是感官的功能呀。

帕帕吉：孩子剛學走路的時候，父母會給他學步的工具。等到他長大，學會了獨立行走，他就會把學步的工具扔掉。所以，一開始如果發現自己禪修時受到干擾，那麼最好換一個環境。我會給你以下的建議：你選擇房子或居所時，必須先看清周圍的環境：垃圾成堆，豬群亂竄？人聲嘈雜嗎？是否有魚市、超市？這些東西一開始都要避開。你可以到森林裡去禪修。然後，等你學會了禪修竅門後，無論是身處魚市、沙利瑪路口（Shalimar Crossing）或哈茲拉特甘吉（Hazrat Ganj）[28]，你都坐得住了。一旦掌握了禪修技巧，就不會聽到噪音，不會聽到任何東西。真正禪修的時候，會和在沉睡時的狀態一樣，但同時又是清醒的，這就是所謂的「睡時清醒」。在學會這一點之前，最好避開不適宜的環境。所以在你決定入住之前，先觀察鄰居。你的鄰居一定要好，好鄰居比你住的公寓還更重要。找那些和你志同道合的人生活在一起。教師喜歡和教師在一起，哲學家喜歡和哲學家在一起，工人喜歡和工人在一起。他們在一起都能相處得很好。但一旦學會了真正的禪修竅門後，就可以隨時隨地做喜歡的事情了。

問：禪修對您來說是什麼？有許多不同種類的禪修法，大多是觀察各種現象，比如觀呼吸，或是念頭的起伏。

帕帕吉：你說的不是禪修，而是專注。只有在不專注任何對象時，禪修才會發生。如果能做到不把過去的對境帶入腦海，那就叫禪修。不要用心，那才叫做禪修。如果用心來禪修，那就不是禪修，而是專注了。心只會執著於那些屬於過去的對境。有沒有人告訴過你，不要借助心來禪修？

問：這很難回答。我所做的大部分禪修都和處理念頭的技巧有關。但禪修所要達到的，似乎是一種無念的狀態，沒有念頭升起。

帕帕吉：是的，那就叫禪修。沒有念頭，就是禪修。

問：但人難免有念頭。如何處理升起了的念頭呢？

帕帕吉：我會告訴你如何處理。我想你只需投入相當於一彈指的時間。這就是阻止你念頭需要的所有時間了。什麼是念頭？什麼是心？思緒和心之間沒有區別。思緒源於心，心只是一堆思緒而已。沒有思緒就沒有心。什麼是心？「我」就是心。心是過去，執著於過去、現在、未來。心執著於時間，執著於對境。這就是所謂的心。那麼，心從哪裡生起？當「我」升起時，心就會升起，然後感官升起，世界升起。現在，找出「我」從哪裡升起，要是你還是不能平靜，就告訴我。來吧，講講你這樣做的時候發生了什麼。

問：我現在正在聽您講話。

帕帕吉：接著剛才的繼續說。我們已經發現了心是「我」，心從「我」升起的事實。「我」升起的時候，心就會升起。這發生在從沉睡位到醒位的過渡期。現在，找出那個儲藏庫，那個「我」升起的地方：「我」是從哪裡升起來的？

問：「我」只是名字。

帕帕吉：等等，等等。你還沒聽懂我的意思。我再重複一遍。如果有一條水渠，從水庫流淌而出，你可以溯源而上，回到它剛從水庫流出的地方。我告訴你，用同樣的方法，追溯「我」這個念頭，它從哪裡冒出來的？我會告訴你怎麼做，怎麼找到答案。你不需要像穆罕默德·阿里（Mohammed Ali）打拳那樣用力，這是非常簡單的，認識自己就像輕拂玫瑰花瓣一樣輕鬆。這種認知或了悟就像拿起一片玫瑰花瓣一樣簡單，一點也不困難。只有你努力的時候，困難才會出現。所以，你不必努力去找那個水庫，那個「我」的源頭。不要努力，也不要思考。拋掉努力，拋掉念頭。我說拋掉念頭時，我的意思是：「拋掉『我』這個念頭，不去做任何努力。」

問：那感覺就像一顆彗星從大氣層中掠過。它倏忽一閃，旋即消失在茫茫太空。它就像瞬間迸發的火花，而閃過之後，又是「我」的無明黑暗。

帕帕吉：不是「又」。因為「又」是需要回溯到過去的，「又」就是過去。我告訴你的是，擺脫這個

「我」。只要一秒鐘，放掉努力，不要去思考，哪怕是半秒或四分之一秒也足夠了。我親愛的傑夫，過去的三千五百萬年裡，你從沒在自己身上花過這麼多時間！此時此地是時候這麼做了。

問：我發現不努力是不可能的。總是有一種要努力的心。總有一種期待，一種想要努力的感覺。

帕帕吉：這一切的「有所作為」都是你的父母、你的牧師、你的老師、你的傳教士教給你的。現在，正好相反，用四分之一秒的時間來保持安靜，看看會發生什麼。你從父母身上繼承了「做」的習慣，「做這個，做那個」。你去找牧師，他告訴你，「做這個，不要做那個」。然後你從社會上其他地方也聽到了同樣的話。我告訴你，既要擺脫「做」，也要擺脫「不做」。

你沉溺於「做」的時候，你就回到父母的世界中。你首先是從你母親那裡學會如何做的。如果你沒有拿好湯匙和叉子，她就會在飯桌上打你一巴掌，說：「不准這樣做！」做和不做首先來自於你的母親。然後是牧師說：「你必須去某個教堂，不要去別人的教堂。如果你這麼做了，你就會上天堂。如果不這樣，你就會下地獄。你是個罪人。」

我說：「把做和不做統統都去掉。」一起碼要嘗試一下。你已經嘗到了「做」的滋味。這地球上有六十億人，他們都在品嘗「做」的滋味。告訴我，做了這麼多，結果是什麼？最近，我們在波斯灣地區看到了「做」的結果，我們也看到了三場戰爭。這種「做」導致了人與人之間的仇恨、大量的殺戮。現在我們來看看「不做」又會怎麼樣。在「不做」中，會有愛，沒有仇恨，就讓這種愛再次湧現吧，就像在佛陀和阿育王時代一樣。

問：帕帕吉，現在我叫您「帕帕吉」[29]，似乎是把您放入父親的角色，感覺有點怪。

帕帕吉：你的這個父親告訴你：「不要努力。」聽這個帕帕吉的話，只要聽他的這一句話就夠了。如果你不聽這個帕帕吉的話，那麼在今後的三千五百萬年裡，你還會有很多其他的帕帕吉！

問：我是作家，我覺得寫作對我來說是件非常自然的事情。有人會來找我給他們一些寫作上的建議。我告訴他們：「自然而然地寫吧，就像平時說話一樣。沒有什麼比這更容易的了。」但他們做不到，他們總是需要付出一些努力。

帕帕吉，您在八歲的時候就自發地、自然而然地覺醒了。為什麼您如此確信，這對其他人來說也會同樣的簡單和自然嗎？我們已經努力了三千五百萬年的時間，卻收效甚微。

帕帕吉：我之前一定也花過那麼久的時間。我之所以知道，是因為我看到我許多過去世。佛陀也說過，為了覺醒，他一次又一次地轉世，他很清楚全部的過程。他非常清楚地記得他在兩百五十三世前所犯的一個小小的過失。他也是一直在「做」，不停地「做」。

你剛才問了我一個很直接的問題。我也不知道是什麼原因讓我覺醒的。這是非常自發的。我沒有背景，沒有禪修。我也沒有讀過關於開悟的書，我當時在巴基斯坦，根本就沒有這方面的書。而且這類書大多是用梵文寫的，我沒有學過梵文，只學過波斯語。是覺醒找到我的，但我不知道它是怎麼來的，也許是它選擇了我。實相會顯露給聖潔之人。我也沒有什麼資格，當時我只有八歲，在讀二年級，還沒受過教育。我當時看到的，現在依然能看到。它是什麼？它是什麼？它是什麼呢？隨著時間的流逝，我愛「它」愛得越來越深。

問：終其一生，我一直在想，如果我生活在佛陀的時代，坐在他的腳邊，會是什麼樣子。現在和您在一起，我覺得我知道這個問題的答案了。

帕帕吉：其實你一直都和他在一起，你一定是一直和他在一起的，否則你就不會問這些問題，你就不會來到這裡了。其他人呢，其他六十億人呢？他們為什麼不來參加薩特桑？你的鄰居呢，你的父母呢，你的朋友呢？為什麼只有你？你被選中了，就是為了這個目的你被選中了。

你知道「它」的時候，你會在瞬間就認出「它」。就在那一瞬間，你會知道，之前什麼都沒有發生過，未來也不會發生任何事情。某一刻，你以為自己被束縛了。正是同樣的那麼一個時刻，你會發現，你是自由的。在那個覺醒的瞬間，你會明白，既沒有解脫，也沒有束縛。你會知道，「我就是我之所是」。

問：帕帕吉，在解脫的過程中，心能夠提供幫助嗎？

帕帕吉：是的。心是你的敵人，同時也是你的朋友。執著於感官對境的時候，它是你的敵人。但當它渴望來到薩特桑時，這個同樣的心就是友好的。它會帶給你解脫。

問：不知爲什麼，這讓我大大地鬆了一口氣。我們說解脫的時候，解脫的是誰？

帕帕吉：正是這個「誰」，在實現解脫。在問問題的「誰」，也就是同一個覺得被束縛了的「誰」。在知道了這一點之後，「誰」會彰顯出它的一體性。「看這裡，傑夫，」它會說，「我就是把你帶到這裡來的那個『誰』！」

問：聖方濟各說過：「你所要尋找的，就是那個正在尋找的。」

帕帕吉：是的，是的，當你問是「誰」，你又在哪裡能找到它呢，說說看？在哪裡？你得再加點東西，這樣才能得到答案。你是誰？如果你只問「誰」，出現在你面前會是誰？只是去問「誰？誰？誰？」

問：這樣問的話，我快要聽起來像只貓頭鷹了。您說，把我們帶到這裡的力量，把我們帶到薩特桑的力量，會照顧我們。那是什麼力量？

帕帕吉：把你們帶到這裡的力量，讓你說出話語的力量、提出問題的力量，都是同一股力量。這股力量現在變成了提問者，正是這個力量在提問。而這股力量也同時在告訴你：「保持安靜！」

問：（搖頭）採訪您以後，帕帕吉，以後什麼採訪都難不倒我了。以科學的觀點，我們所感知到的一切，從一顆蘋果到純粹的恩典，都是神經信號和化學機制的結果。從生物學角度來看，覺性的奇蹟是由一種物理原因直接引發的。我們如何能確定覺性、覺知、覺醒不僅僅是一種化學反應，對空性的了悟也不只是我們的腦細胞安靜下來的狀態呢？

帕帕吉：科學在研究工作上做得很好，我對科學不懷有什麼芥蒂。我們生活在二十世紀，很幸運地享受到科學研究成果帶來的好處。我也不可能拒絕科學發明，沒有科技發明的話，你們要在短短二十小時內從加州來到這裡，是做不到的。所以說，我們應該接受科技。但是，創造這些發明的心智是從哪裡來的呢？我們已經發現了腦細胞的特性，但是，我們並沒有發現這些細胞是從哪裡獲得能量的。我希望有朝一日，能發現這個來源。

是空性（emptiness）本身激發了這些細胞的活力。然後，這些腦細胞向全身數十億、數萬億的細胞發出信號，進一步啟動了思想、肢體的運動、各種感官和心念等等。這就是造化（creation）：最初有的是空性，它使細胞活躍起來，隨後細胞帶動心智的運作。一旦有了心，身體、感官和感官對境就會升起，所有這些覺受都是由細胞接收的。

每個細胞都會給你一個新的化身，每一個都會。因為你的欲望將會直接進入細胞，並潛藏在內。這些欲望會在適當的時刻從細胞中浮現出來，重生為其他細胞，而那些重生的細胞形成了心。

你的問題是，也許空性只是大腦中發生的某種化學作用。但能覺知到這種化學反應發生的是誰？一種更高的力量，比細胞更微妙，正是這股力量覺知著發生在細胞中的事情，它全都清楚。這股力量是什麼呢？

問：是恩典，是阿特曼（*Atman*），它是一個更宏大的背景，我們以各種形式存在其中。

我問這個問題時，希望你和在坐的每一個人都能明白，我在你的臨在中感受到恩典，帕帕吉，我並不否認這一點。我只是想弄明白，消除疑惑。所以我的答案是「恩典」。在我看來，它像是一種力量，這力量容納一切萬物，甚至多過一切萬物，這力量是比所有一切還要大的。但對我來說，它好像是一種我被要求去相信的東西，一種我必須去信仰的東西。對那最高力量的信仰是解脫的先決條件嗎？我們必須篤信這股力量才能覺悟解脫嗎？你現在教給我們的東西需要先有信仰嗎？

帕帕吉：「信仰」這個詞是各種宗教創始人所使用的。你說「信仰」這個詞的時候，你必須回溯到某一套特定信仰的創始人那裡。信仰的意思是追隨某個過去的人。當你說出「信仰」這個詞，你必須看到，你的心回到過去。告訴我，有哪一個關於信仰的問題不是屬於過去的呢？

問：對我來說，「信仰」這個詞與宗教、死去的宗教緊密相連。

帕帕吉：這個詞把你帶回到過去的影像中。「對這個神或那個神有信仰，對這座雕像或那座雕像有信仰。」我不會讓這裡的孩子信仰任何來自於過去的東西。我根本不教授信仰，我教的是真知。真知與信仰毫無關係。信仰把你帶到過去，而真知把你帶回到當下。阿特曼和恩典，這二者之間是沒有區別的。你使用「阿特曼」這個詞的時候，心不會執著於任何人、任何事、任何概念。當你說出「恩典」這個詞時，你不應該認為它是來自某人、某個形象或事物。恩典超越虛空，它更高、更微妙，甚至比虛空更加殊勝。虛空從哪裡產生？從阿特曼而生。太陽靠誰的恩典光芒四射？陽光燦爛奪目，正是這恩典的展現。夜晚的月亮，石頭的堅硬，花朵的柔美，河水的流淌，空氣的吹拂和海浪的湧動……讓空氣流動起來的是什麼？我不是說運動本身，也不是指海面上波浪的起伏。我說的是那個終極的力量，它是所有運動的源頭，「那個」。

問：它就是那終極奧祕。

帕帕吉：如果你願意，可以稱之為奧祕。那神祕之物，就是所謂的恩典，兩者之間沒有區別。它很神祕，並將永遠保持神祕。這個奧祕，這個祕密是如此神聖，以至於你無法把它說給我聽。我把你帶到那個地方後，你卻沒法和我談論它。如果這不是個祕密，你肯定會對我講的，因為你瞭解我，我不會騙你。可是你卻沒有告訴我在這一瞬間發生了什麼，因為你根本說不出來。它是如此的隱祕，容不下兩個人並肩而行，甚至連一個人也不行。它不是身體，不是心，不是感官，也不是明辨之智，只是「那個」。

過去六十年來，我一直在努力，但我始終無法解開這一奧祕。我從來沒能解開過這個祕密。我年事已高，而你還很年輕，所以請和我說說這個奧祕。我想面對面地看看那個奧祕，那個謎團。我想親吻他（Him），我想親吻她（Her），因為我從沒有在這個星球上的哪個地方見過這樣美麗的面容。我愛上了某人，一位我素未蒙面的摯愛。

問：我是怎麼來到這裡坐在您的腳下的？到底是什麼樣的奇蹟把我帶到了這裡？

帕帕吉：是你發出了召喚。是你發出的邀請。

問：帕帕吉，您建議我們不要去讀關於覺醒的書籍，因爲這只會讓我們對覺醒的感覺、滋味、模樣產生先入爲主的期待。那麼在採訪中，您又想傳達什麼呢？

帕帕吉：我不建議你去讀任何聖典或聖人的相關書籍。你讀一本靈性書籍時，你可能會喜歡書上的某一部分。如果你讀了很喜歡，你就會儲存在記憶中。之後，你打坐禪修，想要獲得解脫。你想要自由，而且，你已經從書上得到一個解脫的概念。因此你禪修時，這個先入為主的觀念就會展現出來，讓你體驗。你忘了你所體驗的，其實就是儲存在記憶中的東西。你所得到的是來自過去的經驗，而不是開悟。真正的體驗不是對過去記憶的體驗。你禪修的時候，心會欺騙你。心總是會騙你，對你說謊，所以不要依賴。如果心想要或喜歡什麼，不要聽從。無論心喜歡什麼，你都別去喜歡。記憶代表過去。禪修時，就是在試圖執行一個已然存在你腦海中的計畫，「我必須達到我讀過的那個境界。」因此，後來的經驗是預先計畫好的，這就是你所得到的，因為無論心裡想什麼，都會顯現出來。

一旦你有一念想到輪迴，外境就顯現了。這是你的念頭，你的願望。這就是為什麼世界會顯現的原因。對你來說，它看起來如此真實，因為你信以為真。一旦你體驗到實相是在別處，那麼當下你就會屏棄輪迴。你會有一個嶄新的、鮮活的體驗。每一刻都是新的，你將不會用頭腦去體驗它。然後就是「無心」，就會只有你孑然獨一，像這樣，也只有這樣，才能叫做「體驗」。我不會再使用「體驗」這個詞[30]，因為所有的體驗都是出於過去的規畫。這可不再是什麼體驗，而是非常直接的相遇，你將第一次遇見「那個」。你會在去掉你的妄心，去掉所有心的概念之後與「它」相遇。你必須赤裸著去見「它」。脫掉所有的衣服，赤身裸體，連赤裸的概念也去掉。你明白嗎？這位愛人的密室是如此神聖，這是你能進入的唯一方法。如果你想見到你的愛人，就進去吧。是誰攔住了你？你現在就能去。就是這麼簡單。打扮需要時間；脫光衣服就快得多。

問：昨天您講了一個故事，說有個大師禪入定很深，完全不管他生病的兒子。有人之前問了您關於責任的問題，我也想問您同樣的問題：「解脫是否代表不負責任呢？」

帕帕吉：那個問我這個問題的人後來又來找過我。我對他說，這個故事講的是一個聖人和他的妻子、兒子，我告訴他：「你和這三個人中的誰都沒有關係，既和兒子無關，也和妻子、丈夫無關。這是一個聖人和他妻子的故事。你得成為聖人，或者成為他的妻子才能知道，或者至少是他的兒子。」於是他沉默一下才說，他被說服了。

各種責任已經存在相當久的時間。你有一個頭腦和一個自我，它說：「這個屬於我，那個屬於他。」由此，責任就產生了。

誰是這一切事物的源頭？在你出生前，這個輪迴，這個造化，已經存在，它已經存在億萬年。在這漫長的時間裡，是誰照看著它的？你履行自己的責任、自己的義務，大概有三十年之久吧。七十年以後，你就無法再履行了。你的各種責任和義務，你這些職責的跨度不可能超過一百年。那在你之前的幾百萬年呢？你出生之前的數不清的行為活動，又由誰來負責呢？

如果你接受來自家庭、妻兒、社會、國家以及世人的託付，你就得動腦筋、動身體、動心智。難道不是嗎？要履行這些責任，你需要三樣東西：健康，也就是好的身體；一顆好心，也就是好的意念；以及慈悲。這些東西你從哪裡取得呢？你從哪裡獲得能量來移動身體，從而使你能在身體層面上幫助他人？你從哪裡獲得能量來起心動念，從而能向他人傳達慈愛？你從哪裡汲取了這種行動的能量呢？

問：是從恩典中汲取的。

帕帕吉：如果你知道你是從恩典中汲取的能量，那麼，做各種事又怎麼會變成你自己的責任呢？為什麼會這樣呢？這個燈泡在發光，有光。燈泡能不能說，「這是我的光！如果我想發光，我就會發光，如果我不想發光了，就會一片黑暗」？光可不是從這裡來的。那個儲藏庫和源頭，是在別的地方。如果這盞燈說，「我很亮。因為我的緣故，你們才能看得見」，那它就弄錯了。它不明白真相。電流從哪裡來？電從哪裡來？有一位在這本地工作的電氣總工程師來過這裡，我就問他：「電是什麼？如果把給電燈傳送電力的電線切開，裡面我可什麼都找不到。」

他回答說：「這個我們還不清楚。它以某種方式作用。電產生了，但究竟是從哪裡來的，這我們還是不知道。我們不知道使電力流經導線的那股力量的源頭是什麼。」

你五歲的時候，你的父母照顧你。當你長大成人，覺得自己可以照顧自己了，你就會離開父母，為自己而工作。你開始獨立的時候，你的父母會很高興。如果遇到困難，你可以隨時回去向他們尋求幫助和建議，他們永遠歡迎你。我為什麼要告訴你這些？有一種能量、一種恩典，它滋養著你，照顧著你。你可以在隨時回到它那裡去補充養分。那個儲藏庫是所有能量的來源。它是電的來源，也是你自己能量的來源。不要忘記，你所有的能量，你進行工作的能量，都來自阿特曼，來自恩典。當你從這個源頭汲取能量，你會擁有比現在多出兩倍的能量。回到你的國家後，親身體驗一下吧。

當你讓這種恩典來掌管你的人生時，你就會知道，「這來自恩典。我是多麼的幸運，能一直見證著恩典的運作。靠了它，我才能有幸照顧我的孩子、妻子、親友、我的社區和國家。」當你立足於源頭的運作之時，你將會有一個嶄新的人生。很多離開這裡的人給我寫信說：「這種能量是從哪裡來的？我們以前就很忙，現在我們承擔的工作更多了，卻感覺不到疲勞。我們現在覺得很年輕，好像比我們來勒克瑙之前年輕了三十歲！」

問：那樣的話我就只有八歲了，這可是個獲得覺悟體驗的好歲數！

帕帕吉：是的，是的。要不然你就太老了。這必須在童年或青年時期獲得。成年以後，就有很多責任，孩子會給你帶來麻煩，社會會給你帶來麻煩，疾病會給你帶來麻煩。身體本身就是一種疾病，渾身上下都有症狀。老的時候，會被疾病所擾，將無法集中注意力。你會有精神上的不安、肉體上的毛病，還有人際關係，紛繁複雜。所以你必須在你生命的黃金時期，在青年時期去做。童年是最好的時候，年輕時也是好的。有些老年人也來到了這裡，他們下次來的時候，就都會好起來的。

問：昨天有位女士來見您，她比我年長一些，她和您的見面似乎非常美妙。當我看到她時，我很有信心，因爲我在想，「我還有時間。」

帕帕吉：為什麼要提時間呢？目的是什麼？在這裡，你要擺脫時間。為什麼還要依賴時間呢？時間就是過去。當你從這裡跨出去，就把時間拋掉吧。你不需要時間了。

這裡發生過一件事：一個五十歲左右的男人從洛杉磯趕來，因為他不樂意看到自己的兒子總是待在這裡。他是個有錢人，想把兒子帶回去做生意。他有幾百個問題想問，他要和我辯論，他想知道我為什麼要把他兒子從他身邊帶走。他們在克拉克斯酒店（Clarks Hotel）開了三個房間，父子倆在那裡過了一夜後來見我。第二天早上，他兒子把他介紹給我。在我家裡，他就在我面前坐下來。

這個父親說：「您昨天晚上出現在我面前，您坐在克拉克斯酒店裡我的床邊，回答了我所有的問題。現在我沒什麼可問的了。」

他腕上戴著手錶，他脫下來放在我身邊，說：「現在我不需要時間了。」

他在這裡待了二十天。你見過不戴手錶的美國人嗎？即使在睡覺的時候，他們也會在枕頭下放手錶。就算是上廁所，手錶也不離身。他們是那麼小心，那麼守時，連上廁所時也如此。

他要走的時候，我對他說：「那錶怎麼辦？如果你沒有錶，你就得向別人問時間了。」

他回答說：「不用，都是一樣的。起床、睡覺，現在，一切都一樣了。我已經忘記了時間。我不需要了。」

我對他說：「不，戴上我的錶吧。」隨後我把手錶戴在了他的手腕上。

當你有時間、心和其他這些東西，你就必須負起責任。但當你懂得「無心無時」（no-mind and no-time）的妙處，照顧你的是誰呢？學會依靠那至高無上的力量，它會好好地照顧你的。

問：帕帕吉，基本上我們所有人都來自於自由國度，環境優渥。到勒克瑙來拜訪您是我們都能負擔得起的某種特權。但對許多人來說，「自由」仍然是指不受政治壓迫、監禁、酷刑的折磨。外在的束縛是否會阻礙內在的自由？如果是的話，您認爲世界上應該有政治行動主義[31]的一席之地嗎？

帕帕吉：外部環境不是障礙。產生障礙的是我們的我執。障礙是由我執製造出來的。「我必須這樣做」，「我一定不能那樣做」，這種你在做事的想法就是障礙。如果你在行動時不覺得自己是做為者，就不會有障礙。最高的力量正透過你在工作，它會適時引導你。

問：我做過一些人權相關工作。在別的國家，像緬甸、西藏的人民都備受壓迫，掌權者殺害、傷害他們。您說，身體本身就是一種病，人老了以後，身體變成一個暴君，使人很難覺悟。還有些地方，光是參加薩特桑就會被迫害；有的地方這樣的集會是被禁止的。我們要是在這些地方舉行薩特桑，政府機構會把我們擊斃。這些外在環境肯定是一種障礙。既然環境是這樣，人民就想採取行動反抗壓迫者。如果您傳記記載準確的話，您自己在二十多歲的時候也這樣做了。您是如何看待此類行爲的呢？

帕帕吉：這個世界正走向災難。我們正走向人類自身的毀滅。原子彈和化學武器正把我們帶向深淵，這不是解決問題的辦法。讓我們反其道而行，向全人類和所有生靈散播慈悲和仁愛。我們試試這麼做。我們在薩特桑上正在做一個實驗。我們正在傳播和平與愛的訊息。我希望這個消息能傳播出去。所有在這裡的人都是他們各自國家的大使，會把這消息傳遞給父母和他們國家的人民。星星之火，可以燎原。總有一天，你會看到結果。你自己也要回到自己的國家。你會對你的人民，對你的朋友宣說，他們會發現這一切，你會看到巨大的變化。我非常確信這一點，變革的時代正在到來。

我們必須吸取以前的破壞所帶來的教訓。我們仍然沒有忘記日本的廣島，那裡的人民仍在受苦，我們不能忘記。

我們必須吸取教訓，傳播愛的訊息，就像阿育王時代那樣，在那個時代，和平遍滿人間，沒有什麼戰爭。他派了自己的女兒和兒子出使斯里蘭卡、中國等東方國家，消息就是這樣傳播出去的。這和平訊息的傳播是由一個坐在菩提樹下的人開始的。愛之火焰具有強大的力量，一旦點燃，就會引發一場即使是化學武器也無法阻止的熊熊大火。

一個人禪修就好，隨時隨地，在自己家裡修也行，你會看到成效的。保持安靜，把「願世界和平」這個和平的消息傳遍全世界。「願所有眾生平安快樂」，一定會遠播。

問：希望如此。

帕帕吉：不是「希望」，不是喔，我不相信「希望」。「希望」是未來的，讓我們相信至高無上的力量吧，它會好好照看這個世界，帶來瞬間的轉變。讓我們向至高無上的力量祈禱：「請幫助我們與所有的生靈和平共處，請教導我們。」教導別人，給別人建議是很容易的。我們要先幫助自己，自己先找出什麼是和平。在你自己沒有瞭解到什麼是和平之前，不要去幫助別人。

問：您從您多年的導師生涯中學到了什麼？

帕帕吉：我不是導師。是誰告訴你我是導師的？導師的教導總是關於過去的。導師就是這樣的一批人，他們告訴你這樣做、那樣做，如果你不這樣做，就會下地獄。這就是導師。我既不是導師，也不是傳道者。

問：我換一個說法：這麼多年來，您坐在薩特桑裡的這個位置上，學到了什麼呢？

帕帕吉：愛，愛，只有愛。我愛他們（指著面前薩特桑的會眾）。

問：爲什麼是「他們」？帕帕吉，您不也愛我嗎？

帕帕吉：我沒有把你包括在內，因為你是摯愛。我愛他們，而你是我的摯愛。這表示什麼？因為你是我的摯愛，所以你坐在我身旁。

（在後來的一次採訪中，帕帕吉解釋了在薩特桑中接近他的人發生的事情。「我把他們都吸收進來，然後在我的心裡給他們一個位置，在我的真心裡。就像情人在真心中給他們的愛人留出一席之地一樣，你們總在我的心中。」）

問：謝謝您，帕帕吉。

帕帕吉：謝謝你來到這裡。我代表我自己感謝你，也代表我的孩子們再三感謝你。我很高興你提出這些問題。我們都從這些問題中受益。這次薩特桑所帶來的能量振動並不局限於這座建築，它已經傳遍了全世界。你會看到的。

問：帕帕吉，您覆蓋了極寬的波段。任何類型的天線都能接收到您的信號。

帕帕吉：既沒有天線，也沒有信號！你不需要信號。信號的傳遞需要兩種設備：一個用來發送，一個用來接收。

問：是呀。我什麼時候才能開竅呢？（沉默）

帕帕吉：（大笑）你現在正在回答我的問題。你問了我這麼多問題，我只問了你一個，而這就是答案。這就是沒有信號的信號。太棒了。這是什麼？至少你現在可以告訴我了。採訪結束了。這是什麼？

問：（沉默）

帕帕吉：這是什麼？內在發生了什麼？這是一種什麼樣的享受？你可以感覺到。每一個細胞都在享受著。你現在看到了嗎？它們在享受甘露。（拿起寫著採訪問題的紙）我要把這些問題帶在身邊。

問：我很驚訝，帕帕吉，您回答了我所有的問題。我還以爲這些問題很棘手呢！可是，它們的答案都是同一個。

從左到右：羅恩·斯塔克，帕帕吉，亨利·巴爾

躍入未知

採訪者：羅恩·斯塔克和亨利·巴爾

一九九〇年，新德里

問：帕帕吉，您說過，覺悟並不需要用頭腦去理解、分析或感覺。

帕帕吉：覺悟根本不需要用頭腦。

問：那麼，需要什麼呢？

帕帕吉：什麼都不需要。你已經是「那個」了。我沒有要你從這裡開始，然後到達別的什麼地方。你必須現在就弄清楚，你是誰。你當下又缺少了什麼呢？那個認為存在著種種心念活動的想法，那個認為你必須靠它們才能到達某個地方的想法，甚至是想要開悟的渴望，所有這些，都是先入為主的觀念。所有這些先入之見都屬於頭腦，無論頭腦中有什麼，都來自過去，不屬於當下。這些成見讓你不停地掛念著過去。

要努力做點什麼，哪怕是去禪修，你都必須在心中有一個先入為主的想法或對境。我要告訴你的是，「把對境拿走，看看還剩下什麼」。要做到這一點，你必須安住於本然。你已經是「那個」了，不需要做任何事情來達到或獲得。任何你想達到的成就，一定是你現在還沒有獲得的，否則你就不會想要得到。如果你能「得到」，那麼你也會失去，因為它不是你的本性，不是你的本來面目。你自己內在的真面目，你真正的本性，是唯一一樣你永遠不會得到也永遠不會失去的東西。

看看你腦子裡裝著的這些想法，你所學的、所記的、所想的、所信的一切，這些東西都不是「你」。如果你把它們都去掉，還剩下什麼呢？你剛剛提到了「分析之心」和「直覺之心」，把這些也去掉。現在就做，告訴我還剩下什麼。

我來告訴你剩下來的是什麼：離於言說，空無一物。

問：剩下的是寧靜。

帕帕吉：寧靜、光明、智慧、直覺。

問：您是怎麼做到的？

帕帕吉：我只是什麼都不做而已。

問：什麼都不做？這太難了。

帕帕吉：錯，這是最容易做的事情。這並不難，因為它就在這裡，此時此刻。

問：但頭腦很活躍。

帕帕吉：我根本沒有提到頭腦。不要使用你的頭腦。不要用頭腦做任何事情，我們看看，我們最後會到哪裡。

問：一定是先有一定的思想，才能從您嘴裡說出話來。

帕帕吉：這點我不能苟同。

問：您必須思考才能形成您的念頭呀。

帕帕吉：你現在說的這些話，是從哪裡來的？我來告訴你：它們來自未知的空性。像這樣說話，是我們每個人與生俱來的權利。

問：如果我問您一個問題，您的大腦必須處理我的話，必須梳理一遍您所知道的一切知識和經驗，從而得出一個答案。

帕帕吉：我的經驗是，每當我說話時，我不會使用任何存儲在我記憶中的東西。

問：但記憶仍然存在，在無意識的層面上。

帕帕吉：是的，在無意識的層面上。去到那個無意識的層面，要跳進去。

從本質上來說，過去和未來是一樣，都屬於頭腦。如果只停留在當下這一刻，根本不用去處理過去。記憶是關於過去的東西。頭腦也是過去的，由已經消逝的事物影像彙集而成。你說話的時候，你一直在提取過去的影像。我從來不會為了找問題的答案而去挖掘過去。你問的問題會從頭腦中冒出來，但我的答案卻不是來自記憶。每個人都能做到，每個人都可以像這樣說話。

問：就是更加任運自然嗎？

帕帕吉：是完全地處於當下。沒有想法，沒有成見，以這種方式漫步人生。這是能立刻見效的。你沒有概念的時候，這就是所謂的覺悟。現在，請繼續你的提問。

問：當我試圖向您提問，我必須進入我的頭腦，進入我的過去。爲了擬定一個問題，我需要問自己：「哪些是我不明白的？我需要知道些什麼？需要問些什麼問題？」爲了尋找這些問題的答案，我必須在我的記憶、我的頭腦和過去的經歷中反覆搜索。如果不做這一切，我連一個問題都提不出來。

帕帕吉：是這麼回事。

問：如果我們完全地處於當下，如果我們正在體驗此刻當下的全部，就不需要再說話了。

帕帕吉：如果你在空性中，你還是可以說話的，而且你的效率可以提高一倍。當你立足於空性，可以更有效地完成所有的工作。你不知道這一點，是因為你從來沒有到過那裡。先躍入空性之中，然後看看你會如何反應。

你告訴我說你在思考，並在從記憶中提出問題，我贊同你的說法。但這是因為你還沒有縱身躍入那個空性中去。去到那個空性中，然後說話。在那裡，你的問題和我的答案都將是當下現成的。

問：我的心仍然歇不下來，因爲每當你說話時，我都在做判斷：「這個有道理，那個講不通。」

帕帕吉：不要試圖去弄明白任何事情。

問：我的頭腦會說：「等一下，這裡有些不對勁，我沒搞明白。」

帕帕吉：你是從頭腦的層面說話的。你的理解來自於某個特定的層面。我要說的是：「跳進那個根本沒有任何層面的地方。」

問：這是很困難的。

帕帕吉：「困難」，這是你在過去聽過或讀過的一個詞。現在，在此刻的當下，不要用「困難」這個詞。不要進入過去，不要觸碰你過去的經歷。躍入那個「未知」吧。從那裡，和我對話，向我提問。

問：我同意。這樣做應該是對的。然後，就會冒出這樣的想法：「我想這麼做。我想要放下我的成見，我想要放下受到制約的想法。我想以其他方式生活和起居住行。」但我怎麼能做到呢？我一直被所有這些念頭、思維控制著，它們在對我說：「這樣做對嗎？這樣有用嗎？」我如何才能放下，只是純然地活在當下？

帕帕吉：你在說：「我想做到。」這種態度是錯誤的，因為要想得到，你必須什麼都不做。放下，並不是說要實現什麼新的目標。你不必試圖達到某種新的狀態。因為即便是現在，你就是你所追求的那個。你無法造作或努力來成為你自己，因為你怎麼可能不是你自己呢？這一切的努力，這一切的探求，想要實現和獲得的渴望，都是不自然的。藉由這些非自然的活動所獲得的一切終將失去，但你永遠不會失去你的真我。現在就來找出你是誰，結束這一切無用的探求吧。

問：我是純淨的覺性。

帕帕吉：完全正確。當你是純淨的覺性時，哪裡還會有問題呢？在純淨覺性之中是沒有問題的。一切都包含在其中。你的身體動作、你的語言、你所做的一切都來自於那個純覺。這超越了所有的思維層面，它不屬於任何層面。待在那裡，從那裡說話，從那裡進行你所有正常的、日常的活動。成為那個覺知，成為那個空性。

問：善良、智慧和慈悲，這些都在那裡嗎？它們會從那裡自然地流露出來嗎？

帕帕吉：在那個地方，智慧、慈悲和善良將是你自然的本性。你吃飯時，你的手把食物拿起來放進嘴裡，嘴巴不會對手表示感激，它不會說：「謝謝你，手先生，你餵飽我。如果沒有你，我就要挨餓了。」手與嘴是如何合作的，那麼在那個地方，你也會以同樣的方式與全人類相處。你會對所有的眾生心生慈悲，你會幫助他們，善待他們，但與此同時，你永遠都不會覺得，「我是富有同情心的，我是仁慈的」。你的行為將是深深植根於善意、愛和慈悲之中，但你永遠不會意識到你這樣做是為了幫助別人。

問：您是說不會有造作的意圖？

帕帕吉：這就是自然的狀態。在這種狀態下，你會幫助每一個人、一切眾生，你會自發地去做。

問：每個人都有這同樣的本性嗎？

帕帕吉：是的，同樣的本性。

問：那些本性醜陋的、不善良的人又如何呢？

帕帕吉：那不是我在談論的「本性」。我說的是一個人的根本本性，就是覺性、光明、智慧、善。若要變得慈悲，你就首先要體驗到「那個」。

問：那是我們所有人的本性嗎？您覺得「那個」是您內在的本性嗎？

帕帕吉：內在的本性、宇宙的本性、永恆的本性，就是那個本性。

問：我們是否會阻礙本性呢？愛分析的頭腦和其他東西是否會阻礙它呢？

帕帕吉：這些東西都只是迷惑而已，根本不要把它稱做是「本性」，它都不是自然的。

問：人會強姦、殺戮、偷盜，這些衝動又從何而來呢？

帕帕吉：它們來自於不自然的骯髒行為，它們是從社會中獲得的。社會告訴我們要復仇，要做所有其他暴力的事情，這些行為不是「真實本性」的展現。即使是殺人的人也會心懷悔意，他們知道，在某種程度上，他們已經違反了自然法則。

問：監獄裡都是服刑的罪犯。我不認爲他們大多數人會因爲殺人、偷盜或強姦而感到羞恥或悔恨。他們覺得那才是他們的本性。他們無法與其他人和諧共處。他們是自私的，只爲自己著想。人的本性是各不相同的，並沒有一個共同的本性存在。

帕帕吉：我不是在說那些由於外在環境而產生的不同秉性。我說的本性是指覺性，是你自己內在本具的特性。如果有人實施暴力犯罪，就不是那個內在本性的表現。

即使是你的外在秉性，也會讓你對行為的對錯有所認識。你知道殺人或強姦嬰兒是不正常的，你知道你這樣做的時候，你違背了天性。當你做了違反自然法則的暴力行為，你就必須為之付出代價。就算不是現在，也會是在將來的某個時候。

問：您說過，「放下一切，只是存在。」這聽起來很對，我也同意您說的話。然而，在聽完您的話，認同您的觀點之後，我又回到我頭腦的程式中，回到我的局限、我條件反射式的頭腦中去了。我也不知是爲什麼。我知道我應該什麼都不做，這聽起來很簡單。我如何才能學著慢慢做到這一點，並且一直如此呢？

帕帕吉：你還沒明白我想告訴你的是什麼，你還在說著要在將來的某個時刻得到些什麼。你說要自動自發地處於當下。為什麼你必須等待並計畫進入「現在」，此刻當下呢？所有這些努力都只會把你帶離當下，帶進未來。

問：現在我的心在二十個不同的地方。

帕帕吉：心不可能同時去到不同的地方，它只能往某一個方向走。告訴我，你的心現在在哪裡？此刻你在想什麼？你的心現在要去哪裡？讓我看一看你的心。

問：我在聽您講話。

帕帕吉：好吧，你在聽我說話。我就來談談這個。你聽到的話，它沉入到什麼地方去了？

問：我身上在對您的談話進行判斷，它沉入到這個部分裡去了。我在判斷您說的話。

帕帕吉：「我在判斷」。「我」是主語，「判斷」是謂語。現在，你內心的這句「我在判斷」是從哪裡冒出來的？「我在判斷」是四個字。換個說法：「在判斷的是我」。這個「我」是從哪裡來的？去追溯它的源頭。每次你向我提的很棒的問題，答案都將是這個。這就是每一個問題的答案。

……你突然安靜了下來。

問：我正在努力想出一個答案。

帕帕吉：你們是羅恩和亨利。亨利先生，你安靜了那麼一會兒。在那靜默之中，「我在判斷」這句話出現沒有？

問：沒有。

帕帕吉：好的。這句話沒有出現。而你之所以沉默，是因為我剛才問了你這個問題，你找不到答案。在那一刻，你是誰？

……現在你又安靜下來了。你又沉默了。

問：我感覺……

帕帕吉：「我感覺」——三個字。「感覺」表示什麼？「我感覺」是三個字。「感覺」之前的，是什麼？先於感覺的是誰？

問：我無法用語言表達。

帕帕吉：好吧，「我無法用語言表達」。那個表達不出語言的「我」是什麼？

問：在念頭背後的某個地方有……

帕帕吉：不！不！繼續保持安靜。我再重複一遍剛才那個問題：這個有「感覺」的「我」是誰？這種感覺發生在誰身上？這個「我」是誰？它在哪裡？回溯到「我」的來處，一切問題都會迎刃而解。這個「我」是誰？

這個問題的答案，能解答所有人的探尋。

這個「我」是這副眼鏡嗎？「我」是這副身體嗎？它有皮膚，有四肢嗎？

問：沒有。

帕帕吉：那麼這個「我」是什麼呢？你已經說了很多次「我感覺」。我們先來解決「我」是什麼的這個問題。你說「我感覺」的時候，這個感覺是對誰生起的？是對「我」而生起的。那這個「我」是什麼？我們來追問下去，認識一下，熟悉自己的真面目吧。現在就試試看！它並不遙遠。我親愛的朋友，它可不在舊金山。「我」在哪裡？「我」離你有多遠？多遠？

問：它就在這裡的某個地方，但我……

帕帕吉：去這裡追尋它的蹤跡（指著胸口）。去掉所有外在的東西，進入到那個地方。現在就去！這是很實用的方法。去做吧！這個「我」是誰？

問：沒有「我」。

帕帕吉：沒有「我」？那樣的話，問題就解決了！如果沒有「我」，那麼你會自發地質疑，自發地思考，自發地運作。你會自發地生起慈悲心。

問：因爲所有這些，回轉過來後，都沒有任何東西。這背後什麼都沒有。

帕帕吉：背後什麼都沒有。這就對了。

問：放下眞的很容易（笑）。

帕帕吉：對的。是很容易放下。

問：沒有「我」，也沒有見解或感覺……並沒有「我」。我在想，我可以用一種特定的方式來使用「我」這個字嗎？如果你活著，你就有一個「我」。它是生命力。

帕帕吉：我正在談論的並不是一個物理層面的「我」，某個有生命的或者是活著的東西。我說的是心理層面的「我」。你現在在說話，這些言語是從哪裡來的？你覺得，「我在說話，我在工作，我在思考」。你把所有這些行為都歸於這個「我」，這個實體，它究竟是什麼呢？誰在說著這些話？這些話語是從哪裡冒出來的？

問：這個「我」，似乎是我們編造出來的東西。

帕帕吉：既然是編造的東西，那麼，「編造」的源頭又是什麼？

問：我不知道，請您告訴我吧。

帕帕吉：不，我想讓你自己到那裡去。我不會告訴你的，我不能告訴你。

問：我……

帕帕吉：一個字。（笑）亨利先生，這就是完整的一句話了。

問：我們的回答已經從四句變成了一個字了。已經很接近了！

帕帕吉：亨利先生，安住在這個字上有多難？

問：我能覺察到這個「我」嗎？

帕帕吉：不行，因為它是源泉，是「我在思考」的源頭。你說：「我會思考，我會做這個做那個。」

而我在說：「那就回到這個『我』吧！」如果你回到這個「我」，那裡還會有什麼？

問：那裡是沒有任何疑問的，在那裡，問題並不重要。

帕帕吉：可能會有一千零一個問題，一個接著一個。但這個「我」，這個覺性，永遠不受問題或其他東西影響。

問：所以那裡還是可以有疑問嗎？

帕帕吉：那裡會有疑問，那裡會有行動，那裡會有一切。但是你自己，你不在那裡。當你把一個不屬於自己的「我」放在那裡時，就會出現混亂、動盪、不安，甚至戰爭。「我」不在的時候，某些東西仍然還在。

問：我剛剛想到了「求生」（survival）這個詞。我在想，「我」的產生和延續，是因爲人有求生的本能、自我保護的本能。當「我」離開了，還有什麼會存活下來，會留下來？

帕帕吉：這是另外一個問題了。我們認真研究一下：如果我們回到我們的源頭，就能抵達覺性本身。我們現在就行動，我們回到那個源頭。就在此刻。這並不難。不要做別的事，不要去其他地方。就在這一剎那，成為那個覺性吧。你現在就是那個本體。你不必研究它或尋找它。

問：您所說的這些，我徹頭徹尾地贊同，我也完全理解並同意這是我必須要做的。您說的話我都聽進去了，我明白應該要按照您所說的做，我甚至也渴望能實現，但我還是放不下「我」這個概念。

帕帕吉：我並非叫你放下，我沒有要你放下任何東西，我只是要你意識到自己的本然存在。在你自己的本然存在中找到你的本來面目，在覺性的鏡子裡看清你的臉，與其向外馳求，不如反觀內省。回到那個覺性中去，看看那裡有什麼。在那裡你會看到自己的面目，你會認出它，你會愛上它。你要立足在那裡，一切對你來說都將變得非常簡單和自然。

接下來，亨利先生，我對你還有更多的要求。你說下一句話的時候，請看看它是從哪裡冒出來的，它從哪裡升起？若我能將你帶到那裡，我們就會非常接近我們要的解答了。現在，你跟我說話的時候，請看清整個過程。它是從哪裡升起的？

問：看著它升起的地方，能讓我領悟。

帕帕吉：不，不，別管這種領悟。我親愛的亨利，回到領悟的源頭去吧。

問：您所說的對我來說很難懂，也讓我很迷惑。

帕帕吉：不，不。先去做，然後再來說難在哪裡吧。你現在還沒去做呢。回到你存在的源頭，一切都是從那裡升起的，一切都來自於你的內在，而不是其他地方。一切都從那裡升起：過去、現在、未來。一切都在那裡，你應該去到那裡。

問：我正在努力去做，可是我找不到。

帕帕吉：別努力。你無法在過去或未來找到它。不要努力，放棄你所有的努力。你做到了嗎？你說，「我現在正在努力」，而我說的是，「放棄一切努力」。能做到嗎？

問：也許只能做到一秒鐘，就一秒鐘，能。

帕帕吉：好吧，這就夠了。那一秒鐘就足夠了。在那一秒，你放棄了所有的努力。在那一秒，你是誰？

問：我不知道。

帕帕吉：太棒了！好極了！你能不能停留在那一秒鐘裡，然後告訴我，「我正從那一秒鐘裡走出來」？給我解釋一下你是如何離開這寶貴的一秒鐘的。你是如何離開它的？

問：這很容易，我回到「我」的概念。再次變成「我」是很容易的。

帕帕吉：是的，這個「我」只是一個概念。但我說的是沒有「我」的這一秒，那裡什麼都沒有。我說的是這個當下、這一刻。如果你處在那一秒，你能感知到什麼？

問：敞開。

帕帕吉：很好。你想要敞開還是封閉？你喜歡哪個？

問：敞開。

帕帕吉：我們一開始就說過這個了，請原諒我對你這麼不留情面。從你的內在，現在升起了什麼？還有什麼概念存在於你的頭腦中嗎？還有什麼煩惱？還有什麼問題？

問：要完全接受。

帕帕吉：讓我們像個君子那樣：我們找到了解決方案後，就應該堅持下去。你剛才說你體驗到了敞開，然後你說，「這對我來說很難」。在這第一句話「我是敞開的」之後，你又怎麼了？你對它做了什麼？你是怎麼把它扔掉的？

問：我把它收起來。（笑聲）

帕帕吉：收盤[32]是華爾街做的事。當你說「我是敞開的」，在那個時候你很快樂；當你說「我是封閉的」，那一刻你快樂嗎？在這兩者之中選一個吧！選吧！快點！在敞開中，根本就沒有選擇。這是無選擇的。

問：沒有選擇。

帕帕吉：所以，不要封閉，保持敞開。這不是很合理嗎？

問：非常合理。

帕帕吉：謝謝你。我們先來喝杯茶再聊。

問：當我們注意到「封閉」、「不敞開」……

帕帕吉：當你注意到這個「封閉」的概念是從哪裡來的，你就會回到你的覺性。

問：就這麼簡單？

帕帕吉：亨利先生也覺得這很簡單吧？就是這麼簡單，這麼自然。那就是你的本來面目。你要怎麼做才能像這樣呢？你要付出什麼努力才能做到這樣呢？

問：不需要努力。

帕帕吉：如果你不努力，你會是誰呢？

問：（笑）那麼下一個問題來了。我想知道，還有沒有別的什麼是我需要知道的？

帕帕吉：放心吧，在那裡，在那個地方，所有的問題都會得到解答。

問：是「我」這個概念想知道，想瞭解，想努力。我感覺糟糕的時候，我就知道我偏離了中心。

帕帕吉：如果你的問題是從自我而生的，那麼這些問題只會帶來疑慮。我們已經到達了那「另一個地方」，在那裡自我感不會生起。現在你正從那個地方說話。

問：從那個地方，問題仍然會產生，但完全沒有困擾。

帕帕吉：問題會有的，同樣的，難處也會有的，但完全沒有困擾。

問：面對這些，我會有個不同的態度來面對嗎？

帕帕吉：所有的困擾，都將跟你息息相關。從這個有利的角度來看，你會以更明智的方式來解決。

問：自我又是什麼？

帕帕吉：自我不是真我。當你的行動沒有根植於真我，各種不良行為就會出現：驕傲、虛偽、爭權奪利。當你透過自我運作，你就只能從你的鄰居、朋友、牧師、老師那裡獲得知識和認同。這些都不能代表你的真實本性。你只是被局限住了，才會去相信這就是你自己。老師、牧師、父母、社會都是這樣教導你的。

問：所以難就難在這裡。我平常的思維機制，我平常的覺知，是憑著那種局限而運作的。

帕帕吉：你必須從那種局限中走出來。

問：我早上醒來的時候，我看了看錶，我想：「現在已經八點了。我必須做這個，我要做那個。」所有的行爲都經過了那種局限的過濾。

帕帕吉：如果你認為這些想法局限了你，那麼你就被局限了。相反，如果你承認它是從不受限的源頭升起的，那它就無法限制你。同樣的行為活動既可以是受限的，也可以是不受限的。比如現在我們正在喝茶，活動正在進行，但它並沒有給我們帶來任何阻礙。

問：所以我們可以繼續過平常那樣的日子，但帶著一種不同的態度。這樣就不會有困擾了。

帕帕吉：在那種不同的態度中，就「沒有困擾」了。面對它，以另一種方式解決，不要靠手裡的槍來解決問題。

問：我發現，毗缽舍那[33]的價值在於，我們可以學會把念頭看作是非個人的。它讓我們瞭解我們是如何認同念頭的，同時明白爲何自我感同樣也只是一個概念。走上毗缽舍那禪修，也就是「内觀」之路，我們練習放下念頭。如果學會了放下，就不會那麼容易地陷入自我，陷入「我」的概念中了。我發現毗缽舍那是個挺有用的工具。

帕帕吉：但這樣做的話，就會創造出一個三元：禪修者、禪修、禪修的對境。這種三元關係就這樣被維持著。而我希望你能在「一體」之中，讓我們成為一體、一個整體，而不是分割成禪修者、禪修和禪修對境。

問：沒有這三元，內觀教法不是這樣教的，內觀之路不是這樣的。這一點，我是從自己的親身體驗中知道的。但即使我承認您說的是對的，我還是可以這樣認爲，這個法門不斷地提醒我們：「我認爲自己就是念頭。我在創造一個自我，創造一個有各種困擾的『我』。」然後，念頭就會消失。毗缽舍那是一種提醒我們念頭並非眞實的方法，它幫助我們回到無我，回到空性。但是，我還是喜歡您的方法。

帕帕吉：不要沉迷於毗缽舍那，不要沉迷於這種觀和修的方法。當你意識到自己正在修習毗缽舍那，就問自己：「是誰在做毗缽舍那？」你這樣做的時候，你必須探究「我是誰」，為的是發現那個正在修行的人究竟是誰。

你在觀察對境，但我要你把對境去掉。如果你把對境去掉，一切都會消失，只剩下覺性。

問：我要怎樣做才能記住這些呢？

帕帕吉：什麼都不用做。記憶是屬於過去的。為了記住，你必須挖掘過去才能得到點什麼。

問：這我明白。一切都必須是自發的。如果你走到街上，你會做什麼？怎麼才能在那裡也做到自動自發呢？

帕帕吉：你可以上街去，你可以對那裡的一切作出反應，但不要忘失空性。不管你去哪裡，空性從未缺席。你能看到東西，只是因為它背後的空性。若沒有空性，什麼都將不存在。既然你無法去到任何沒有空性的地方，那麼為什麼不現在就看到空性，看清你的本來面目，接受它呢？

問：空性是一切背後的空白虛空。

帕帕吉：這就是我所說的。你無法把它圍起來，也驅逐不掉它。看看我們所在的這個建築，你能說「外面有空性，但裡面沒有空性，因為這是我的家」嗎？沒有空性能有裡面嗎？

問：所以，空性是自然的狀態？

帕帕吉：空性、覺性、智慧、覺悟，它們是一樣的。

如果空性不存在，就沒有房子。空性遍及內外。我們砌起四面牆壁，就叫它「房子」，然後我們說我們住在裡面。但我們並不是住在牆裡面，而是住在空性中。

所有的知識都來自於未知的「那個」，而它總是停留在未知中。知道這一點就是覺悟，為了得到它而去努力，就是毗缽舍那。

問：在毗缽舍那的系統中，每次密集禪修達數月之久，要有所領悟是非常難的。

帕帕吉：不，不，問題不在於此。我從未跑到山洞去一坐就好幾個月。我只是去找我的師父，他說：「會出現、會消失的，都不是真實的。」然後我就明白了。

問：您是如何有所領悟的呢？

帕帕吉：我是靠著師父的恩典領悟的，我沒有努力去理解。瞬間我就明白了。

問：您在遇到他之前，有沒有禪修過？

帕帕吉：我做過很多事情，虔愛、禪修，各式各樣的修行，什麼都沒錯過。我一直在探求，相當、相當地認真。但當我遇到我的師父，事情就這麼發生了，讓我瞬間就明白了。

想像一下，你明天就要結婚。你去市場購物，並為第二天做好了所有的安排，然後就往家走。在回家的路上，你必須穿過一片森林。突然，一隻老虎出現在你面前。那麼你之前精心制定的計畫會怎樣呢？

問：計畫馬上就變了。

帕帕吉：事情就是這麼發生的，亨利先生。如果你把你明天要做什麼、未來能達到或實現什麼的各種想法統統都丟掉，會發生些什麼呢？

你需要去碰到一隻老虎。

問：冒出來的疑問似乎都互不相關，但都回到同一個點上。這些問題都是老虎。

帕帕吉：不，不，不是老虎。

問：您的這些提問抓住了我的注意力。當您問我「我是誰」時，您就是我的老虎。我正朝一個方向移動，想要給您一個答案。但突然間，我的答案已經沒有用了。

帕帕吉：那個，的確是老虎。

問：（笑聲）

帕帕吉：領悟自然發生了，不需要努力，也不需要關注外在事物。它無法靠讀書獲得。

問：（沉默）

帕帕吉：現在，你在想什麼，我親愛的亨利？現在，就是現在。

問：我正在努力……

帕帕吉：不，不。不要說什麼努力。告訴我，在此一瞬間，你的腦海中出現了什麼？

問：有個虛空，有一種空。

帕帕吉：這就是我想要指出的。

問：也就是說那裡什麼都沒有。所以，覺得有個「什麼」，只是一種錯覺。

帕帕吉：那是一個空曠的空間。你可以稱它為「虛空」（space），可以稱它為「源頭」（source），也可以稱它為「覺悟」（enlightenment），怎麼稱呼都可以。

問：在那個空間裡，沒有任何執著。不再有任何想法，也沒有任何問題。

帕帕吉：現在他在主導了！（笑）很好！他會了！

問：我進行這樣的討論已經有很多年了，也做過很多毗缽舍那禪修。我以前曾試著分析它，但我始終沒有領悟到問題背後的那種空無之感。

帕帕吉：（笑）我在正確的時刻指引了他。他從自己的內在（而不是其他地方）找到了那個虛空。我現在何必還要問他問題呢？

你不應該忘記這個虛空，因為你永遠無法擺脫它。你不可能把這個虛空丟掉：它一直在那裡。一期又一期的生命，它就在那裡。所有這些生命都發生在那個虛空裡。

看看大海中的波浪，有高有低，有的很長。如果你只看形相，你看到的是獨立的波浪；但如果你能看到實質，你就知道它們都是海洋，都是水。你心中可能會有分別，但你不是這些分別念，不是這些波浪。你是真我之洋，你無法把波浪從海洋中帶走，它們是分不開的。

問：我不在你身邊的時候怎麼辦？當我流連在外面的世界而把它遺忘，又該怎樣去憶起呢？

帕帕吉：不要憶起！如果你不去憶念，那麼你我都不會出現在這裡。現在，我們在一起，在說話。不要有任何概念。如果你不去記取或接受任何概念，那就太平無事。那就不會有你，也不會有我。沒有距離，也沒有分離。

問：上師就是這樣和每個人相伴的嗎？

帕帕吉：是的，是的。

問：所以關於我們之間有距離的想法，只是一個概念而已。如果我和您待在一起三天、一周或兩周，除了剛剛得到的東西，我還能得到什麼？

帕帕吉：沒有其他新東西了。

問：沒有更多？

帕帕吉：不，不。沒有更多，也沒有更少。

問：就是這個。

帕帕吉：我甚至不會叫它「這個」。如果我這樣做了，就會和「那個」產生混淆。

問：在過去的幾分鐘裡，您將答案和領悟向我和盤托出……但我的分析之心……

帕帕吉：你仍然可以使用分析之心，這還是能用的。但現在答案將來自那個虛空，那個「我知道」的虛空。

問：我可以看到我的頭腦是如何以語言、思想、觀念來運作的，我也可以看到我是如何把眞實性賦予其中。我現在才明白我從未對虛空，那眞實性背後的虛空，給予過信任和理解。我認同了一個叫做「我」的東西，還有那些思想、那些概念、那些記憶和「我」的種種投射。現在我明白了，了悟到它們背後的空性才是眞正有用的。

帕帕吉：那麼現在你可以放心大膽地思考、去做你喜歡的事了。

問：它既不是我，也不是你。

帕帕吉：虛空、源頭、空性，這是你無法否定掉的。海面上的波浪看起來好像在互相爭奪，互相擊打，但它們仍然只是海洋。

問：我會認同……或者說是自我在說：「這是我的想法，這是我的問題，這是我的答案。」那就是自我。但是自我無法認同、無法信任虛空，也無法以虛空爲榮。

帕帕吉：當你把它叫作虛空，就沒有自我。當你躍入那個空間，一切都很好。我不會用任何字眼來形容那個空間。它只是如其所是。

問：所以，是自我創造出了問題。自我，或者說這個「我」的感覺，是無法理解虛空或空性的，因爲虛空是在「我」產生之前就已經存在的。

帕帕吉：（笑）他解釋得很好。自我只能知道自我而已。

問：我今天給您打電話時，我想知道您未來有什麼計畫，我想知道您要去哪裡，這樣我就可以來看您。但現在我懷疑是否還有這個必要。我本想多花點時間的，然而我又在想：我們還要不要再多花些時間待在一起呢？

帕帕吉：不，我覺得你完全沒有必要在我這裡多花時間。如果有什麼問題，現在就解決掉。我會在這裡幫你，確定你沒有問題了以後再離開。如果你已經沒有問題了，我們為什麼還要再見面？如果你真的沒有問題了，我們就時時相見了。不要浪費你的時間再過來見我！

秋吉尼瑪仁波切和帕帕吉

一切從未存在

對談者：秋吉尼瑪仁波切
一九九三年，加德滿都

帕帕吉：我來見您是因為時機成熟了，我就來了。

仁波切：我們所指向的，都是同樣的方向，同樣的目標。我們所指向的，都是同樣的成就。

帕帕吉：我不這麼認為。（笑）

仁波切：爲什麼呢？爲什麼不一樣呢？

帕帕吉：因為沒有方向。沒有方向。任何方向，無論是什麼方向，都把你帶到過去。

仁波切：但是沒有方向就是正確的方向。

帕帕吉：沒有方向是……

仁波切：正確的方向。（笑得更大聲）

帕帕吉：所有的方向我都要去掉。「方向」表示有某個起點，然後有終點，有道路；然後就有了方向：東、南、西、北。這些都是概念。我要把概念去掉。「概念」代表過去，過去代表頭腦。頭腦代表空間，頭腦代表方向。因此，不要給頭腦方向。當你給了它一個方向，它就會把你帶入一場三千五百萬年的輪迴之中。

仁波切：三千六百萬年。（大笑）

帕帕吉：你的任何主張都來自於頭腦，從頭腦而起。即使你宣稱「我從頭腦中解脫出來了」，這依然是頭腦。

仁波切：是的。任何主張都來自於頭腦。不管你主張什麼，都是頭腦；不主張什麼，也是頭腦。

帕帕吉：是的。「我被束縛」是頭腦，「我解脫了」依然來自於頭腦。

仁波切：確實是。

帕帕吉：「我被束縛」和「我解脫了」是沒有區別的，因為束縛和解脫是相互關聯的。而根基是同一個。這個根基從某處生起，但源頭卻不為人所知。所以我們看看根基，看看源頭吧。從這個源頭中產生了頭腦的概念、解脫的概念和束縛的概念。我們來看看這個根源吧，如果我們能見到它是從哪裡出現的，去到根基的話，那裡既沒有束縛也沒有解脫。所以我說，「你已經是解脫的」。已經是解脫的了。

仁波切：在藏文中，我們稱之爲「無根、無基」[34]。

帕帕吉：任何語言都是一種「基礎」。而這是超越語言的。我所說的東西超越語言。

仁波切：若是不用文字，就很難把道理講清楚。但我同意：文字只是標籤，文字只浮於表面。

帕帕吉：因此，一旦你使用了文字，所有人都會執著於文字。

仁波切：是的。

帕帕吉：因為每個人都會執著文字，所以最好不要使用文字。

仁波切：這就是爲什麼往昔的祖師們不用任何文字，而是用身體姿勢，比如豎起一根手指指向天空。不用任何文字，爲的是指出究竟實相。

帕帕吉：是的，文字就像指向月亮的手指。人卻執著於手指，而看不見月亮。

仁波切：是的，是這樣。手指只是幫助人看向月亮。但同樣，月亮也不是月亮。

帕帕吉：兩個都放下，因為兩個都是文字。月亮是文字，手指也是文字。那麼，這些文字，不管是什麼文字，是從哪裡來的呢？所有的文字都是從哪裡來的？

仁波切：文字是由念頭創造的。

帕帕吉：對啊。念頭和頭腦，沒有區別。

仁波切：念頭是頭腦的一種作用。

帕帕吉：好。只有在有「我」的時候，念頭才會起作用。「我」、念頭、頭腦、空間、過去，這些沒什麼不同。「我」生起時，萬事萬物生起：世界生起，輪迴生起，束縛生起，解脫生起。這一切的主要原因就是「我」。「我受束縛」，於是「我要解脫」、「我尋找老師來解脫」，最後是「我解脫了」。在每一個地方，「我」都依然在，「我」就是頭腦本身。那麼，要如何除掉「我」？

仁波切：見到沒有「我」，明白無我，這種「了知」被稱爲「般若」。這種見到無「我」的般若，這種「了知」，就是對治「我」、對治執著有「我」的良藥。

「我」或自我是輪迴的根源。當執著於「我」的觀念時，就出現了「彼」與「此」，就出現了二元對立。由於這個「我」，煩惱、快樂、業和痛苦才出現了。所以了悟無「我」的這種了知，即「般若」，就是治療一切的藥。簡而言之，依靠明白「無我」的這一智慧，能達到解脫和覺悟。您之前所說的完全正確。這種智慧是超越思維、超越頭腦的。

它是離於禪修者和禪修對境的自然本性。在這種明白無「我」的智慧中，你無法使用「禪修」一詞，因爲沒有「禪修於某物」這樣的動作。爲什麼？因爲這一眞實是本具的，也被稱爲「如是」[35]。它遍於一切眾生。如果我們把這個當下現成的自然本性帶到自己的體驗之中，那麼這本身就是覺悟之道。它本身就是萬法的本性。

證悟者來到世間或不來、給予教導或不教，都沒有區別。一切有情的本性全然相同。如您所說，「這一自然本性是超越念頭的」。那麼，它到底是什麼樣的呢？如果它超越了念頭，我們是無法找到任何文字能眞的把它描述出來的。

帕帕吉：我來告訴您（大笑）。閣下說到「知」（knowledge）。首先，「知」就說明有能知者、知和所知。能知者、所知、知。那麼，誰是能知者？必須要有一個能知者來獲得了知，而無論是什麼樣的了知，都必然來自過去。

仁波切：有兩種「知」，一般的「知」是具有能知者、所知和知這一動作的。

帕帕吉：是的。

仁波切：但還有超越了的「知」，稱爲「般若波羅蜜多」，超越了二元對立。

帕帕吉：您說「有兩種知」。

翻譯：是的。

帕帕吉：好的，（分開面前的兩杯果汁）。這是一種「知」（指著一個杯子），而這個「知」（指著另一個杯子），是另一種。那麼，這是一，而這是二。無論在哪裡有「二」，就有虛妄。「一」和「二」的概念都屬於過去。那麼，你說有兩種「知」。去掉一個（拿走一個杯子）。去掉另一個（拿走另一個杯子）。現在什麼都不剩了。

只有相對於「二」才會有「一」，所以「一」只是概念。如果兩個都去掉了，那就什麼都沒有了。「一」和「二」的概念都沒了。

仁波切：確實如此。所有一切都是如此。一個概念永遠依賴於另一個而存在。

帕帕吉：更進一步說，我說的是空性。當「這個」和「那個」都去掉時，就是「空性」。在這個地方，「我」終結了。需要升起一個「我」，才能產生「知」，然而在空性中是沒有「我」的。不要給不同種類的「知」起任何名字，因為這些「知」都是無明。

仁波切：您說得對。但我們只是在沒有能知者和所知對境時，才使用「般若」，「究竟之知」這個詞。

帕帕吉：是的。這稱為般若。般若表示超越，超越頭腦。

翻譯：仁波切用的詞是……

帕帕吉：是「般若」，超越了知。但「超越了知」的這個，不是文字。甚至不要抓住「般若」這個詞。

般若不是文字，不是概念。

帕帕吉：什麼？

仁波切：時間也只是一個概念。

仁波切：時間也只是一個概念。

帕帕吉：我同意。時間是概念，時間就是頭腦。

仁波切：所以沒有去……

帕帕吉：也沒有來。所以說，這個輪迴……

仁波切：沒有去的話，也一定沒有什麼來。確確實實，無來、無去。

帕帕吉：從來不曾有過什麼來。從來沒有。

仁波切：但您來了（大笑）。您來這裡了。

帕帕吉：我告訴您為什麼。是您帶我來這裡的（笑）。我來解釋一下。「你來了，我來了」，這是輪迴。佛陀在覺悟後是靜靜的。他坐在菩提樹下，保持安靜。圓滿了智慧、達到覺悟後，他一言不發。

翻譯：這樣持續了七周。

帕帕吉：然後阿難問他：「先生，您有什麼體驗？」佛陀沒有回答，他只是繼續保持安靜。這是什麼意思呢？

他在二十九歲時覺悟，直到八十歲，他一直在談覺悟。他的言說，都來自於無心、無念。來自般若。那種言說來自念頭嗎？不，是來自無心。

不是每個人都能從無心說話。一般人用頭腦來說話。要能夠從無心說話，就必須知道自己已經覺悟了。如果認為覺悟是某種要達到的境界，那之後就會失去，因為有得就有失。如果覺悟是以前不存在的，或者是新近才獲得的，那麼將來的某一天也會再次失去。

如果你知道自己並沒有獲得什麼，也無法獲得什麼，你就會明白沒有任何東西存在過。這是究竟真理——什麼都不曾存在過。

仁波切：究竟眞理，有什麼價值嗎？

帕帕吉：您說什麼？

仁波切：究竟眞理有什麼好處？究竟眞理有什麼用？有什麼任何善妙功德嗎？

帕帕吉：這是全部的真理，全部的真理。現在，真理正在問真理：「這有什麼用？」除了真理，什麼都沒有。它向神聖的人顯露自己。真理向神聖之人顯露自己。

仁波切：是這樣的。但您是否同意究竟眞理具有智慧、慈悲，以及幫助他人的能力呢？

帕帕吉：是的，是的。是的。

仁波切：這些難道不是究竟眞理的功德嗎？

帕帕吉：究竟真理包含著慈悲，不是對某個人的慈悲。真正的慈悲不認為有自他的分別。就像海裡有波浪，每個波浪都有一種特定的形態：長、寬、高，並且向某個方向移動。但它們真的離開了大海嗎？波浪也許覺得自己離開了大海，也許會去尋找大海。但波浪和大海真的分開過嗎？

仁波切：我不明白。怎麼能有慈悲，卻不是對別人的慈悲呢？

帕帕吉：我來和您談談慈悲。慈悲和真相是同一個，是一回事。如果我的手從盤子裡取了食物，放進我的嘴裡，我不會說「親愛的手，非常感謝你把食物放進了我的嘴裡」。（笑）是誰在對誰慈悲？整個輪迴是一。整個輪迴是一。佛陀就是慈悲本身。佛陀就是慈悲本身。這慈悲忘記了一切。除了自己，它一無所知。它忘了一切。

有個寶石商人的故事，他兒子成了佛陀的弟子，您一定知道這個故事。他兒子是獨子，追隨佛陀出了家。當佛陀經過鎮上時，寶石商人就站在佛陀面前破口大罵，罵了六個小時。佛陀是慈悲的化身，整個期間只是微笑著面對商人。他只是微笑（笑）。商人罵完了，佛陀說：「現在輪到我了。」然後他繼續對商人微笑。

寶石商回到自己店裡，把所有的寶石都扔到街上，把店門關了，一把火燒了，然後去追隨佛陀。這就叫「慈悲」。真正的慈悲能把我執之根燒盡。

遇到真正的慈悲時，痛苦就永遠止息了。

最近，基督教的傳教士們也開始使用「慈悲」一詞，但他們所做的並不是真正的慈悲。他們是想要幫助「別人」。

仁波切：是的。帶著「別人」概念的慈悲是被蒙蔽的，是錯誤的。但還有一種慈悲，沒有二元對立，不是由錯誤的概念而生的。

帕帕吉：這就是我在說的。與頭腦無關，與自我無關的慈悲。

仁波切：抱有「概念性的慈悲」，要勝過心懷憤怒或仇恨。但是我同意，相對於無二的慈悲，一般的帶概念的慈悲並不清淨，並不眞實。無概念的慈悲只有了悟空性才能顯現出來。

太好了！我們在所有事情上都達成共識了！（笑）

帕帕吉：我沒有任何異議。沒有異議。

翻譯：仁波切說他很高興見到您，很高興和您交談。

帕帕吉：非常感謝您。我很感激，很高興能瞭解到您在做的事業，我很高興能見到您正在傳播和平的訊息。在美國，我見過許多佛教團體。現在，人正需要佛陀的教法。世界動盪混亂，正在衰亡。我們應該像阿育王在他那個時代那樣去傳播和平的訊息。我們需要許多像摩哂陀、蜜多、菩提達摩這樣的人，把佛陀的和平的訊息傳遞到世界的每一個角落。這也是我的目標。我們都可以為此效力。

這些來見我的孩子們（他指向聽眾的時候，眾人大笑）都是大使。他們回到自己的國家時，會傳遞和平的訊息。「正法」將由這些人傳播出去。

佛陀是我第一位上師。（這時，帕帕吉講了很多自己的童年故事。這些都記錄在本書的第一章裡。他還特別強調了在自己青少年時期對佛陀強烈的眷戀。）

仁波切：如果您那麼小的時候就這麼做（指帕帕吉裝扮成佛教僧人，外出乞討），這表示了過去生的善業。您有來自過去生的強烈印記。這證明您在過去生從事過佛教修行（笑）。

（於是帕帕吉又講了幾個故事，參閱本書第一章，包括他坐在恆河岸邊見到自己所有的前世。然後他談到，在一部大乘經典中，讀到了佛陀曾有過類似經歷的記載。）

帕帕吉：我見到自己所有轉世，從一條小蟲直到前一世。我見到許多世是人，許多世是別的生命。我是在一瞬間見到這一切的。這似乎持續了上百萬年的生死輪迴，實際上只是短暫一瞬，在覺悟時，一個人就會知道確實如此。煩惱、痛苦、輪迴，一切輪迴的概念，都在一瞬間生生滅滅。如果能有一剎那不去觸碰頭腦，你就會直接知道這點。

只是靜坐。離於念頭，就這麼一瞬間，就會知道自己的真正面目。謝謝您。我皈依佛（*Buddham saranam gacchami*）。謝謝您。

翻譯：這表示的是仁波切的美好願望，希望未來能再見到您。（仁波切在帕帕吉的脖子上繫上一條哈達。）

仁波切：非常好，非常好！（笑）

羅摩·克勞威爾和帕帕吉

沒有教導，沒有老師，也沒有學生

採訪者：羅摩．克勞威爾

一九九三年，勒克瑙

問：帕帕吉，商羯羅聲稱，他的教導用半句偈頌就可以概括。如果請您用一兩句話來概括您自己的教導，那會是什麼呢？

帕帕吉：沒有教導，沒有老師，也沒有學生。

問：那我們今天在這裡是要做什麼呢？

帕帕吉：是為了找出你是誰。如果你想要遵從某種教導，你就得離開自己的住處，去到森林之中。你得去喜馬拉雅山找禪修道場，或者某位住在山洞裡的老師。然後，找到了他之後，你必須拋下原來的生活和家庭，和那位老師在一起。他會教你什麼呢？不過是一些從他自己上師那裡學到的或從一些書籍中讀到的教導。所以，無論他要教你什麼，都來自於過去。他給你的教導都來自他的頭腦，而你身為接受教導的學生，也必須用你的頭腦去理解這些教導。

如果你處在一個有老師、教導、學生的體系下，你就無法逃離頭腦。一切與頭腦有關的東西都屬於過去。如果老師是從書本中獲取到他的教導的，那麼這些教導也只是來自於過去。

而我所做的，我不認為是什麼教導。我告訴大家：「保持安靜。不要追著任何老師、任何教導、任何意圖、任何觀念或任何想法跑。」

無論你從事什麼行業，你可能是居士、軍人，也可能是生意人，我都會告訴你同樣的事情：「保持安靜，避開一切觀點、一切思維。」

你需要什麼樣的教導呢？如果你要尋找老師，你就必須離開一個地方，去到某個地方。千里迢迢地從溫哥華來到勒克瑙，你又能得到什麼呢？

問：師父，「過去」又有什麼不對呢？有人說，若不能從過去吸取教訓，那就註定要重蹈覆轍。我們不應該吸取教訓嗎？

帕帕吉：你能從「過去」學到的唯一的東西，就是繼續留在過去。怎麼才能擺脫過去？要怎樣才能置身當下？你又能從過去學到什麼呢？「過去」是一個墳場。如果你跑到墳場掘墓，你又能從那些埋在土裡的人身上學到什麼呢？

問：您說「保持安靜」。在我看來，這無異於要求一個人停止呼吸。人是他的過往的產物。《法句經》中說：「人是由其行爲和思想所造就的。」對於我們大多數受制於「過去」的人來說，要逃離它、否定它並不那麼容易。對處於這種情形的人，您就沒話要對他們說嗎？

帕帕吉：整個宇宙中的一切萬物都是過往。創世屬於過去，行星和恆星都屬於過去，連造物主本身也屬於過去，上帝本身也是過往。

一些印度教哲學說，造物主梵天創造了宇宙萬物。一旦宇宙被創造了出來，他就要照看好他創造出來的所有生命，所以他又變成了毗濕奴，即維護者。然後，到了宇宙要毀滅的時候，毀滅者濕婆出現了。所有這些創造、維護和毀滅的概念從何而來的？造物主又是誰創造出來的呢？

你提到的這個世界上的任何事物，都可以追溯到造物主。然而，是誰創造了造物主呢？

問：師父，爲什麼又會有這些經書呢？過去那些聖人爲什麼要我們閱讀經書，爲什麼他們要把世俗知識和靈性眞知區分開來？

帕帕吉：他們讓你閱讀所有這些東西，奧義書、吠陀、經文、論典，是為了總有一天你對它們心生厭倦。然後，你就可以安靜下來。你不會因為閱讀吠陀等書籍而有所裨益。只需要保持安靜，看看會發生什麼。

問：對解脫的渴望是自發產生的嗎？不需要先從某位權威那裡聽聞到自己有解脫的可能性嗎？

帕帕吉：那種渴望已經存在。它已經在那裡了，但你用你所有的觀念，諸如「吠陀是這樣說的」、「有一個叫梵天的造物主」等等掩蓋了它。

問：這些觀念難道一點兒用處都沒有嗎？如果毫無用處的話，老師們為什麼還要教這些呢？

帕帕吉：老師會教你這些東西，但當你學了以後，他就會說：「這不是最究竟的教導。」吠陀中充斥著關於各類靈修話題的文字，但這些吠陀也同時承認，究竟真理是無法言說的。吠陀說，「*Neti-Neti*」，「不是這個，不是這個，不是這個」。這是什麼意思呢？

「吠陀」是「明覺」[36]的意思，吠陀就是「明覺之書」。它們是世界上最古老的書籍，但它們非常誠實地承認，真理是無法被描述的。它說：「*Neti-Neti*」，「不是這個，也不是那個」。

所以，如果你相信吠陀中這種非常坦率的說法，你就不會相信吠陀中所寫的任何東西是真實的。這和我所說的完全一致。

（帕帕吉指著他面前桌子上的兩個金屬杯）既不是這個，也不是那個。（他指著兩個金屬杯之間的空隙）在這個和那個之間。這個和那個。（他把兩個杯子從桌上拿走。）現在，「這個」沒有了，「那個」也不見了。現在還有什麼？

問：什麼都沒有。

帕帕吉：什麼都沒有。這個空無（nothingness），在這些杯子出現之前，它到底在還是不在？

問：在，它在。

帕帕吉：是的，它本來就在那裡，它與這些杯子沒有關聯。不管杯子存在與否它都不受影響。杯子出現了，但「空無」卻沒有受到干擾。杯子是什麼呢？名字和形相而已。

問：我明白了。所以過去的任何行爲都不能把我們從過去解救出來，因爲行動對抗不了無明，只有了悟才能對抗無明。這是您的意思嗎？

「無明」的起源是什麼？無明具體存在於個體靈魂（*jiva*）的什麼地方？它存在於「我執」[37]之中，還是在「意」（*manas*）中，或者在「思」（*chitta*）中（參見書末詞彙表）？您說，束縛即是無明。這種無明出現在個體的什麼地方？如果我的真實本性是永遠自由的、如果我就是純淨的覺性本身，那麼個體怎麼會被束縛了呢？這種無明到底是從哪裡萌生的？

帕帕吉：你在說的是「無明」。「非無明者即明覺！」（*Navidyate iti vidya!*）。你不明白的時候，就是無明。

問：師父，我們的無明在哪裡？

帕帕吉：它來自同一個源頭。

問：與明覺來自同一個源頭？

帕帕吉：「明覺」從哪裡升起，「無明」就從哪裡升起。沒有其他地方了，它還能從哪裡來呢？

問：是的，這就是我的問題。它是來自於「我執」（*ahankara*），還是「意」（*manas*）？是來自於「思」（*chitta*），還是「智」（*buddhi*）？

帕帕吉：無論存在什麼東西，都必然來自於同一個源頭，因為除此以外，別無它物。如果有實相，必然只有一個；不可能有兩個實相：一個是某些事物的源頭，另一個則是別的事物的源頭。一切都必須從「一」中產生，不管那是什麼。

問：我同意這一點。不可能有兩個無限的「究竟」。

帕帕吉：對，不可能有兩個。無限的那個只能有一個。我沒有給那個能生出萬法的源頭取名字。有人稱它為「明覺」，有人稱它為「空性」、「真我」、「光」、「覺性」……你喜歡我用哪個名字呢？如果你想傳達對它的一些看法，你可以叫它「阿特曼」（真我）或「梵」，但我寧可不使用任何文字。

問：師父，眞我怎麼會被無明所遮蔽？

帕帕吉：真我永遠是純淨的。我來告訴你這是怎麼回事：起初，只有覺性或覺知存在。從那覺性中，升起了些什麼，這就像大海中出現了一道波浪。那麼，波浪和海洋之間的關係是什麼呢？

問：它們是相同的，但它們又有所不同。

帕帕吉：沒錯（*achcha*，印地語口語），相同而又不同。站在海灘上的人看著海浪，只看到浪花的起伏，而忘記了海浪是海洋不可分割的一部分。它們仍然是同一種物質，波浪和海洋是一種物質。同樣地，覺性中產生的波浪也只是覺性，不會有所不同。這個升起的波浪，也就是覺性本身，現在，它想知道自己是什麼。它想知道它自己的真實身分。

問：這表示覺性之中缺失了明覺。那麼，覺性如何才能充實和圓滿呢？

帕帕吉：覺性本身在質詢它自己：「這是什麼？那是什麼？」

問：但它應該已經知道了。覺性裡有什麼缺失嗎？如果您說在覺性中產生了認識它自己的渴望，那就表示覺性不圓滿，因爲渴望就表示有缺失。

帕帕吉：這個問題我待會兒再來解決。但目前，我們要解決的是這個宇宙如何從覺性中產生的問題，以及與之相關的束縛是如何產生的問題。你本來的問題是關於束縛的。

覺性的波浪由覺性產生，而覺性想知道它是什麼。覺性在向覺性發問：「我是什麼？」覺性在對它自己說話，就像你對著鏡子裡的自己說話一樣。

你看著鏡子裡的自己，欣賞自己，欣賞那個反射出來的形象，然後問：「我是羅摩嗎？這是我嗎？」而當你看著說：「這是羅摩，是我。」鏡子裡已經發生了分離。一旦劃分出了鏡子中的影像，分離就已經在覺性裡面產生了。一切都是覺性，但現在分離出現了。覺性中已經生起了波浪，而覺知的真實本性被隱藏在了其中。

問：這個鏡中影像到底是不是眞的呢？不二論中有一派認爲它是眞的，但另一派認爲它不是眞的。

帕帕吉：只要你還沒有認識到這一切的本質都是一樣的，那它就是不真實的，是有所不同的。正是分離出來的念頭掩蓋了起初的覺性。你沒有看到它們都是一樣的。（帕帕吉從羅摩的手上取下一枚戒指）這是一枚戒指，它是圓形的，直徑約半英寸，有圓周和特定的功能。它的名字叫「戒指」，而形狀是圓形，我們把它戴在手指上。現在，你還看到了其他什麼嗎？

問：我能看到它是用什麼材料做的，是金子做的。

帕帕吉：你說「它是金子」的時候，你沒有看到戒指，你看到的是它的材質。宇宙也是如此。

問：名稱和形相掩蓋了實相。

帕帕吉：名稱和形相遮蔽了金性。

問：而這是出自於覺性本身的行爲嗎？

帕帕吉：它來自黃金，它過去是黃金，現在也是黃金。它曾經只是一塊礦石。我是一個採礦的人，我知道曾經它只是一塊礦石。你可能從一噸礦石中，得到一盎司的黃金。它曾經只是一塊石頭，面對石頭的時候，你根本沒有看到這塊金子。你看到戒指的時候，你就看不到金子了。金子因為名字和形相的關係，被隱藏起來了。

金性現在被遮蔽了。覺性現在也被遮蔽了，因為它裡面湧現出某道波浪，聲稱自己是「我」。「我」現在已經成為分離的個體，波浪已經從海洋中分離出來。波浪賦予自己身分和屬性：「我是羅摩，她是巴克提[38]。我有身體，也有頭腦。我有智力，我有四肢，我可以做這個，我可以去任何我想去的地方。」

你問無明，問它從哪裡來？這個「我」從哪裡產生？它從同一個源頭產生，因為「我」和覺性沒有區別。

問：師父，這個「我」從哪裡升起的？「我」的念頭從哪裡產生的？拉瑪那尊者說，它起源於靈性之真心，在胸腔的右側。他說，那裡是真心的洞穴，在那裡，「我—我之光」（*aham sphurana*）在跳動、在閃耀。但您卻說這個真心既不在胸腔內，也不在胸腔外，那麼它在哪裡呢？

帕帕吉：既不在裡面，也不在外面。

問：這對我來說沒什麼意義。如果它既不在裡面也不在外面，那它就哪裡都不存在。

帕帕吉：它無所不在。它既不在裡面也不在外面，它是遍在的。

問：但它必須存在於個體自我（*jivatman*）裡面的某個地方。

帕帕吉：（拿起一個杯子）你說它必須存在於某個地方。這是個杯子。杯子裡面是虛空……

問：我問這個問題，是因爲您建議我們找到「我」的源頭。就像您的老師，您自己的上師所建議的那樣，您讓我們參問「我是誰」，並追溯這個念頭的源頭。現在如果那個念頭既不在裡面也不在外面……

帕帕吉：我讓你們去尋找，是因為你們來到我這裡，說：「我被世間的苦難折磨著。師父，請你救救我吧。」所以我告訴你們，如果你們問自己「我是誰」，那灼烤般的痛苦就會結束。

問：是的，我確實感到灼烤般的痛苦。

帕帕吉：那麼我對你說：「找出是誰在受苦。誰在受苦？」你會回答：「是我在受苦。」所以，你要問問自己，「誰在受苦？」反覆問自己：「誰在受苦？」找出這個受苦的「我」是從哪裡產生的。你的提問要很真誠。

問：我是眞心眞意地問。

帕帕吉：這是一個該問的問題。如果你解決了，你就能解決整個現象界的問題，而且彈指間就明白。這是怎麼做到的呢？讓我來告訴你。當你從睡夢中醒來，是誰先醒來的？

問：是「我」。

帕帕吉：是「我」。在你睡著的那段時間裡，在你醒來之前，「我」在哪裡？你覺察得到它嗎？你晚上十一點睡覺的時候，你離開了所有人。你離開了你圖書館、你家，離開你的親朋好友，一個人去睡覺。你是如此的孤獨，甚至沒有帶上你的身體。你離開了你的名字和形體，以及其他一切，然後去睡覺。你孤身一人去到那個地方，那裡沒有「我」，沒有頭腦，沒有無明，沒有智慧，沒有上帝，沒有魔鬼，沒有輪迴，只有你自己。

問：那麼做夢的狀態又是怎麼回事呢？

帕帕吉：夢位和當前的醒位，是沒有區別的。說它們沒有區別，是因為在這兩種狀態下，你都能看到對境。你在夢中看到老虎時，你是真的害怕。如果在森林裡，老虎撲向你，你不會說：「你是夢中的老虎。我是夢中的羅摩，來把我吃了吧。」你不會這樣說，你會奮力爬上離你最近的那棵樹。

問：師父，那麼人夢境中的光是從哪裡來的？

帕帕吉：這正是我要問你的下一個問題。你沉沉睡去，在那裡你什麼都不知道。然後你又醒了，那個「我」出現了，她就在外面等著你。你把她留在外面，還把自己和她綁在了一起。如果你剪斷了這根把你和「我」綁在一起的繩子，你就永遠不會醒來。你永遠不會再醒來進入醒位，而那時，你會醒來回到真實位，真實位中沒有醒位，沒有夢位，也沒有沉睡位，那是一種截然不同的狀態。在沉睡狀態下，其實你是有所體驗的。有人問你：「羅摩，你睡得怎麼樣？」你回答說：「哦，很好，非常好。我沒有做夢，我忘記了一切。」能這樣說，表示你一定是知道沉睡時的情況。你睡著的時候，是誰在覺察著？是誰在你睡著的時候享受著睡眠？那裡沒有顯現，什麼都沒有。誰是你沉睡之時享受的人？誰是那個享受者？

問：眞我。阿特曼。

帕帕吉：真我現在就在。你醒來的時候，醒來的是誰？是真我嗎？

問：眞我是永遠醒著的！

帕帕吉：是「我」醒過來了。但是，你睡覺的時候，這個真我又在那裡呢？是真我在見證著你深睡無夢的狀態，你做夢的時候，同樣也是真我在了知著你在做夢。現在你說你在醒來的狀態中，但是如果沒有真我，你還能有這些狀態嗎？

問：「我」這道波浪已經脫離了眞我，認定自己是一道分離的波浪。

帕帕吉：所以痛苦就產生了……

問：是的，所以痛苦就產生了。

帕帕吉：而作為享受者的「那個」，現在卻被遮蔽了。當你說「我醒了」，這個「我」是指身體、頭腦、智力和行為活動。這些都醒了。

問：師父，您曾在一次採訪中說：「要認知你自己的眞我，這個了知就是本體。這就是你需要知道的一切。了知即本體。」現在我的問題是：「是什麼使『了知』成爲了本體的？」這兩者無法並存。例如，數學家可以談論一個有五十四個相同面的多面體。對他們來說，這是認知層面上確實存在的東西，但在現實世界中，那是不可能存在的，不可能有這樣的東西。認知，似乎是一種心理層面的行爲，而「本體」，或許可能是心理層面的，但顯然還是更高層次的東西。那麼，是在什麼意義上，您說認知、了知就是本體呢？

帕帕吉：認知和了知一定來自於過去，你的所有知識都來自於過去。要麼來自你讀過的書，要麼來自一些先聖先賢或老師。你把這個叫做「知識」，然後持續積累。一世又一世，你不斷地積累著。這些知識如今被收集起來，儲存在你的記憶中。現在，告訴我，你睡覺的時候，這些知識去哪裡了？

你說到「知識」的時候，你頭腦中會有一些明確的主題或對象。一些你在大學裡學到的東西，或者從別人那裡聽到的東西。但這不是直接的體驗。知識是經由頭腦獲得的，但它不是一種直接的看見、直接的領悟。我說「知即本體」（seeing is being），不是在說這種在頭腦中積累和處理出來的學問。這種知識不是真知，真知來自源頭，超越頭腦的認知和學問。

問：也就是超越了頭腦的。

帕帕吉：是的。一切事物都從那個地方升起，甚至包括全新的發明、事物和思想。每一種知識都來自於空性，來自於覺性。無論什麼，都是從那裡產生的。

問：如果不是頭腦在了知著這些東西，那麼這些知識是對誰出現的呢？

帕帕吉：是對「無心」（no-mind）。

問：我明白了，您指的是*sakshi*，那個見證者嗎？您說的這個「無心」就是見證者嗎？

帕帕吉：是的。心沒有了，當心消失時……

問：您說的「心消失」是指沒有「意」，沒有「思」，沒有「我執」，也沒有「智」，對嗎？

帕帕吉：是的，連「智」都沒有。

問：沒有記憶……

帕帕吉：這表示沒有過去……

問：在這種情況下，我們通常會說，也沒有了知。

帕帕吉：那裡什麼都沒有。頭腦，就表示了知……

問：得有心才能知道。如果把心都去掉了，還怎麼能知道呢？

帕帕吉：我們所知道的一切，都是來自於「無心」。

問：誰在睡覺？在沉睡狀態下，是誰在睡覺？是什麼在睡覺？是什麼東西見證了睡眠？是不是在頭腦的後面有一個見證者？

帕帕吉：的確是在頭腦的後面，它超越了頭腦。

問：這個見證者是什麼？您說到見證者，也就是*sakshi*。

帕帕吉：它是*sakshi*。如果我描述它，那麼它就成了描述的對象。

問：好吧。

帕帕吉：如果它可被描述，它怎麼還能是見證者呢？當它介入到描述中，它怎麼還能是見證者呢？

有一回，卡比爾正要出門去恆河沐浴，剛好有兩個人在他的家門口打架，其中一個人砍掉了另一個人的手。兩人都被拘捕起來，交給地方長官處理。砍掉對方手的人說，他是為了自衛。他說，那把菜刀是對方的，說對方用菜刀攻擊了他。隨後，卡比爾被要求作為證人出庭，因為爭吵發生時他就在現場。有人問他發生了什麼事，他說：「看見的那個不能說話。眼睛看見了，但不能說話。舌頭可以說話，但它沒有看見。」

問：我喜歡這個故事，但是帕帕吉，您這樣說話的時候……

帕帕吉：這就是你問題的答案。目擊者另有其人。它在那個實施攻擊的人之內，它在那個沒有被審判的人之內。那是最好的證人，但沒有人知道它。無論是法官還是其他在場的人都不知道它。它是最好的證人，但它被隱藏起來了，因為你們不去傾聽。我們沒有去聽「那個」，因為「我」的緣故，它被掩蓋了。

問：那麼，我們如何去除掩蓋了見證者的「我」呢？

帕帕吉：現在我們又回到我們開始的地方。之前，你提出這個問題的時候，我正要回答。現在，這個「我」是從哪裡升起的？請找出這個「我」的源頭。

要做到這一點，你必須走向「我」，你必須去到它的源頭。

接下來會怎樣呢？「我」離開了之後，還剩下什麼？

問：爲什麼我要認爲接下來還會有點什麼呢？也許我所知道的就只有「我」。如果我陷在了思考之中，那麼去超越思考是不可能的。

帕帕吉：不，不。不要思考。不管你說「我在想」還是「我不在想」，你都要尋找同一個「我」。找到這個「我」的源頭。

問：好的。但是我覺得這就像要求一個人……您告訴一個人要他停止思考……

帕帕吉：我來再跟你講一遍。這個「我」在那裡。而現在，我說的則是：「不要用『我』這個字。」

然後讓我看看你會怎麼樣。

問：不用那個字……

帕帕吉：不要用那個字。不要用「我」這個字。它只是一個字，不要用任何詞。請你不假思索地告訴我，發生什麼了？

問：頭腦在運行。

帕帕吉：這就是頭腦。「我」就是頭腦。

問：如何停止頭腦？

帕帕吉：它已經停止了。

問：但言語不能讓它停止。

帕帕吉：我沒有說「停止」，我說的是，「告訴我結果」。

問：結果就是念頭。念頭，更多的念頭。

帕帕吉：我說的是：「找出念頭的源頭。」「我」本身就是一個念頭。

問：好的。假設有人試圖這樣做……

帕帕吉：為什麼是有人？為什麼不是你？我們現在都在這裡。如果這對你我都有好處，那麼它對大家也會有好處的。

（在這時，攝影師更換了攝影機裡的膠片。等恢復對話時，主題也變了。）

問：師父，有人說，應該從一位上師的行持來判斷覺悟的境界，一個覺悟的靈魂，其行爲和覺悟程度之間存在著對應的關係。您是否認爲上師該對自己的行爲負責？這是否是判斷一位上師品質的有效方法呢？

帕帕吉：首先，上師不受任何人的指揮。他是一個自由的人，沒有人可以命令他，甚至上帝也不能命令他。反之，上帝會聽命於他。

問：是的，遵命！[39]

帕帕吉：這是你從某些宗教中得到的觀念。他們都說：「你必須遵從我們的戒律，否則你會下地獄。」而每個宗教都有一套不同的戒律。在一個宗教中的罪惡行為，在另一個宗教中可能是一種值得贊許的行為。那麼該相信誰呢？

但你說的是覺悟者的行為。覺悟者是超越了所有道德規範、所有行為準則的人，對他來說，一切都不存在。

行為是無明的一部分。無論開悟的人做什麼、吃什麼、看什麼，都絕對是最好的行為，是理應如此的。他對待每一個人、每一隻動物、每一塊石頭，都會用一種非常美妙的方式，無人可比。

問：老師的行爲是否是針對弟子的？這是否也是教誨的一部分？也就是說，當一位導師對弟子採取了某種特殊的行爲，弟子是否應該把這些行爲都視爲特別針對他的教誨？

帕帕吉：這不是在市場上做買賣，有一個賣家，有一些顧客。上師是沒有弟子的，他是獨立無侶的。除了他自己，還有誰？對他來說，什麼都不曾存在。沒有學生，也沒有老師。只有這個才是智慧，其餘的都是為了傳教而已。你這些問題，問的都是傳教士的事情，而不是老師。真正的老師沒有教誨，也沒有行為準則，他已經超越了一切。

問：有時您看起來很生氣，您是真的生氣嗎？

帕帕吉：在生氣的，只是那個憤怒。這個憤怒先生把自己的角色演得非常好，這對某些人很管用。他是我的黑貓突擊隊（黑貓突擊隊是印度軍隊中的一支精銳部隊，他們通常充當總理的保鏢），他照顧著我。有「憤怒先生」，還有「飢餓先生」，時間到了，他就送我到餐桌前吃飯。「飢餓先生」是我的好朋友，「睡覺小姐」也是我的好朋友。她喜歡和我一起睡，我也和她一起睡。

問：好吧。現在，我想問您，一個真正的弟子所需要具備的最重要的三個條件是什麼？對於一個真心想要獲得解脫的求道者來說，什麼才是最重要的？

帕帕吉：對於一個求道者而言，最重要的是，他應該只追求解脫，只要解脫。女孩子到了喜歡男孩子的年紀，她的心思就放在這上面了。父母把她養大，但她到了二十歲左右，愛上了一個男孩，她就會將她以前所知道的一切都拋在腦後，她的鄰居、朋友、老師，統統都拋掉了。

問：所以，商羯羅說的「*mumukshutva*」（意爲：對覺悟的渴望），對解脫強烈、熾熱的渴望，是必要的嗎？

帕帕吉：是的，就像熊熊燃燒的火焰。這不像是妻子對丈夫的愛，比較像出軌的妻子對她情人的愛。

問：您是說像牧牛女對黑天的愛？

帕帕吉：偷情的妻子可能會欺騙她的丈夫，但她仍然把他伺候得很好，會專門給他按摩，她按摩手法很好，知道如何取悅他。她把孩子也照顧得很好，送他們去上學。但在合適的時候，家裡人都睡著後，她卻翻牆出門和她的情人睡覺。

所以，不要讓別人看出來你是一個追求解脫的人，不要表現出來。不要讓人嗅到氣味。把它藏起來，不要告訴你的家人、不要公開，不要告訴任何人。偷情的妻子甚至沒有告訴她的閨蜜們她愛上了隔壁鄰居。

問：除了對解脫的灼熱渴望之外，如果您必須說出另一個條件，那會是什麼？

帕帕吉：第一位的，就是這種強烈的、熊熊燃起的對解脫的渴望。如果你的衣服著火了，而附近又有一條河，你只會徑直跑去河邊。如果你在跑過去的路上遇到有人對你說，「來喝杯咖啡吧」，你肯定不會答理他。沒有什麼能讓你分心，因為你滅火的渴望比其他更重要。

知道河水救了他的命的人，不會忘記那條河。他會非常感激，因為那條河救了他的命。自此以後，他將不會離開那條河的堤岸，不忘救命之恩。

問：我們接著來說說上師。您認爲眞正的上師最應具備的資格是什麼？我們如何認出一位眞正的老師？要怎樣才能知道那是個適合的老師，是一位好老師呢？

帕帕吉：假設你在森林裡漫步。一隻鹿走過來，低頭蹭著你的腿。你撫摸著牠，然後，又來了幾隻鹿。隨後，跳出來一隻兔子，舔著你的腳。這些動物都非常友好，你對牠們也非常友好。

然後，突然間，一隻老虎出現在你面前。你會像對待其他動物那樣撫摸牠嗎？為什麼不會呢？那一刻，你會怎麼想？

問：我會逃跑。

帕帕吉：逃得掉嗎？老虎會允許你逃掉嗎？

問：如果我跑得不夠快……

帕帕吉：牠就會追著你跑。誰跑得更快？你還是老虎？你遇到老虎的時候，牠會好好收拾你的。

這就是老師的標誌。老虎突然出現在你面前時，你會不會還來得及想「我的妻子正等著我共進晚餐」？你會不會這樣想？

問：不會。

帕帕吉：不會，為什麼不會？因為這就是突然遇到「老虎」的結果。在他面前，你停止了思維。而他，會好好地收拾你。

讓你停止思考的，才是真正的老師。這是第一個指標。

問：啊，我明白了。

帕帕吉：這是你應該尋找的跡象。讓你停止思考的人，才是真正的老師。你去見他，你被打擊得啞口無言，你只需要向他臣服就可以了。

問：師父，您有時會說，解脫之鳥有兩隻翅膀，即智慧和虔敬。我們已經講過了「智慧」，那麼「虔敬」在您的教法中的位置是什麼呢？

帕帕吉：這不適合西方人，所以我不講。

問：明白了。但如果有人更熱愛虔敬道，您是鼓勵還是會阻止？

帕帕吉：非常鼓勵。

問：好的。對於走在愛的道路，所謂虔敬之道上的人來說，從有相虔敬開始，而不是從無相虔敬開始，是不是會更好呢？《薄伽梵歌》中就是這麼說的。在《薄伽梵歌》中說，虔愛有形比虔愛無形更容易。是不是這樣呢？

帕帕吉：是的，是的，是有步驟的。

問：您能不能談談無相虔敬，就是對那「無形無相」的愛？「無形無相」對很多人來說很難理解。

帕帕吉：我從「有相虔敬」說起吧。一開始，心需要將注意力專注在某種形象或神像上面。後來，這種專注轉化成了虔誠。虔信者將他的虔誠投射到神像上，具體形象是什麼並不重要，重要的是虔誠的強度。如果虔誠的強度足夠大，神性就會順應虔信者對其的概念想像，以某種樣貌顯現出來。這就是「有相虔敬」。

你還是孩子的時候，你想玩玩具，你的父母就會把玩具給你。他們自己並不想玩，只是把玩具給孩子們，讓他們去玩。而孩子長大之後，他們也不會再想玩這些玩具了。

問：所以，他們就會轉入無相虔敬。

帕帕吉：是的。

問：您能描述一下嗎？究竟什麼是無相虔敬？

帕帕吉：「無相」的意思是「沒有屬性」（如果沒有屬性，就沒有顯現），無形亦無相，什麼都沒有。正所謂「海納百川」，在大海之中，河流的名稱和形相都消失了。

孩子們可以玩耍，他們可以專注在他們玩具的形象上。但最後，神性會以它的恩典告訴孩子：「現在你已經長大了，你不再需要玩具了。」然後，它就會在「真心」之中顯露自己，對你說話。

蜜拉是偉大的黑天虔信者，在一座黑天雕像的幫助下開始了她的虔敬之路。她當時只有九歲，一支迎婚隊伍經過她的窗前，但她不知道那是什麼。她問母親發生了什麼事，母親告訴她，一場婚禮即將舉行。她不知道什麼是婚禮，所以她母親不得不向她詳細解釋。

母親指著馬背上的人說：「那個男人，他就是新郎。他要去見他未來的妻子，把她接回來。」

蜜拉問道：「我的新郎在哪裡？」她的母親是黑天虔信者，所以她把蜜拉帶到一座黑天神廟，指著黑天的雕像說：「他就是你的新郎。」

蜜拉當時並不理解婚姻的真正意義，但她已經知道了新娘應該愛她的丈夫。自從第一次的接觸後，她就對黑天的形象產生了極大的愛意，隨著時間的推移，這種愛越來越強烈。黑天會出現在她面前，她會和他說話、玩耍。她從不知道他就是神。她相信母親的解釋，認為這是她的新郎，她就像和其他朋友在一起那樣和他玩耍。

蜜拉是一位公主，最終她的父親安排她嫁給了鄰國的國王。這場婚姻並沒有影響她對黑天的愛和虔誠。黑天繼續出現在她面前，她仍舊經常和他一起玩耍。

蜜拉經常在國王的宮殿裡唱歌跳舞，因為她對黑天的愛讓她欣喜若狂。她總是對著黑天詠唱情歌或為他跳舞。

國王的妹妹告訴她：「這不應該是王后的生活和行為方式。你是王室成員，是國王的妻子，所以你的行為舉止應該符合一國之母的身分。」蜜拉沒有理會她，繼續唱歌跳舞。

國王有一個棋盤，蜜拉經常用來和黑天下棋。有一次，他們鎖著門下起棋來，國王的妹妹聽到裡面有兩個聲音在笑。她叫來她的王兄，告訴他蜜拉和一個男人鎖了門共處一室。

國王氣得破門而入，質問那男人躲到哪裡去了。因為他看不到黑天，只有蜜拉才看得到。

蜜拉說：「黑天就在這裡，我正在和他下棋。」她指了指那張空椅子，但國王看不到他。國王看了看棋盤，發現那是一盤未下完的棋局。看得出來她一直在和某人下棋，他相信了她的解釋，雖然他看不到黑天。為了表示歉意，他觸碰了她的腳，說：「現在你喜歡做什麼，就去做吧。」

其他聖人也有神顯現在他們面前的經歷。亞維拉的聖德蘭對一尊耶穌雕像情有獨鍾，那雕像現在還擺放在她的故居裡，我在那裡看到過。有一天，耶穌以那個形象出現在她面前，並親吻了她。她十分高興，於是出發去看望住在附近的聖十字若望，我也曾參觀過他的故居。她一到那就告訴他，耶穌在她面前出現了，她補充說：「他大笑著，微笑著，接著他擁抱並親吻了我。」

聖若望不相信她，因為他認為耶穌不會大笑或微笑。基督教認為，每個人，包括耶穌，都要受苦。

聽到聖德蘭說「他笑著來到我面前」後，聖若望回答道：「不，那一定是個魔鬼，只有魔鬼才會笑。如果他是快樂的，他一定是個魔鬼。是一個惡魔造訪了你。」

我還讀過一個類似的故事，是聖方濟各和聖佳蘭（Saint Clare）的，耶穌也曾向她現身。

問：師父，蜜拉後來是不是遇到了一位上師，他把她引向了無相虔敬？是叫羅摩難陀（Ramanand）嗎？

帕帕吉：不是羅摩難陀，是拉維達斯（Ravidas）。但即使是這位拉維達斯，最終也不得不拜服在她面前，觸碰她的雙足。

我們回到無相和有相，以及蜜拉的故事上，她最終寫了一首關於「無相虔敬」的詩。黑天的形象經常來和她玩耍，但最終她寫了一首詩，詩中說：「在第九層樓有個空房間／那裡有一張為蜜月準備的床／是我和『無相』的蜜月。／黑天曾經常常過來／然後離我而去／這種分離令人煩惱。／但現在我和『那個』同床共枕／再也不分離。」你看，「無相」總是能留到最後。

問：今晚的早些時候您曾經提過，一個身上著火的人若要想解脫，就應該跳進河裡把火熄滅。然後您又說，這個人應該對河流心存感激，永遠不應該離開河岸。那麼虔信者擁有的虔誠之火呢？若對上師生起了強烈的虔誠，同時又渴望上師的恩典能夠降臨，那麼什麼才是利用這種虔誠把人帶向解脫的最佳方式？當對上師的強烈虔誠升起，您是否允許虔信者對您的身相進行膜拜？

帕帕吉：曾經有過這樣的人，甚至現在還有一些，但他們都不是西方人。西方人已經把自己的心和身體出賣給了別人。在印度教中，我們只向神獻上從未被聞過的花。誰又能向神獻上一顆從未被嗅過的心呢？你如何才能把這樣一朵花或這樣一顆心獻給神呢？

問：靠著上師的恩典，那朵被聞過的花就不能再變得純潔了嗎？如何才是對上師虔敬的最佳方式，如何能利用這種虔敬來獲得解脫呢？

帕帕吉：我不認為「愛」是能在大學裡教授的科目。愛是本來就在的，它就在那裡。你是否需要徵求你的鄰居或你父親的同意才能愛上一個人？你父親會怎麼說？你愛上一個人的時候，你就是愛上了。你不需要別人建議你怎麼做。

問：師父，在虔愛而言，特別是就虔愛上師而言，怎樣算是臣服？

帕帕吉：臣服的意思就是，「放下你的我執」。放下你的分離感，與上師融合，與虔誠融合，與上主融合。放下，直到你能說：「我就是上主」。要臣服，並要保持安靜。

問：這種臣服是逐漸的還是立即發生的？

帕帕吉：是立即的。臣服是即刻發生的，不是逐漸的。如果有女人走到你面前，對你說：「我想嫁給你，但是我們結婚之後，有時候，可能一週一次，我要回到以前的男朋友那裡去。」你會怎麼說？

其實我在巴黎的時候，遇過類似這樣的情況。我到那人家裡做客，他對我說：「我允許我的妻子去見她的舊情人，我們結婚前就達成了這個協議。」那一天，他妻子正好和她的舊情人在一起。

我告訴他：「你怎麼能娶這樣的女人？跟她分開吧。她現在可是去和那男人上床了啊。把電話拿來，我跟她說。我會告訴她，不要再回來了。」

我把電話放在他手裡，鼓勵他打電話，他說：「哎，我的手在發抖。這種情況已經持續十七年了。」

我提出來替他打電話，但最後他同意自己解決。我站在電話旁，讓他自己打了那通電話。

問：愛，難道沒有成長的過程嗎？愛難道不是會越來越偉大的嗎？臣服會不會變得越來越徹底呢？

帕帕吉：愛是深不可測的。愛是甚深難測的，越是潛入愛的深處，就越是想要愛得更多。你越是進入愛的深處，就越想留在那裡。你不會想再浮出水面。

問：但您有時會說，對神的虔愛不能使人獲得解脫，因為神是人類頭腦的投射。頭腦的投射無法使人超越頭腦。對上師的虔愛是否也是如此？對上師的虔愛，能使人解脫嗎？

帕帕吉：我來告訴你誰是真正的上師，真正的上師是做什麼的，好回答你的這個問題。

你還是個孩子的時候，你去上小學。你在那裡的第一位老師就是你的第一位上師。後來你上了大學，拿到博士學位。如果你再回到你的小學，你的老師會非常高興，因為他的這個學生已經獲得了博士學位。

接下來，就是這個學生，成了政府高官，做了州長。小學和大學的老師都很高興，因為他們的某個學生在世界上取得了偉大的成就。大家都為他的成功而高興。

一個信徒可以從一位又一位老師那裡畢業，直到最後他成為了上主。如果這種情況發生，他之前所有的老師都會很高興。不同的老師教授不同的東西：有的教導初學者，有的則給予更高級的教授。最後，學生將從他的最後一位老師那裡畢業，而那就是自性上師（*Sadguru*）。自性上師只有一位，並沒有許多不同的自性上師，自性上師就是那個讓你能夠認識真我的人。

其他的老師都會把你送到別人那裡，而自性上師不會要你去找別人。他會給你圓滿的真知，並將你即刻就從輪迴中解放出來。他會給你對最高真理的直接領悟：「你沒有出生。宇宙從來沒有被創造出來。」這就是終極的真相（*sat*）、終極的真理、究竟的實相。

問：這是很高層次的教導。但假如弟子在第一次聽到這個教導時，竭盡所能都沒能弄明白，那麼您會給這樣的人開出什麼藥方呢？

帕帕吉：下一世繼續！什麼是輪迴？就是無盡的生死迴圈，直到領悟真相。一個人將不斷地重生，直到他最終明白。每個人都要回家，如果不是今天，就會是明天，如果不是明天，就會是下輩子。最後他終將看到，根本就沒有什麼轉世；最終會發現「我從來沒有從一個身體換到另一個身體。這只是一個概念。時間是一個概念，無明也只是一個概念。」最終，會領悟所有這一切。

上師無法讓你「明白」這個，沒有人能讓你「明白」這個。你必須「不去明白」，然後一些事情才會發生在你身上。

問：這似乎不是一個很慈悲的方法。人難道不能靠修行來讓自己有所準備嗎？

帕帕吉：這其實是一種拖延，不是嗎？是拖延。一個人如果說「我要讓自己準備好」，那是在欺騙自己，愚弄自己。凡是明天可以做的事，今天也可以做。

問：難道修行在您的教導中完全沒有一席之地嗎？

帕帕吉：沒有。

問：沒有修行？那您讓信徒、弟子什麼都不做？

帕帕吉：在這裡，沒有人在做事。來到這裡的人已經跟著其他老師做了很多事情了。我只告訴他們：「不要努力，不要思考，保持安靜。」

問：這本身不就表示一種修行嗎？

帕帕吉：不管怎麼說，這很有效。世界各地的人來到這裡，他們以前的所有那些老師都教導他們，但都沒有什麼結果。

世界上有許多道場，許多中心。在這些地方有許多不同的事情在發生，但都沒有產生結果。沒有人在這些地方得到解脫。來這裡的人常跟我這麼說：「在過去的三十四年裡，我一直在做瑜伽，但沒有成效。我的頭腦還是靜不下來。」

無論從事任何瑜伽或修法，都是要用頭腦和身體來完成的。瑜伽是用身體完成的，禪修是用頭腦完成的。因此，你從禪修中得到的任何領悟，一定只是頭腦層面的。

問：是的，的確如此。

帕帕吉：所以頭腦到不了那裡。

問：那麼您多年來修行的目的是什麼？您也曾經修行，您修行了很多年，非常地精進。

帕帕吉：不只是很多年，是很多世。我知道，我都看到了。

問：這一切的結果就是一場空嗎？

帕帕吉：我厭倦了這些。然後我遇到了我的上師，他對我說，就是這麼一句：「會出現和消失的，就不是真實的。」

問：您聽到這句話的時候，您就解脫了。難道您不承認是您的修行讓您做足了準備，以至於當您聽到眞理的時候，您就成爲了「那個」，從此再也沒有離開過它？對您來說，這不僅僅是一瞥，它是永久的。難道所有這些修持，沒有讓您更容易接受這種教導嗎？

帕帕吉：也許是的。

問：如果您否認，那您怎麼看奧義書中戍羯[40]去見迦納卡的故事？在迦納卡允許戍羯進入他的宮殿接受指導之前，他要求戍羯拿著一罐油繞著宮殿行走一圈，不能灑出一滴油。這似乎表明，一個人應該做到制心一處，才能聽聞眞理而不忘失。但要是能幫助到一個聽聞眞理卻一下子沒法明白的弟子，豈不是更好嗎？這就像是一塊不帶肉的骨頭，也還是比什麼都沒有強。

帕帕吉：叫戍羯在宮殿外走一圈的是迦納卡，不是我。是我的話，會告訴他：「把你所有的欲望連同容器一起扔掉。」為什麼要背負這些負擔？如果他扔掉油罐，他的手就空了。只有當他把裝滿油的罐子扔掉後，才會是空的。

問：很多人來您這裡接受教導，經由直接的體驗得以瞥見實相。但這一瞥隨後就消失了，也許是因爲他們不適合奉行那種教導。然後這些人就會感到很失望，他們覺得……

帕帕吉：是的，是的。他們在這裡體驗到了那一瞥，然後就走了，心滿意足地回到西方。但是後來又回來了，說他們在路上弄丟了。

有個來自溫哥華的女孩跟我說過，她就是這樣的。現在這裡還有個男孩，他也是這麼說的。我當時對那個女孩說：「你失去它，因為你一直想保有。你想保有它，所以你就失去了它。它不是你父親的產業，不是什麼你可以保留的東西。現在你來這裡，就是為了再次體驗它。

「你曾經一瞥。不要想抓住，不要去維繫。它來過了，現在就由它去吧。不要在意，放手吧。它不是你的財產，不是能被佔有的東西。一瞥，就是一瞥。」

問：讓大家掌握能保持這種體驗的方法，會不會更有幫助呢？

帕帕吉：做到所謂的「掌握」，最好方法就是放棄想要「保持」的意圖。

問：但這表示要放棄求道！

帕帕吉：是的，放棄求道！看看會發生什麼？

問：我正想要問您，會發生什麼呢？一個不求道的人又怎麼會有所轉變呢？他只會是老樣子。

帕帕吉：這就是我說的，他會成為不變的。否則，他就會一直在變。

問：（笑）現在您在玩文字遊戲。

帕帕吉：不，我沒有。做了就知道了。你為什麼要和會變的東西建立關係呢？

問：也許大家是不由自主。這就是我的意思：如果一個人在第一次瞥見的時候還沒能明白眞相……

帕帕吉：沒人能明白真相！沒有人能明白真相！你就是真相本身。你怎麼能明白你之所是呢？

問：好吧。如果一個人不能成爲眞相本身……

帕帕吉：這是成為不了的！

問：那就這麼說吧，是「認識到」，是消除了「我不是眞相」這樣的錯覺。

帕帕吉：連這個都沒有，連「認識」都沒有。要認識「某物」，你必須是「某人」。

問：您似乎是把解脫完全歸功於恩典，也許甚至連恩典都不要。您似乎是說它就像擲骰子一樣：要麼你得到了，要麼你沒有。如果你得到了，那麼恭喜！

帕帕吉：你無法「得到」它……

問：如果你沒有，那就算你倒楣。你就得等到下一世了。

帕帕吉：這個要解脫的人是誰？唯有解脫存在，唯有覺性存在，除此之外，沒有別的什麼存在。唯有空性存在，並不存在別的東西。

問：但在某人親自體驗到這些之前……

帕帕吉：根本沒有一個去體驗的人。

問：這只是文字遊戲，只是玩弄文字。

帕帕吉：我重複一遍：沒有「人」！如果你能在一秒鐘內忘了「人」的概念，那就沒有人了。在你進入睡眠的第一秒，有沒有「人」？還有一或二嗎？

問：沒有。

帕帕吉：沒有，對吧？那麼，放棄了這個「人」的概念之後，你失去了什麼嗎？你損失了什麼嗎？

問：這是一個自然的現象，波浪在大海中自然產生。睡醒的時候，「我」的波浪也自然產生了。

帕帕吉：我要說這不是什麼自然現象，是你想要在早上五點或某個時間醒來，這才使你醒過來的。如果你根本沒有意圖，你就不會被時間束縛。如果你絲毫不受時間的束縛，你就是解脫的。這就是從時間中解脫，這就是解脫。

問：的確如此。但我們尚未從時間中解放出來，我們大多數人都沒有。

帕帕吉：是的，是的。所以說，從時間中解放出來就是解脫。任何你在修行中得到的成就，都將發生在時間內，而隨後，時間就會摧毀它。在時間中得到的東西總會失去。

問：可是，這樣被摧毀掉的，是什麼呢？也許被摧毀掉的就是無明。

帕帕吉：不，不是的。你有一個關於解脫的概念，而你還有其他的概念：「我靈修會得到解脫，我做這個會得到好處，我做這些修行會得到成果。」

問：但是，師父，如果即便連「求道」本身都是幻相。那麼，在這種虛幻的求道中……

帕帕吉：這就是我告訴你的：「不要求道，放棄你的求道。」

問：但是，您是在要求不可能做到的事情。

帕帕吉：不，我沒有。

問：那麼各種經文存在的意義又是什麼？

帕帕吉：你會明白其意義的。經文只是在告訴你一件事：「保持安靜，保持安靜。」

問：的確，是這樣的。但經文中也鼓勵修行。

帕帕吉：經文這麼說，是針對愚鈍的人。對於這些人，經文中囑咐要去修行。但經文中也說到，

「sadhana na」，「不要修行」。經書中也這麼說的。

問：難道修行不可能達到吠德耶羅耶（Vidyaranya）所說的……

帕帕吉：我們已經看到過許多瑜伽士，都曾嚴格地修持。但你能舉出例子來，有誰藉由這些修行而解脫的嗎？能有什麼成果呢？

問：好吧，拿您自己的經歷來說。難道您不認為正是您所從事過的修行才使您成為了今天的您嗎？我同意一切都是摩耶，是幻相，但羅摩克里希那曾經說過，「有些摩耶可以讓你得到提升，有些摩耶可以讓你墮落。」

求道者就像身處在一個黑暗的洞穴裡，他想找到通往洞口、通往光明的路。難道修行不能成為一根他能跟隨的繩索，一根能帶他走向光明的繩索嗎？現在我知道這根繩子不是真實的，它也是摩耶，但它能把人引向真實。吠德耶羅耶說：「一個人看到窗户裡閃著光，那正是一顆寶石反射出來的。認為這光就是室內的燈打出來的人，什麼也得不到。但順著光尋找的人，就能得到珍貴的寶石。」寶石閃爍出來的光是一種虛幻的光，但對於走向寶石的人來說，它是能結出豐碩果實的幻相。難道修行不能成為這樣一種卓有成效的幻相，可以有助於消滅業力、消滅束縛與輪迴帶來的沉重負擔嗎？難道它不能使心變得更成熟、更適於從上師那裡聽聞真理嗎？

帕帕吉：無論你從事何種修行，每當你要修行，都要問問自己：「是誰在修行？誰在修行？」

什麼是修行？修行是用頭腦來完成的，難道不是嗎？

問：對，是用了頭腦。

帕帕吉：如果你用手做一些事情，進行一些活動，好處只能是肉體上的。手是不會得到解脫的。它是什麼呢？它只是肌肉、骨骼和血液。

問：好吧。但還是會有些好處的。

帕帕吉：身體活動收到的好處，都一定是身體層面上的；精神活動收到的好處，也只能是精神層面上的。

問：師父，我再說那個山洞裡的求道者吧。

帕帕吉：好的。

問：如果您讓那個求道者看到光，他因爲瞥見了一絲光亮，受到鼓舞。然後您離開了，不讓他修行，沒給他留下繩子，沒有出路。這個人就又回到以前那樣。你讓他看到了一絲光亮，然後你就走了，那一瞥並沒有留下來。接下來他該怎麼辦呢？一條通往出口的繩子總比什麼都沒有要好吧？

帕帕吉：不，不是這的。那邊或許有那根繩子，甚至可能還有一盞燈或一支蠟燭，可以帶他到達洞口。但是，更重要的是讓你得以看到燭光的那道光，那是你自己的光，它比燭光重要得多。

問：對，好吧。

帕帕吉：所以要找出是誰看到了這道光。

問：我來到洞口的時候，我就可以知道這個光是什麼了，但為了到達洞口，我還需要繩子。

帕帕吉：你要修行時，能量是從哪裡來的？讓你舉起手的能量從哪裡來？現在你在跟我說話，你的舌頭在動。你說話的能量從哪裡來？問我這些問題的能量是從哪裡來的？

問：不是來自舌頭，是來自於這一切的背後。

帕帕吉：所以，去到那個背後。包含所有這些能量的能量庫在哪裡？

問：在後面（指著腦袋後面）。

帕帕吉：好咧！我叫你去到背後，你卻在往前走。

問：還有「意」。它在「意」的後面。

帕帕吉：你總是在往前走，但你可曾退回去過？現在，或別的時候？你為什麼不回到那個能量的源頭呢？回到那個給你能量去做任何修行，去看、去聞、去嘗、去觸、去說的地方。

問：靠著您的恩典確實可以做到。但是頭腦十分強大，來自過去的業力也特別強。所以，那一瞥無法保留下來。

帕帕吉：這裡有些人已經失去了那一瞥。我告訴他們：「這一瞥來自於你的內在。所以，向內看，當下就看見『它』！『它』可不是從勒克瑙來的！」

我告訴他們：「它不是來自於我，不是來自彭嘉吉。既不來自任何人、任何事物，也不來自任何外物。」

最重要的是要明白，這一瞥不是來自任何人。所以，拋開所有人，包括你自己。你也是一個人。而且要拋開所有的東西，所有的事情。不要去想事情，不要在頭腦中存有任何的對境。放棄所有的想法，包括「我瞥見了」或「我沒有瞥見」。無念、無物、無人。不要去想這三樣東西。然後去看。你看到了什麼？

問：我只能重複我之前說過的話：「這是悖論。」您要人成爲的是他已經找尋過的東西。

帕帕吉：我叫你不要看，恰恰相反，要從你獲得看、想、說、觸、嘗的能量的地方去看。你為什麼不去到那個能量庫呢？（指著牆上的電燈開關）開燈，關燈。這光是從哪裡來的？沒有人去過那裡，只有電工知道。只有他能帶我們去那裡，而那個電工就是上師，他能帶你到那裡去。他會召喚你，說：

「我親愛的孩子，來吧。」

我說：「來吧。我們去那個能量庫吧。」能量庫的話，或許遠在五公里之外，但我所說的能量庫可是極近的，比眼睛的視網膜還近。它在視網膜的後面，從那裡你才可以看。它在呼吸的背後，它是如此之近，你不需要努力就能到達那裡。為什麼你不回到那裡去呢，哪怕就一秒鐘？給我你生命中的一秒鐘，我求你給我這一秒鐘。你難道不能給我一秒鐘的生命，然後告訴我結果嗎？去到那個能量庫。怎麼才能去到呢？不要去想任何人、任何事、任何念頭。

問：師父，您的教導是卓絕的、純淨的，這一點毋庸置疑。正是因爲您對我們大家的愛，您才會這樣講，雖然聽起來好像很容易。然而您自己也說過，在您的一生中，在您遇到的一百萬人中，也許只有兩三個人跟您一樣，能做到這一點。所以，這種簡單其實是異常困難的。我們有很多人熱愛自由，渴望解脫，但卻沒有能瞬間就解脫的好運。對於我們這種情況的人來說，一些修持是有幫助的。至少可以幫助我們去除自己是個做爲者的想法。

帕帕吉：我對在勒克瑙的薩特桑上所發生的一切非常滿意。我非常滿意。在過去的六十年裡，我見過許多道場。我曾去過印度各地的道場，從坎亞庫瑪裡（Kanyakumari）到室利那迦（Srinagar），從德瓦卡（Dwarka）到普利（Puri）。我也見過歐洲的許多中心，我與這些地方的師父都關係友好。但我沒有看到這些道場有任何成果，在這些地方沒有人獲得解脫。我到了這些地方，我發現那裡的人把時間花在了爭吵和訴訟上。我看過了那些地方的情況，所以我沒有在這裡建立任何中心。不需要道場，只是租了一間房子。等到我過世的時候，就結束了。

現在我住在我兒媳的房子裡。我受到大家的盛情邀請，讓我去住在其他地方，比如法國、西班牙、委內瑞拉，有人還有一座島讓我住。

我告訴這些人：「不，謝謝你，我是不會在候機室裡蓋一磚一瓦的。」

我若是覺得，「我在做這個工作」，或者我心中還有貪婪，那麼我就不會是一個誠實的人，我的話就不會起作用。如果一個老師什麼都貪，那他根本就不是夠格的老師。這種人講的話是沒有力量的，不會起作用。全世界到處都有這種所謂的老師。他們要麼沒有智慧，要麼就是過於商業化，只顧著賺錢。

問：師父，我覺得您的話確實管用。也許沒起作用的是我們。（笑）

帕帕吉：我對現在這裡的情況非常滿意。這是至高力量的恩典，是「那個」在做這一切。它在使用彭嘉吉，而我很高興被它使用。我非常開心。

問：我不想再說什麼修持了。在我認識您的兩年多時間裡，我從來沒有見過誰像您這樣努力地工作和服務人類。日以繼夜，您都在做。您不爲自己保留任何東西，您對來找您的人一視同仁，您也不從別人那裡拿取任何東西。您只是用愛和慈悲，全然地、徹底地服務於大家……（站起來，向帕帕吉跪拜）

帕帕吉（笑）：真美，不是嗎？我們的薩特桑真不錯！你把自己的角色演得很好。

這次我請羅摩採訪，是爲了幫一部關於帕帕吉的影片收集素材，片名叫《停止追尋》（*Call Off The Search*）。就在採訪開始之前，我鼓勵他盡可能多地挑戰帕帕吉，因爲我認爲這將使採訪更生動，更有鏡頭感。——編者按

問：全是靠您的恩典（笑）。眞的，沒有哪個活著的人能像您一樣！

帕帕吉：謝謝你，非常感謝。

問：非常感謝。我不知道該怎麼表達（抱著帕帕吉在他肩上哭泣）。我不知道是什麼因緣，才會有您出現在我的生命裡，帕帕吉。很久以來，我都想明白，我搞不懂您是怎麼做到的！您不依靠任何來自人類的資源。什麼都不靠！您的愛、柔情或能量，不依賴誰。這是不可思議的，這是不眞實的。您這個人以及您日日夜夜的所做所爲，眞的讓人難以置信！我從來沒有見過這樣的事情。能近距離接觸並置身這樣的臨在中，是我一生的恩典。我甚至不知道您是不是人類（笑）！對天發誓，我說的都是眞的。您完全把我搞糊塗了，完全把我弄懵了。現在，所有這一切（指著他書房裡的幾千本哲學和靈性書籍），我都放棄。

保持安靜

採訪者：大衛·高德曼

一九九三年，勒克瑙植物園

問：帕帕吉，我們想拍一部關於您的教法的影片。但您說您什麼都沒教過，我們要怎麼拍呢？

帕帕吉：有教法可講的話，就是傳教了。真正的老師無法可教。既沒有法門，也沒有途徑。要了悟你的自性，是不需要什麼教法的。真正的你，永遠是「那個」本身。沒有人能教會你這個，你必須自己去了悟你是誰，就在此時此地，就在當下這一刻。

問：告訴大家應該朝哪個方向看，這也算是一種教導吧？

帕帕吉：人不應該朝任何方向看。（笑聲）看向一個特定的方向表示住在一個對境上，你將注意力指向那個對境。這樣做恰恰使人迷失了方向。但如果屏棄所有的方向，如果心中沒有任何方向的概念，就會知道自己究竟是誰。他們會知道，他們就是「那個」本身。一直都是，不管是現在還是將來。

問：您認爲自己是上師嗎，帕帕吉？

帕帕吉：不，一點也不！（大笑）我從來沒說過「我是上師」。

問：那麼那些自認爲是您的信徒和弟子的人呢？他們是您的信徒嗎？

帕帕吉：如果沒有上師，就不存在什麼信徒的問題。他們來見我，我歡迎。無論誰來我都歡迎。如果他們不來，我仍然祝他們好運。他們要離開我時，我會說：「別了！祝你無論身處何地，都快快樂樂的。」

問：您鼓勵每一個來到您身邊的人去尋找自己的眞我。您爲什麼要這樣做？是什麼促使您這樣做的？

帕帕吉：是為了我自己的快樂。這些人都在沉睡。他們身懷寶藏，卻都在受苦。每個人，這世界上所有的人，都在受苦，因為他們試圖從外境中找到安寧和幸福。他們把那些對境逐一審視並加以體驗，但這只會導致痛苦和折磨。只有當心中沒有任何對境，沒有任何人、事和概念，你才能回歸到幸福和平靜。所以我只是告訴他們，我只是向他們傳達這個訊息：「不要在這裡、那裡或者別的哪裡找來找去。平安就在你心中，在眾生的真心之中。所以，請保持安靜，不要四處張望，不要讓你的心執著在任何地方，你會發現，這就是寂靜、幸福本身。這是根本的真理。世界上每一個眾生都是幸福本身。」

問：我想，大多數來找您的人都認爲，您提供的不僅僅是資訊。我想他們覺得在您的臨在下，有一股能量、某種恩典，使他們能夠發現您所指向的東西。對此您有什麼評論嗎？

帕帕吉：當然有。我指向的是他們的自性，是美妙的恩典之泉。愛與寂靜也從那裡湧出。我只是指出了這一點，我說：「去看一看自己的內心，哪怕只有一秒鐘。你不需要到處探索，不需要找到什麼。只要看看自己的內心，你就會發現，你即是寂靜。」我只是指出了這一點。大家都在沉睡，都在做夢，所以最好把他們叫醒。其實這些夢只是心的投射，但因為大家把它們當真，所以造成了很多的痛苦。如果你在夢中看到一隻老虎，你會害怕。如果你在夢中被強盜攻擊，你也會害怕。

停止所有心的投射。看清夢境只是夢境，知道它並不真實。無論你看到什麼，都只是一個夢。凡是有對境的地方，凡是有觀看者和所觀的地方，都是夢。如果有對境和看到對境的主體，就有一個夢。但如果你以某種方式擺脫了主體和客體以及二者相依相存的關係，那剩下的還有什麼呢？

問：您見到那些來找您的人，他們對您說：「帕帕吉，我很苦。」您是否會對他們心懷悲憫？他們覺醒之後，您是否又會感到欣喜？

帕帕吉：我確實會感到悲憫。我還能有什麼其他的感受呢？我對一切正在受苦的、正在做夢的眾生都感到悲憫。我只是告訴他們：「醒來吧，我親愛的朋友們。我親愛的孩子們，醒醒吧！根本就沒有痛苦。這只是你頭腦的投射，並不真實。你是在做夢呢。只要從夢中醒來，所有的痛苦都會止息。」

問：我想請您講講那個只有一個肺的日本教授大笑不停的故事。我覺得這個故事很好地說明了您的教法。您能從頭到尾把這個故事講一遍嗎？

帕帕吉：（笑）他剛來到這裡的時候，我正在樓上我的房間裡給一些人舉行薩特桑。他問樓下的人，我能否下樓去看他，因為他的醫生不讓他爬樓梯。

有人告訴他：「帕帕吉現在很忙，正在樓上開示。如果你等不了的話，就得自己上樓去見他。」這個人急著想見到我，等不及就自己上樓了。雖然有樓下的人攙扶，但他步履維艱，還是爬得非常緩慢。

等他上了樓，房間裡的所有人，包括我在內，都在大笑。他待在樓上的時間裡，我沒有說出任何教導，只是笑個不停。他後來也笑了起來，雖然他並不知道我們在笑什麼。後來，到了午飯時間，我們大家就都下樓吃飯了。

用餐期間，他告訴我：「我只有一個肺，另一個肺已經被手術切除了。醫生囑咐我不要爬樓梯，不要笑，因為這些活動會使肺部負擔過重。如果我笑或者爬樓梯，就必須吃藥來幫助緩解肺部的疲勞。可是，到了你這裡，我覺得完全沒必要吃藥了。事實上，我覺得我那個摘掉的肺好像又長了出來。」

然後他又開始放聲大笑。他和我在一起的時候，沒有問過任何問題，只是不停地笑。這並沒有給他的身體造成負擔，所以他也沒必要吃藥了。

後來，他回到日本後，還派了他的一個學生來見我。這個學生告訴我，教授回到日本後，有人問他：「你從勒克瑙帶回了些什麼？彭嘉吉（即帕帕吉）都教了你什麼？」

他唯一的反應就是開始大笑。他笑啊笑啊，笑了又笑。當笑聲終於平息，又有人問他：「彭嘉吉的教法是什麼？」他回答說：「笑。開懷大笑，還有盡情舞蹈。」

人笑的時候，沒有心念，沒有思想，沒有問題，沒有痛苦。

問：只要笑聲持續，心念就不在了。

帕帕吉：無心。你也試試！（笑聲）那些不笑的人，他們有想法。他們看上去很嚴肅，有很多問題。因為所有的問題和痛苦都是頭腦產生的。你看，痛苦的只是頭腦。所以，對你的問題，笑一笑就算了。管他什麼問題，就一笑而過吧！如果你笑了，它就會消失，它會跑掉，它會飛走。

問：所以，歡笑是由於痛苦和苦難的消失而自然產生的一種反應。這樣說對嗎？

帕帕吉：你說什麼？

問：當所有頭腦的問題都消失，笑聲就自然而然地產生了？

帕帕吉：當然，當然，是的。只有擺脫了所有問題的人，只有這樣的人才會歡笑，只有這樣的人才會舞蹈。他只需要跳舞和歡笑，就能解決所有問題。

從前有一位聖人，住在山頂上。在一個月圓之夜的午夜時分，他開始不停地大笑。村裡所有人都被他吵醒，想知道這個出家人到底怎麼了。

他們來到山頂，問他：「先生，發生了什麼事？」

聖人笑著回答說：「看！看啊！你們看！那裡有一朵雲！有一朵雲啊！」

很多人都看到了雲，但誰會對著雲發笑呢？只有那個沒有思想的人。不管看到什麼，他都能笑出聲來。因為，他看的時候，他就跟那個東西合而為一。雲在那裡，月在雲後。如果你是無心的，那麼光是這個景象就足以讓你發笑了。

問：所以，帕帕吉，您面對這個世界的時候，您多半一笑了之。您認爲所有這一切都是個大笑話嗎？

帕帕吉：（大笑）除了開玩笑，我還能做什麼呢？我不研究經文，我從來沒有學習過任何經書，也不會引經據典。我只會開玩笑。（笑得更厲害了）

問：帕帕吉，我們現在製作的這部影片是針對外國的電視觀眾的，他們可能對您或您的教法還不太瞭解。您能不能用他們能理解的語言告訴他們到底什麼是覺悟？

帕帕吉：覺悟，是為那些在感官享樂中得不到滿足的人準備的。它是為那些厭倦了物質、外境以及對它們的貪愛的人準備的。當人開始瞭解，永恆的幸福是不可能從感官的愉悅中找到的，對自由、對覺悟的渴望就會產生。

五種感官所記錄下來的對境，是不能給你帶來永久幸福的。如果你對某樣東西、感官所抓取的某種對境有欲望，那麼，當你的欲望得到滿足，幸福會短暫地出現。但帶給你幸福的並不是物質本身，而是滿足了它的貪欲。只要欲望還在，只要你還想實現或得到什麼，就不會幸福。欲望只有在得到滿足的那一刻才會消退。在那一刻，沒有念頭，沒有欲望。如果你仔細觀察自己的體驗，就會發現，只有在沒有念頭、沒有欲望的時候，幸福才會自動產生，而念頭和欲望再次升起的時候，幸福就消失了。

由此可以推斷出什麼呢？簡單的結論是，當你沒有念頭和欲望時，幸福就產生了，而有念頭和欲望存在時，就無法體驗到幸福。因此，幸福存在於無念的空靈（emptiness）中，而不是在對更多東西的追求之中。

種種外境和貪欲都是短暫的，來來去去。凡是有生滅的東西都不是永恆的。你必須明白，你永遠無法因為追求那些生生滅滅的東西而獲得永恆的幸福。

無念、無欲的空靈是永恆的。它是真正的、永久幸福的源泉。事實上，它就是幸福本身。當你明白並完全接受這一點時，心就不會再去尋求外在的滿足，因為它明白，向外馳求的行為本身就會導致欲望和痛苦的產生。若你能安住在那種空靈中，那永久的幸福之中，而不需要從其他地方尋找幸福，你就從欲望和痛苦中解脫出來了，這種自由，就是開悟。

一旦你把自己穩定在這種狀態中，你就不再需要擔心或追求這個世界上的任何事物。這世上的人和事仍然存在，但它們不會給你帶來任何麻煩或痛苦，因為想要靠它們來獲得快樂和幸福的欲望再也不會浮現了。即使你過著積極的、世俗的生活，空靈，幸福也不會減少，因為以前那些導致苦難、痛苦和失望的念頭和欲望都已經徹底消失了。

當你渴望自由，開始明白永恆的幸福不可能靠追求世俗的快樂而獲得時，你就應該去尋找一個完美的人，一個永久地安住於真正的、永恆的幸福之中的人。這樣的人，他那顆心就是完美本身，他可以讓你意識到你內在的幸福和空靈。他可以用他心意的力量，看著你，觸摸你，或者僅僅靜默不語，就能做到這一點。任何人與這樣的人接觸，都會因他的臨在而受益。這樣的圓滿之人沒有自我意識，沒有身為一個獨立的人的意識。雖然每一個來到他身邊的人都會因為他的臨在而受益，但那個圓滿之人從來不會認為自己在幫助誰，因為他知道根本沒有人是與他分離或有別於他的。

你們都犯了一個錯誤，認為自己是一個獨立的人，有獨立的思想和身體。這種觀念只是一個想法而已。在完全證悟的人面前，這個想法會消失不見，只剩下對自己真實身分的了知。在開悟者的臨在中，你所體驗到的無我的空靈、純然的幸福，就是對實相本身的直接認識。

我從不建議任何人放棄這個世界。這不是獲得覺悟的方法。幾千年來，不管是西方人還是東方人都試過這種方法，但沒有好結果。我的建議有所不同。我只是說：「保持安靜。隨遇而安吧。對你世俗上的活動，不要抗拒。只需保持安靜，就一秒鐘，看看會發生什麼。」

這是一種非常新穎的說法，以前從沒有人提過。過去，人經年累月地在偏遠的地方修苦行，想要獲得開悟。甚至連國王都會放棄自己的王國，到森林裡去，投入所有的精力以求能夠得到開悟。但這並不奏效。為什麼呢？因為自由、覺悟，不是可以「贏得」或「獲得」的東西。它已經就在了，此時此地，就在你之內，就是你真正的自己。你不需要到其他地方去尋找。它只是被你對自己的錯誤觀念所掩蓋了。你認為，「這是我的身體，這是我的思想。」正是這些想法阻礙你覺察到自己的真實本性。如果你能徹底屏棄它們，你就自由了。不管身處何方，你都可以放棄這些想法，不需要跑到森林裡去。

問：西方人總是從精神導師那裡得到建議。每個導師都說：「加入我們的團體，你就會幸福快樂。按照我們的建議去做，你就會很快樂。」你所傳達的訊息與之又有什麼不同呢？爲什麼別人要相信呢？

帕帕吉：那些導師那樣的建議，是為了把人給毀了。我要告訴大家，拋掉那樣的老師和法師吧，到我這裡來。我會給你們好的建議。不要聽從別人的建議，也不要聽我的建議。看進你自己的內心，傾聽你自己的聲音。你聽到了什麼？不要聽從任何建議，因為所有的建議都屬於過去。如果有人給你一些建議，那這些建議是來自於建議者所聽到、讀到或經歷過的東西。所以，所有這些建議都來自過去。為了了悟真我，你不需要任何建議。只要保持安靜，這就是最好的建議。我告訴大家：「保持安靜。不要思考，不要做任何努力，哪怕是一秒鐘也不要。」這就是我的建議。如果你遵循它，你就做了一件大好事。不僅是為了你自己，也是為了大家，為這世界上所有的眾生。

問：所以，除了「保持安靜」這個建議之外，遵循其他建議都只會讓人遠離眞我，而不是走近眞我？

帕帕吉：當然，當然是這樣，它必然會讓人遠離真我，因為它會把你帶到過去。我再說一遍：你能得到的任何建議都來自於過去聽過或讀過它的人，所以全是來自過去的。它不能讓你看到你當下此刻的樣子。不要相信任何你接收到的訊息。甚至不要相信你的感官傳遞給你的訊息。忽略所有的建議，超越感官和它們帶給你的所有訊息。然後，也只有這樣，你才會知道自己是什麼。億萬年來，你一直在品味感官的快樂。現在，你第一次具有人身，好好利用吧。

不要聽從別人的建議。那些給出建議的上師們沒有教出什麼成果來，他們只會教你去爭奪，和鄰居、跟你不同教會的人吵架。如果你聽從他們的建議，其他一些老師就會告訴你，「不，不要聽從他們的建議，聽我的。」一旦發生這種情況，爭吵就不可避免了。

問：帕帕吉，您說需要擁有對解脫的強烈渴望。除此之外，還需要什麼其他的資格嗎？

帕帕吉：我不認為這可以被稱作一種資格。它應該從內心自發地升起。在極少數的人身上，這種渴望從內心升起，並在胸口躁動。

當對感官對境產生渴愛，你會很開心地走出去迎接它。但解脫既不是對境，也不是認知的主體。對解脫的渴望從源頭升起，在源頭上游戲，也在同一源頭上安歇。它在那裡的時候，它與自己遊戲，這樣享受一陣子，然後歇息下來。升起和下落從來都不是問題，因為無論升起與否，它都是一樣的。

大家在說「對解脫的渴望升起又消退」，他們說的其實是，在其餘的時間裡，其他的欲望在升起和消退。另外，當你說「在我身上升起了對解脫的渴望」，你是在暗示曾有過渴望不存在的時候。我自己從來沒有升起過對解脫的渴望，因為它一直都在那裡。從我很小的時候，它就已經在了。

問：我們需要信仰某樣東西嗎，帕帕吉？我們需要相信老師的話嗎？我們需要相信我們可以獲得解脫嗎？我們需要堅信什麼嗎？

帕帕吉：是的，你當然需要信仰。信仰你的真我，信仰「我是解脫的」。如果你想對什麼東西有信心，「我已經解脫」這就是你能擁有的最好的信心。你現在相信的是，「我在受苦，我是被束縛的」。為什麼不改成一個最棒的信念，相信「我是解脫的」呢？這有什麼不同嗎？

問：如果一個人有絕對的信念「我是解脫的」，那麼這個信念就變成了體驗。您是這個意思嗎？

帕帕吉：不，不是「體驗」。解脫不是一種體驗。體驗總是和別的東西在一起。對解脫的渴望終將消失，留下解脫本身。當解脫認識到它自己的時候，就只剩下它自己了。現在，你正忙於其他欲望。它們都離開你的時候，解脫會留下來，向你展露無遺。

問：帕帕吉，您說開悟是一件非常容易的事情，然而我聽您說過很多次，完全了悟自性的人不多，兩隻手的指頭都數得完。既然如此容易，爲什麼成功的人卻這麼少？

帕帕吉：它很容易，你不需要努力就能開悟。它很容易，你不必去哪裡就能開悟。你所要做的只是保持安靜。因此，獲得解脫是一件非常容易的事情。大家說它很難，只是因為他們的頭腦總在忙東忙西。獲得解脫本身並不困難。難的是放棄對其他事物的執著。從執著中脫離出來是困難的。你必須下定決心去做到。你可以現在就做出決定，也可以把它推遲到下輩子。

問：是否必須要有一個已經覺悟的上師才能成功？

帕帕吉：當然！絕對需要！否則你怎麼知道自己走在正確的道路上呢？

問：帕帕吉，西方有很多人已經花了很長時間在尋找一位覺悟了的師父。他們如何才能找到呢？在找師父上，您會給他們什麼建議呢？

帕帕吉：他們找不到。他們是找不到的。真正的上師無法用眼睛看到。如果努力用感官來尋找，就無法做出正確的判斷，因為上師是超越感官和思維判斷的。

你想要自由，而自由其實早就在了，只是你還沒有養成依賴自由的習慣；你不懂自由的語言，那是空靈的語言、愛的語言。你不懂這些，因為你已經把自己出賣給了其他的對境。

所以，雖然你不明白這個自由到底是什麼，但你還是渴望自由。在這種情況下，出於慈悲，自由會以肉身的形式，用你自己的語言對你說話，讓你明白自由到底是什麼。

那時，它會教導你，「我是你的真我」。它進入你的真我，與之融為一體。這就是老師的作用，他向你指出，「我是你的真我。我就是『那』。」這就是老師的作用。因為有時候，它成為老師只是為了提醒你一個事實：你就是「那」。一直存在於你內心的、非人形的「那個」，你沒有聽從，因此，「他」就變成了一個老師。「那個」以老師的形象出現在你面前，就是為了告訴你，「你就是『那個』本身。」當你明白這一點，你會看到你和老師是一體的。

問：帕帕吉，拉瑪那尊者也說過，一個人無法看清誰是、誰不是眞正的上師，但他確實說過，在尋找上師時，應該注意兩個跡象。一個是看您在他面前是否感到寧靜，一個是看他是否能平等地對待他周圍的所有眾生。您覺得這兩個指標有用嗎？

帕帕吉：當然，我完全同意。你們很容易被老師的談話和言論所誤導。但是，如果你覺得你的心在他身邊很安靜，如果你覺得在他周圍能感受到某種幸福和安寧，這些就是具格上師的外在特徵。不是每個人都能感受到這種安寧，只有那些一心嚮往自由的人才能感受得到。

所以，你去找老師的時候，只要保持安靜就可以了。你不需要提出任何問題，也不要期望他給出任何答案。

安靜地坐著，感受你的心是否寧靜。如果心是寧靜的，那麼你就可以得出結論：這就是那個可以教導你的人，這就是那個值得你追隨左右的人。

問：帕帕吉，您這是在建議大家和一位開悟的上師坐在一起薩特桑，並保持安靜。但如果上師去世後，色身上的薩特桑已經不可能了，那弟子接下來應該怎麼做呢？

帕帕吉：如果他是真正的弟子，他不會認為上師是會死的。身體會死，但上師不是身體。所有的肉身都會死亡，但上師從來不是這副肉身。所以身體的死亡對弟子來說並不重要，因為他知道上師是超越色身的。上師永遠都活在弟子的心裡。知道了這一點，弟子就不需要別的什麼了。他很清楚地知道，「我不懷念我的師父，因為我的師父就在這裡，就在當下此處，永遠在我的心裡。」這就是上師和弟子之間的關係。

問：如果弟子能有這樣的態度，那麼即使在上師死後，弟子依然有可能了悟自性？

帕帕吉：如果弟子……？

問：如果弟子有這樣的態度，「我的上師不是死去的身體，他就是我的自性」，那麼以這種態度，他仍然可以了悟自性，而不需要尋找其他人身上師。

帕帕吉：上師是把弟子的身和心都拿走的人。如果他還沒有拿走或者拿不走，他就不是真正的上師。要想再找一個上師，你需要有一顆心、一個身體，不是嗎？如果你沒有心、沒有身體了，你要到哪裡去找？你該怎麼找呢？

問：帕帕吉，請您描述一下您自己開悟的歷程，尤其是您的上師拉瑪那尊者在其中所扮演的角色。

帕帕吉：這是個很長的故事。

問：你能簡短講一下嗎？

帕帕吉：說來話長。為了故事完整起見，我得追溯到我的童年。但是我也可以從我去見拉瑪那的那一刻開始講起。當我進入他的道場時，一切都很安靜，非常安靜。拉瑪那就等於安靜，他是靜默的化身。當時他沒有講話。那裡是一片巨大的靜默。我從來沒有見過如此安靜的人。去拜見他的訪客，他們的思維心都無法踏進他所在的大廳。他只是靜靜地坐著，那裡一片寂靜。

他會告訴大家，「保持安靜，保持安靜」，但大多數人並不明白他的意思。即便到了今天，大家仍然不明白他想說的是什麼。

他會講很多東西：如何解脫，如何開悟，有時他還會說「你需要加持」之類的話。但大多數時候，他會用坦米爾語說，「*Summa iru*」，意思是，「保持安靜」。大多數人都不明白這句話的真正涵義，但我馬上就領悟到了。現在我經常使用這句話，因為我贊同我師父，最好的教導就是，「保持安靜」。

如果一個人，他本身就是寂靜，他讓你保持安靜，那麼這句話就是一道敕令，具有權威性，會立刻見效。如果一個普通人讓你保持安靜，那是不會起作用的，但如果一個人，他本身就是寂靜，他讓你這樣做，那麼，你自然而然就會安靜下來。

問：您能描述一下您最終證悟的那一天發生了什麼嗎？是怎麼發生的？

帕帕吉：我從小就是黑天的信徒。黑天甚至會以色身的形式出現在我面前。在各個感官上，我都可以感知到他，就像我感知其他平常的東西一樣。

那時，我在慧焰山的另一邊，阿迪安納瑪萊（Adi-annamalai）住了大約四天。我再次回到道場時，拉瑪那問我：「你去了哪裡？」

我回答說：「在山的另一邊，我自己一個人待著，和黑天玩耍。」

「哦，很好，你一直在和黑天玩耍！」他說道。

「是的，先生，我一直在和黑天玩。他是我的朋友。」

「你現在看到他了嗎？」

「不，先生，我看不到。」

然後他說：「會出現和消失的東西不是真實的。只有觀看者一直都在。你看到了黑天，雖然後來他消失了，但同一個觀者一直都在。現在你在這裡，那個觀者也在。找找看，那個觀者是誰？」

「觀者」只是一個詞，但它給我的衝擊之強烈，讓我當成為了觀者。我成了觀者本身。

現在，我做薩特桑的時候，我會告訴大家：「不要執著於這個詞。去尋找這個詞的源頭。去尋找這個詞所描述或指示的東西。如果你這樣去做了，立刻就會得到真正的領悟。」

舉個例子，當你說出「解脫」這個詞，你要馬上解脫，並且保持解脫了狀態。有人說：「我們去吃午飯吧！」雖然他說的是食物，可是你會突然和食物融為一體。為什麼我說「解脫」二字的時候，你做不到呢？

我們說到解脫的時候，我們必須與解脫融為一體，要能聞到自由的氣息，享受自由。不過這沒發生。如果換作別的東西，用來描述它的那個詞就會把你帶到目的地，但是當我說「解脫」這個詞的時候，你就無法理解了。為了「解脫」這個詞，我們需要那麼多的薩特桑，那麼多的老師，但還是沒有領會它真正的涵義。到底出了什麼問題呢？這是因為我們被其他東西束縛住了。

問：帕帕吉，西方有很多人嘗試過不同的禪修法門。他們有一些人已經密集地禪修了許多年。我聽您說過好幾次，這樣的修行不會讓人證悟。能否請您解釋一下爲什麼您會這樣說？

帕帕吉：首先，禪修只是為了讓你的身體和頭腦疲勞，這樣你就會厭倦。然後，你就產生這樣的想法，「也許還有別的什麼」，帶著這樣的想法，你可能會去尋找一位真正的上師。如果你找到了這樣一位老師，他不會要你禪修，不會給你什麼法門。他只會說：「保持安靜。」他不會要你做什麼，或不做什麼。給你灌輸各種應該或不應該的人，是傳教士，不是老師。真正的老師沒有教法，沒有要做，也沒有不要做。他只是告訴你，「保持安靜」。真正的老師沒有別的話可說。

這是會有效果的。這是一個上師所能給予的最好教導。就像我之前跟你講的，當他說「保持安靜」，你不光是聽到了這句話，實際上你就化為靜默。這有什麼難呢？為什麼大家都覺得這麼難做到呢？

在薩特桑時也是一樣。我告訴大家：「參問，探究，問自己『我是誰』。」結果他們回答說：「我們做不到，我們做不到。我們努力了，但還是很困擾。這種參問讓人緊張得頭都痛了。」只有極少數的人真的做了。其他的人都失敗了，因為他們的心思都放在別處。我不知道為什麼會這樣。我也無法解釋，為什麼這個方法會在某些人身上突然就有效果，而對另一些人無效。

如果你保持安靜，你就會愛上那種沉默和平靜。無論每個人在做什麼，都需要幸福和安寧。除了這種寂靜之外，任何事物都不可能帶來幸福、安寧，不可能帶來愛與美。這種寂靜永遠在你的內心深處，就在此時此刻。因此我總是說，你不需要禪修。因為禪修需要一顆心，每當你動用你的心念時，結果必然是心靈層面的。你同時還需要用到你的身體。你被告知要以特定的姿勢坐著，手和腳要放在特定的地方。身體行為帶來身體層面的結果，心的活動帶來心靈層面的結果。但我所說的是超越身體、超越心靈的。它無法以心靈和身體的方式來達成。

如果一些靈性概念聽起來不錯，而你又按照它去做，那麼，結果就一定是智性上的。所以，要避開所有的觀念。不要想以身體、心靈或智性的途徑來達成這種寂靜。只要放棄所有的觀念、所有的想法，放棄你所聽到和讀到過的一切，你就會發現，你就是空性本身。

問：很多人都試過保持安靜和寂止，但沒有成功。他們錯在哪裡呢？

帕帕吉：他們應該放棄想要保持安靜的企圖心。如果他們無法保持安靜，我就會告訴他們：「放棄保持安靜的意圖。」他們這樣做的話，又會怎樣呢？

問：帕帕吉，您常告訴大家要問問自己「我是誰」。如果其他方法都失敗了，爲什麼這個方法還能發揮作用呢？

帕帕吉：因為這不是一種方法。其他的方法只是剪去枝葉，但自性參問觸及的是根源，是心靈之根。如果你剪掉一段樹枝，過一陣子，它還會再長出來。但是，如果你去到心靈的根部並把它拔出來，它就再也無法生長了。參問能把心徹底剷除。你參問「我是誰」時，你就撼動了心靈的根基，並永久地摧毀了它。事實上，更準確的說法是，去參問，你會發現根本就沒有心。

「我」就是心（mind）。你問自己「我是誰」的時候，「我」就在質詢自己以找出心的真正本質。沒有人問過「我是誰」，沒有人。大家總是在問：「你是誰？他是誰？她是誰？」可從來沒有人問過「我是誰」。當你第一次這樣詢問自己時，你撼動的不僅僅是心的根源，而是一切造物的根源，因為「我」，也就是心，是一切創造的源頭。當你進行參問時，消失的不僅僅是「我」，連創造本身也消失了。你發現沒有創造者，沒有創造，也沒有被創造的眾生。這個「我是誰？」就是一個如此強大的工具，把你帶到自性的深處，在那裡你會發現你和世界萬象都不曾存在過。

問：很多人都問過自己「我是誰」，但沒有得到正確的答案。心還在那裡。他們應該繼續參問下去，直到得到正確的答案嗎？

帕帕吉：不，只要一次。如果你做得好，你只需要參問一次。如果你做得好，就會擊中要害。當你問「我是誰」，不要期待任何答案。你必須擺脫對得到答案的期望。參問時，你不能總想著要去到某處或者得到什麼答案。問這個問題的目的不是為了得到一個答案，而是為了消融。就像一條河流匯入大海一樣。它不是為了保持自身而流入海洋，而是為了消融自己。參問「我是誰」，融入神性，融入真我，即空性本身。只要保持安靜就好了，看看會發生什麼。

參問的時候，不能期待答案。參問結束之時，也正是「我」完結的時候。「我是誰？」在這個「我」的背後還能有什麼？你成為了「那個」，「我」在那裡消失無蹤。那裡，只有空性。

問：帕帕吉，您常說，「眞理嘉獎聖潔之人。」您也說過，一個聖潔的人是一個心靈沒有任何汙點、純潔無瑕的人。但與此同時，您卻從未要求人努力去淨化自己的心靈。如果我們不做些什麼讓自己的心變得純淨無染，我們又怎麼能得到眞理的嘉獎呢？

帕帕吉：你是無法讓心變得純淨的，因為心本身就是塵垢，而你無法用塵垢來清潔塵垢。想像一下，你有一面布滿灰塵的鏡子，你想清潔它，但你卻拿了更多的灰塵，灑在原來那層灰塵的上面。這就是所謂的清潔心靈，垢上加垢。你用冥想或瑜伽來清潔心靈的所有努力都會失敗，因為它們只會在已經存在的染汙上繼續增加染汙。所以我說的是，「保持安靜」。如果你保持安靜，你就是在去除鏡子本身，這樣自然就不會沾染什麼塵垢了。這就是我所說的「聖潔」的涵義。真理嘉獎聖潔：去除心這面鏡子，能變得聖潔。

如果你面前有一面鏡子，你的臉就會映在鏡子裡。這個鏡像就是一個瑕疵，是不潔的。還有瑕疵的時候，你就不是聖潔的。如何去除鏡像呢？很簡單，你把鏡子扔掉就好了。那時候鏡像會怎樣呢？它就返回到你臉上。如果你丟掉心念一秒鐘，哪怕只有一秒鐘，聖潔就會展露出來了，你就會自然地與聖潔融為一體。

所以我說：「真理嘉獎聖潔之人。」你在周圍看到的所有外境都是你的心鏡中的反射。所有的對境都是塵垢。丟掉鏡子，就沒有心，沒有對境，也沒有塵垢了。

問：帕帕吉，大多數人認爲開悟是需要經過長期艱苦的準備後才能實現的事情。這種信念有什麼問題？

帕帕吉：這徹頭徹尾是錯的。任何信念都是錯的。你為什麼非要相信點什麼不可呢？你需要相信你是大衛．高德曼嗎？你非常確定，不是嗎？你需要去問別人嗎？你會去找馬杜卡，問他說，「請告訴我，大衛．高德曼在哪裡？他本來是住在這個房子裡的。」

他會告訴你，「你就是大衛．高德曼，這是你的房子呀。」你怎麼可能不知道或無法確認自己的真實身分呢？如果你已經知道自己是誰，也就不用為了尋找自己是誰而費心費力地做什麼準備工作了。你執著於錯誤的想法，因為你相信這些謬見，所以你認為你必須要做一些事情才能成為你已經是的那個。你被這些東西困住了，忘記了哪裡才是你真正的家。

問：我認爲這是西方的一個主要問題，帕帕吉。人不相信自己現在其實已經成熟到可以覺悟了。他們都認爲自己必須做些什麼。

帕帕吉：是的。我也聽到有人這麼說。這就是為什麼，在西方但凡是當瑜伽老師的，都非常成功。我看到連小村莊裡都開了瑜伽中心。在歐洲大約有五千名瑜伽老師。我和其中的一些人談過，他們都經營得很不錯。

我問其中一個人，「你都教些什麼呢？」他回答說：「我教學員保持青春和健康，活到九十歲。」

這就是他們大多數人的目標，如果這是你想從瑜伽中得到的，它確實可以幫助你實現它。西方賣很多瑜伽相關的書籍，我甚至在路邊攤看過。還有一本叫做《性愛瑜伽》（*Yoga for Sex*）的書，你一定也見過吧。

所以，西方教的瑜伽是為了保持身體的健康和活力。我記得在杜塞道夫（德國城市）有一個女孩。她二十多歲，看起來很有精神，非常快樂。我看到她在打坐，於是我問她：「你打坐時，你冥想的是什麼呢？」

她回答說：「我想永保青春。我現在二十七歲，我要保持健康直到八十五歲。」

我給她起了個名字叫Ratna，意思是「鑽石」。我還見到了她的男朋友，我叫他Ratnasagar，意思是「鑽石的海洋」。他們都是很好的人，但他們禪修沒有什麼結果。沒有人從禪修中得到真正的結果。

問：我想問您一些關於幸福的問題，帕帕吉。我聽您說，這個世界上沒有人是幸福的，他們只是認為自己幸福。您怎麼能證明這一點呢？

帕帕吉：在這個世界上沒有人是幸福的，這是真話。我從未見過幸福的人。我走遍了全世界，在我所遊歷過的每一個國家，我見過的每一個人都在受苦。每個人都在受苦，即使是最富有的人。

有一次我在瑞士見到一個有錢人。我去看他是因為我在印度曾經照顧過他的兒子。這個孩子有一些精神問題，所以有人建議他：「去找瑞詩凱詩的彭嘉吉。你跟他在一起會好起來的。」這個男孩在我這裡住了一年左右。他有點偏執或精神分裂，但和我在一起後好起來了。在他回瑞士之前，我帶他走遍了整個印度，去過勒克瑙、哈德瓦、瑞詩凱詩、德里、孟買。

後來我去歐洲時，他父親邀請住他們家。他把我安排在公寓頂層的旋轉套房裡。這個人明明很有錢，但他晚上卻睡不著。他先是喝幾杯酒，然後吞三四片安眠藥，但他還是睡不著。

我問他：「你為什麼失眠？我能讓你睡著覺。你什麼時候想睡了，我就會來幫你。」

他的煩惱在於他有一家汽車廠，有五千名工人在裝配流水線上工作，加上所有的行政人員，這工廠非常龐大。整個晚上電話都響個不停，調度、銷售、訂購。這就是他的生活。他忙得根本無法入睡。

我跟他講，「明天開著你的車跟我一起去個地方，別問我要去哪裡。」

到了第二天，他卻說：「我不能和你一起去，因為有人剛帶著訂單找上門來。」

當你心中總是有事，充斥著今天、明天、後天必須要做的事情，這些念頭會不斷地在你的腦海中轉來轉去。你要是不拒絕這些念頭，又怎麼能睡得著呢？西方人總是在工作，沒有時間睡覺。你生來是為了工作還是為了安寧？西方人是怎麼了？工作，工作，更多的工作。它讓人失去了健康，但人仍然不肯休息。所以，他們才不快樂，才會陷入煩惱之中。

他們認為：「我們銀行裡有豐厚的存款，有漂亮的公寓和最新款的汽車。」但這並不能使人獲得真正的幸福。要想快樂，最好的方法是知足。無論你擁有什麼，都要滿足。如果你和別人比拚財富，只要看看那些比你擁有的少的人，就會感到快樂。不要總盯著那些身家上億的富豪，想著他比你富有而眼紅不已。去看看那些不如你的人。「看看那個人，他在乞討。感謝上帝，我比他過得好。我有食物，我不需要靠乞討為生。」如果你有這種態度，你就能睡得很香。

創辦並擁有福特汽車公司的亨利．福特，曾經是世界上最富有的人。但他不能好好吃飯。他曾經說過：「我看著我的員工吃午飯，看看他們能吃多少。我覺得自己永遠吃不了那麼多的食物，因為我的醫生建議我節食，每餐只允許我吃兩盎司的食物。」

你來這裡是為了不吃飯、不睡覺嗎？你來這裡只是為了賺錢，賺你到死都花不完的錢嗎？我不是說完全不要出去賺錢。我只是說，要好好地工作、賺錢，好好地生活，但不要迷失在這些東西裡面。不要忘了，你來這裡是為了獲得安寧，而不是為了賺錢。

問：很多人把沉溺於感官享受當成幸福。他們所體驗到的那種幸福，與您所說的了悟眞我的幸福，是同一回事嗎，還是有所不同？

帕帕吉：不是同一回事。成為真我，才是唯一真正的幸福，向別處追求幸福只是徒勞無功。你會發現你所追求的幸福，並不是真正的幸福。如果你需要一次又一次地重複這個過程來獲得幸福，那就說明你得到的不是真正的幸福。你之所以想一次次重複這個過程，是因為你每次得到的幸福體驗並沒有完全使你滿足，所以你才會重複。

問：我說的不是過程，帕帕吉，我說的是結果。如果我突然因爲做了某件事而感到無比幸福，那麼我的幸福和您的幸福是一樣的，還是不同的？

帕帕吉：幸福是一體的。幸福本來只有一個。但是當你把幸福依託在一些不能常住的東西上，這種就不同。你剛才說，「你的幸福」。當你說「我的」幸福或「你的」幸福時，那就不是我所指的幸福。我指的是無緣無故的、無須努力就能獲得的幸福，不是「我的」幸福或「你的」幸福。這是唯一的區別。你用的是「我的」和「你的」。如果你把「你」和「我」去掉，就沒有區別了。

問：那諸如狂喜（ecstasy）和極喜（bliss）的狀態呢？它們是心的體驗還是來自於自性？

帕帕吉：狂喜是一種心的狀態。它會停留一段時間，然後逐漸減少直至消失。許多人只是聽一首詩，唱一首歌，或用其他方式就能進入狂喜的狀態。但這種狀態終究會消失，因為它們取決於不停變化的外境。

極喜則不同。我們可以把它比作日出前的黎明。黎明來臨的時候，你知道太陽很快就會隨之升起。太陽並不在那裡，但在地平線之上會顯示出一些跡象。所以，你感覺到極喜時，你並沒有把它歸因於外在的事物，而是在關注自性的黎明。要想看到太陽升起，你必須看向東方，看向太陽發光的地方，而不是朝著反方向看。同樣地，極喜來臨的時候，要專注於它，與它融為一體。你體驗到產生極喜的「那個」的時候，極喜也就被屏棄了。極喜也是一種心理狀態。它終將被屏棄。

問：我們必須有意識地拒絕它，還是它會自動發生？

帕帕吉：它會自動發生。

問：有些人說極喜是了悟自性的障礙，最後的體驗是寧靜和寂止。

帕帕吉：這是一個來自瑜伽的說法。*anandamaya kosha*，即喜悅鞘，是限制「我」的五種鞘之一。首先是身鞘，色身之鞘；然後是氣鞘，即覺受或命氣之鞘；然後是意鞘，思維之鞘；然後是識鞘，智性之鞘；最後是喜悅鞘，即極喜之鞘。在瑜伽系統中，你必須逐一屏棄所有這五種鞘，包括喜悅鞘。你必須逐一去除你對這些東西的執著。當你去掉了對肉體、感官、心意、智性[41]的執著，極喜就會到來。智性消失的時候，極喜就出現了。但人不應該對它產生執著。大多數瑜伽士會執著於極喜充滿的狀態，而不是去超越那個狀態。這是修習以獲得極喜狀態為目標的瑜伽體系所帶來的後果。

不要執著於這個最後的鞘。不要滿足於極喜。保持安靜，讓喜悅去成為「那個」。當心越來越多地汲取喜悅時，它就成為了喜悅本身。一段時間後，將不再有去除它的問題，因為，從彼岸，從超越心識的那裡，從無心之處，「解脫」會親自來迎接你，擁抱你。在那個階段，沒有人會拒絕喜悅的。

如果你能感受到極喜，那麼你做得很好。真我、阿特曼的極喜被稱為「真我之喜」（*Atmananda*），它將以阿特曼本身的形式出現。雖然當你達到這種狀態時，一切都已消失，但它仍不是最後階段。與心有關的「無心」還在。如果你能達到這種無心的狀態，你就已經做得非常好了。你達到這個階段後，你的工作就結束了，因為從那時起，就是「彼岸」的任務了。這個「彼岸」是無法測度的。它將以一種非常優美的方式把你占據，在你身上發揮作用。隨著時間的流逝，它將越來越明顯地展現自己；將向你展示一種不同的美麗，一種不同的愛和一種不同的形象，都是那麼迷人，你將永遠與它相伴。即使身體離開，你也無法擺脫它。這可以說是究竟，即「究竟之性」。

問：帕帕吉，無心、死心（dead mind）和寂靜之心（silent mind），有什麼區別？

帕帕吉：寂靜之心，是指暫時保持安靜。它只是對心的對境的一種壓制，可以多次發生，但不會持久。不動之心，也是暫時的，可以經由禪修或專注來達成。它就像蠟燭的火焰。沒風的時候，火焰紋絲不動；有風來時，燭火就會閃爍甚至熄滅。當一個新念頭冒出來，就颳起一陣風，把不動之心吹走了。

至於無心，我還是頭一次聽到有人來問我這個。以前從來沒有印度人或西方人問過我這個問題。我很高興能來回答這一問題。

在講無心之前，我們先來看看什麼是心。我們從覺性開始談。有時候，你會想從鏡子裡看看自己的模樣。同樣，覺性有時也會想看看自己，看看自己是什麼樣子的。於是在覺性中產生了一個波浪，它問自己：「我是誰？」這個在覺性中產生的波浪想像自己與海洋是分離的，於是這個波浪就變成了「我」，個體的自我。一旦個體自我獨立出來，它就會進一步淪落，開始創造。首先產生出了空間，無邊無際的廣闊虛空。而伴隨著空間，時間也會被創造出來，因為只要有空間，就一定會有時間。這個時間演變成了過去、現在和未來，而從這三者之中，產生了種種執取。一切萬物都包含在過去、現在和未來之中。這就是所謂的輪迴。輪迴代表時間，它是無盡的過去、現在和未來。任何在時間中誕生並存留於時間中的東西，都會在時間中完結。而所有這一切，就是心。是「我」浮現出來，創造出了空間，然後是時間，然後是輪迴，這個「我」現在變成了心，這個心就是「我」。

然後在某個時刻，一種強烈的對解脫的渴望會升起。這個渴望會從覺性本身產生。最初，是從覺性中往下墮：從「我」到空間、到時間、再到輪迴，一個往下降的過程。現在會有一個反向上升的過程。在這個過程中，先是對有形物體的執著會消失，隨後消失的是對命氣、意和智[42]的執著。最後，你會回到「我」。這個「我」，仍舊還是心。

但此時這個「我」已經遠離了一切。它獨自存在，沒有任何執著。它不可能再回到那充滿執著的世界，回到輪迴。它渴望自由，它想回到它的源頭。這個從覺性中升起的「我」現在又回到覺性中。它做了一個決定，「成為無心」，一旦這麼決定了，「我」就消失了，心就消失了。「我」，也就是心，已經被擯棄了，但在「我」和覺性之間，還有某個東西在。這個介於兩者之間的東西，就叫做「無心」。這個中間狀態將融入覺性，並成為覺性本身。

看看這個杯子（指著桌上的一個杯子）。杯子的內部和外部都有空間，或者說虛空。我們把內部的空間稱為「內空間」，外部的空間稱為「外空間」。為什麼呢？是因為杯子這一名相把內部和外部分隔開了。去掉名相後，裡面的虛空和大虛空就成為一體。其實它們一直都是一體的。從空間本身的角度來看，從來就沒有內部和外部之分。是杯子的名相使它看起來有一個內部和外部，但空間本身從來沒有受到這些人為劃分的影響。解脫也同樣是永遠存在的，永遠不受名相的影響。名相就是「我」。當「我」消失，那些看上去分割了覺性的牆就被拆除了，這個，就成為了「這個」。

當你從心返回到覺性，你會經歷這個無心的階段。在這種狀態下，會有「現在我是無心的」這樣的感覺、記憶。逐漸地，這個無心會慢慢退回消融於更超越的那個之中。但我不知道這是如何發生的。

問：能不能從無心再回到有心？它還能退出來嗎？可以顯現出來嗎？

帕帕吉：既然這個過程已經發生了，現在存在的只是覺性本身，為什麼還要談論有心和無心呢？

在古代，如果一個國王死後沒有留下繼承人，大家就會派出一頭皇家大象去挑選新國王。有這麼一個傳統，大象選中誰把他放在背上，誰就是新國王。有一次，大象選中了一個乞丐，這個乞丐就成了國王。大家都很高興。大臣們向他行禮，給他穿上金袍，讓他登上王位。這個曾經是乞丐的人，再也不用操心任何事情了，一切都為他準備好了。不需要開口，想要的東西就自動送到他的面前。所有的侍臣和大臣都知道該如何侍奉他。他用不著再去乞討，白天會有可口的食物在適當的時間奉上，晚上妃子們會來照顧他。乞丐一旦嘗到了當國王的滋味，又怎會再回到村子裡去當乞丐呢？

這就是當你明白自己就是覺性的情況。人還在，身體還在，但沒有一個人在想「我必須做這個或那個」，反而是知道，覺性看顧著一切。如果你是覺性，是國王，五官就成了為你服務的大臣。你根本不用去想，感官的活動會自發進行。如果國王想吃檳榔葉（笑），檳榔葉就會送到面前。如果該喝咖啡了，咖啡就會出現。

你是覺性的時候，大腦會成為宰相，感覺器官會成為大臣為你服務。你根本就不用去想。

如果你想讓這一切能如此運作，你必須擁有真正國王的權威和權力。如果你只是表現得像個國王，卻沒有權威，沒人會聽你的。必須要有權威，而這種權威只能靠成為覺性本身來實現。

我來給你講一個有趣的故事，是關於另一個國王的。這個國王急著要見他的宰相。而當時宰相不在皇宮，國王就去他家裡找他。

國王到了宰相的家中，宰相的妻子告訴他：「他正在修法室裡。」

國王說：「那就叫他來吧。」

妻子回答說：「我不能叫他。他在修法房間裡的時候，我不能打擾他。」

不過，宰相已經聽到了國王的聲音。

他從修法房間裡出來，身上還穿著法衣。國王就問他：「你在做什麼？」宰相沒有回答。這讓國王大為光火，認為他放肆、違抗王命。國王叫來警衛，命令他逮捕宰相。那名警衛上前一步，但在被逮捕之前，宰相說：「等一下，等一下。」國王示意警衛停下，然後等著宰相給個解釋。但令大家意外的是，宰相卻反過來命令警衛逮捕國王。警衛當然沒有動，因為他沒有權力逮捕國王。然後，宰相向國王解釋了他的行為：「您說『逮捕他』，警衛便執行了命令，因為您有權下達這樣的命令。但是我說『逮捕他』的時候，警衛沒有服從，因為我沒有您的權力。這兩次下令，命令都是一樣的，但權力是不同的。您有權力而我沒有。

「同樣道理，您進來的時候，我沒有應答，因為我在誦迦耶特利咒。我不能告訴您這個咒語，是因為您還沒有得到咒語的口傳。我自己沒有資格告訴您這個咒語，所以只能選擇緘口不語。」

所以，如果你想擁有王者的權威，你本身必須是覺性。那麼感官就會服從你。一切都會很美好，因為所有的命令都來自覺性。國王可以犯錯，但覺性卻總能在正確的時間做出正確的決定。你無心的時候，你無法主動地去做任何事。你只是在接受恩典，只是在服從。你自己什麼也不做，因為做為者已經消失了。心不存在，心的各種功能也不復存在。在一段早已註定的時間期限內，你將會留著身體。在這段時間裡，你將成為覺性的一個工具。

有些人經受不起超過二十一天的解脫帶來的震撼。這在很多書上已經描述過了。想像一下，一個人在博彩中意外地中了十億美金。突然降臨巨額的財富，他可能會受不了衝擊，突發心臟病而死。有時，開悟也是如此。無邊的幸福瞬間不期而至，這會奪走你的身體。但是，覺性絲毫不會受到影響。

有的人為了利益眾生，開悟後還會繼續活下去。這種「利益」，不是出自於某個「人」，而是直接來自於覺性。上師是覺性，他知道不是「我」在起作用。他的態度是：「我是被選出來講話的，但說話的不是『我』。」如果上師認為是他自己在說話，這只是傲慢，他的話是不會起作用的。

當你有這種直接的體驗，你說什麼都與你無關。人是否能受益，來或不來，都不關你的事。對你來說都一樣。

問：所以是覺性命令您去教導眾生的。您是這個意思嗎？

帕帕吉：是覺性什麼……？

問：是覺性要您去教人，您只是在執行命令而已。您是這個意思嗎？

帕帕吉：（沉默半晌）我和覺性，我們已經徹底地融為一體，我沒法說「它」是否能命令「我」。

問：但確實是有某種力量驅使著您，讓您舉辦薩特桑的，對嗎？

帕帕吉：是的，你所說的「某種力量」就像這樣（帕帕吉伸出他的手），如果我想喝水，我會說「彭嘉吉，拿起杯子來」嗎？在我把杯子放入口中之前，我會對我的手說「把杯子放進嘴裡」嗎？在喝水之前，我是否會下達「喝」的命令？（帕帕吉笑著拿起杯子喝了起來）現在，我並沒有命令手去做什麼。一切都是我，你看。受益的人不是「別人」。手是我自己的，胃是我自己的，對水的需求也是我自己的。哪一個是別人呢？除了我以外還有誰呢？

首先，誰是無知的？如果有人這麼說，我不會相信。是誰想要自由？如果有人這樣告訴我，我也不信他。難道還有誰沒獲得解脫嗎？

所以，有人來找我說：「我很煩惱，我被束縛住了。」我會覺得他是在開玩笑，於是我也開玩笑說：「你沒有被束縛，你是解脫的。」

他會問：「要獲得解脫需要花很久嗎？」

我說：「不，不，你現在就可以解脫。」

所以，這一切都是笑話，我不會當真。「我是個受束縛的人」，這難道不也是笑話嗎？說這話的人，既沒戴著枷鎖鐐銬，也沒住在監獄裡。這算得上什麼牢獄呢？所以，對我來說這都是天大的笑話，但我很享受這個笑話。

問：這麼說，帕帕吉，那些參加薩特桑的人，都已經開悟了，他們只是裝作沒有開悟嗎？

帕帕吉：（沉默半晌）哦，這是一個很難回答的問題，但我必須回答，因為我來者不拒。

首先，我把他們所有人都吸納進來，並在我的本心之中給他們留一個位置，就像情人在心中給心愛的人留出位置一樣，你們一直在我的心中有一席之地。我打開我的心，說：「你和我，我們會一起開口說話。是的。你和我沒有分別，你就在真心之中。你就在我的心裡。我們開口說話吧。」

問：帕帕吉，在薩特桑上加持眾人。它是來自於您？經由您顯現？還只是單純地就在那裡？

帕帕吉：它只是來自於加持本身。恩典必須來自於恩典，不是嗎？就像一道波浪必定來自於海洋，恩典也必定來自於恩典，恩典的海洋。

問：不過，在您的附近似乎流動著非常強烈的恩典的氣息。

帕帕吉：這個我不清楚。

問：帕帕吉，我聽您說過好幾次，「我知道很多使人覺醒的技巧。如果一個不管用，我就用另一個。」這些技巧是什麼，您是如何使用它們的？

帕帕吉：第一招是：「保持安靜！保持安靜！」第二招是：「根本不要去想。」第三招是：「不要動腦。」如果這些都不管用，我還有第四招，我對他們說，「到我這裡來，我來教你瑜伽。我會教你們如何做頭頂倒立式（一種頭下腳上的瑜伽姿勢）。」

我讓他們站在我面前，然後對他們說：「現在，頭朝下，腳朝上，這就是頭頂倒立式。」我自己知道如何做，所以我可以很容易地教給他們。然後，他們倒立著的時候，他們會說：「但我想要的是解脫。」

他們還保持著那個姿勢時，我會告訴他們如何解脫。我會說：「保持安靜，保持安靜。」

那時他們就會聽，因為那時他們會經受一點痛苦。人因過度沉溺於感官享受而開始產生煩惱時，他們就會來找我，會聽我的話。如果有人倒立的時間夠長，他們就會痛苦，一旦他們開始意識到自己的痛苦，他們就來找我了。所以，我知道很多技巧，我在西方經常使用這些技巧。

來勒克瑙看我的人大多數都是好人，對他們我沒什麼意見。世界各地的人都是第一次來印度和勒克瑙，我對他們很滿意。我和他們說話，他們會聽我的。他們聽我的話就像聽他們父親的話一樣，或者像聽從其他德高望重的人的話一樣。他們想結束他們的痛苦，他們精神上的痛苦。所以我給他們這個竅訣：我告訴他們要安靜。大多數人都非常喜歡這個建議，因為我沒有要求他們做任何事情。他們什麼也不需要做，只是安靜下來，就能得到幸福和平靜。

誰不想要幸福？誰不想要安寧？誰不想要美好？每個人都對這些感興趣。所以他們聽我的話，我就很開心。大家都受益。

大家都是勒克瑙派出去的使節，全都回到各自的國家，把他們的親友送了過來。成千上萬的人來到這裡，只是因為他們從別人口中聽到了這裡的好消息。

對於這裡，沒有人有什麼抱怨。這裡不收費，沒有道場，不會總是要人捐錢。我住的是自己的房子，我屬於這個地方。五十年來，我一直住在這裡。我也曾在國外住過幾年。我喜歡旅行，但現在我老了，只能留在這裡，所以你們才會來。直到最近，我還經常到別人家裡去看望他們。我不喜歡麻煩別人，這你知道的。

所以現在很多人都在這裡，我很高興和平的訊息被傳播開來。我們太需要它了。

兩千六百年前，印度向全世界派遣了和平使者，他們是阿育王的兒子和女兒，名叫摩哂陀和僧伽蜜多。其他人也肩負著同樣的使命前往中國、日本和朝鮮。當時世界上和平無比。所以我們決心再次把這個和平的訊息傳遞出去，而且是從同一個地方。佛陀就居住在這個國家。我很高興，和平的訊息能再次從佛陀居住的地方散播出去。現在很多遊客來到這裡，參觀與佛陀生平有關的聖地。他們參觀的地方有拘屍那羅、悉達多那羅和藍毗尼。所有這些地方都變成了聖地，因為有個人從這裡把和平的訊息弘揚了出去。

你可以憑藉了悟自性來獲得世界的和平。這個覺悟本身就是一個訊息。當你回到自己的國家，你可以說話，也可以保持沉默。你會看到，這是有用的。當你的朋友問你：「發生了什麼事？」你可以保持沉默。他們又會問你。只要保持安靜，這就是你需要做的一切。

問：帕帕吉，很多人都聽您說過，「我還沒有對任何人說出最後的教導。」這些最後的教導是什麼，您為什麼不把它們傳出去？

帕帕吉：他們不配得到這些教導。沒有人夠格能領受。因為根據我的經驗，每個人都是傲慢和自大的。這帶來了痛苦。很多人都在受苦。如今，我正在進行另一項試驗，我要看看會發生什麼。我不認為有人配得上這些教導。你必須是聖潔的，才有這個資格。「你為什麼要麻煩別人而不是幫助他們呢？」這就是傲慢，你看。

如果一個國王派了一個信使去另一個國家，信使唯一的工作就是把消息傳遞出去。我派了一個使者去西方，但他卻想自己稱王。這讓很多人感到困擾。我見過很多這樣的情形。怎麼辦呢？這種行為就說明那些人不配。

也許是我太大度了，也許是我識人不清，這或許是我的錯，因為我認為每個人都是好人。雖然我對每個人都說了真理，但真理會拒絕那些配不上它的人。只有聖潔的人才能接受這個教導。這樣的人才是夠格的。

如果人不夠格，真理就會進入他們的腦袋，成為智力上的知識。西方人只想要智力上的理解。他們聽懂的時候，就會非常高興。西方人要的就只是這個：以智力理解的知識。每個人都知道，有個什麼「超越」一切的。但是我談到這裡的時候，西方人就說，「我不明白，我聽不懂。」所以我就對他們說，「你根本不需要聽懂。」

我有一個朋友，他住在巴黎，追隨克里希那穆提三十五年了。他曾經周遊世界，去過澳洲、紐西蘭、瑞士、英國，只為跟隨克里希那穆提左右。他閱讀並研究過他所有的書。

他到薩嫩（Saanen，瑞士的城市）來找我，我和他談了一段時間。

他聽完後說：「我不明白，我不明白。」

我告訴他：「不要試圖去理解。這不是頭腦能夠理解的東西。你得成為它。」

他不同意。「不，不。我必須理解。我不理解你，我也不理解克里希那穆提。」

我告訴他：「你既不需要理解克里希那穆提，也不需要理解我。」

然後他向我訴說了他為何不理解克里希那穆提的教導，「我在A點，克里希那穆提在B點，但當我把視角從A轉移到B時，他又轉移到C，所以，我根本無法理解他。」

當時克里希那穆提也在薩嫩，所以他的很多追隨者經常來找我。

一天，來了一個人，他說：「彭嘉吉和克里希那吉（對克里希那穆提的尊稱）說的是一樣的。克里希那吉說：『把所有的概念從心中清除出去。』彭嘉吉也在說同樣的話。他們都說：『除非你把心的罐子倒空，否則你就不能開悟』。」

另一個克里希那穆提的追隨者在旁邊聽到了，他對這個說法提出了質疑。

他說：「不，不，彭嘉吉的教法和克里希那吉的教法有很大的不同。克里希那吉教我們把罐子清空，而彭嘉吉則教我們把罐子徹底打破。」

這就是區別，這是思維心無法理解的東西。杯子滿了，或者杯子空了，你還可以理解，但是杯子不存在的時候，你是誰，你要理解什麼？所以我說的是：「心本身就不存在，所以你也不需要理解。」在我講的時候，你要看到它，感受到它。在這裡，思考不會對你有任何幫助。

心本身只是一個概念，要擺脫這個概念；心，是過去，所以也要擺脫過去。來到當下，然後我會告訴你下一步該怎麼做。只要來到當下，你就會明白。

問：帕帕吉，很多人參加薩特桑，有了覺醒的經驗。有些人在幾周或幾個月後回來說，「我失去了它。」究竟發生了什麼？

帕帕吉：還是一樣，就是不夠格。

問：您大多責備這些人失去了它。您對他們說，「這是你的錯。」

帕帕吉：是的，是的。他們失去了它，因為他們沒有好好照顧它。我告訴這些人，「如果我給你一顆大鑽石，你可以靠它過一輩子。你可以把它賣掉，得到數百萬美元。如果，你沒有認識到它的價值，反而把它送人，那是誰的錯？如果你把它送給一個漁婦，她完全不知道它的價值，只是拿它當秤上的砝碼，那又是誰的錯呢？」

覺悟就是鑽石。不應該把它傳給不配得到它的人，因為他們會濫用，而他們確實濫用了。對所有來找我的人，我不會區別對待。我告訴他們的是同樣的真理。有些人得到真理，但卻毫不珍惜，隨手丟掉了。

他們之後再來，會說一些這樣的話：「我的女朋友離開了我，我打電話給她，她就回來了。現在我又開心了。」這是真正的解脫嗎？下次他們會告訴我，「我回去了，但她又離開了我。現在我好煩惱啊。」每天我都會聽到這樣的故事。

問：帕帕吉，大家離開時候，您從來沒有告訴他們，「照顧好我給你的這顆鑽石。好好保管。」您只是在他們回來時，責怪他們弄丟了。

帕帕吉：並不是所有的人都會弄丟。他們中有些是非常美好的人。他們寫信給我說：「我保存著它。我還在悉心守護這份珍貴的禮物。我不僅保存著它，我還把它分給別人。即使在分出去之後，我擁有的還是一樣多。它並沒有因此而減少。您給我的禮物真是太美妙了！」不是所有的人都會失去它。雖然我希望每個人都能從中受益，但我也知道，不是每個人都能得到它。即便如此，這裡的成效也是非常明顯的。看看其他的道場都發生了什麼。與那裡的情況相比，我們這裡的結果是相當令人滿意的。我非常滿意。

問：最後一個問題，帕帕吉。您一生盡可能地表達自己的內心體驗。能否請您再次對我們說一次：您是誰？您是什麼？您對眞我的體驗是什麼？

帕帕吉：我給你一個簡單的答覆：我就是你的自性，我就是你的真我，這是真理。怎麼可能我只是我自己呢？我是你的自性，也是所有一切已然存在和將來存在的眾生的真我。

章節附註

1 出自帕帕吉傳記《一切從未發生》（*Nothing Ever Happened*）第三卷中所載的一九九七年一次他與大衛·高德曼的對話記錄。

2 摘自《對話真我》（*Talks with Ramana Maharshi*）中的對話第三二六則。

3 參見本書中最後一篇訪談「保持安靜」。

4 中譯本預計於二〇二二年由紅桌文化出版。

5 以下採訪者的介紹，中譯者以一九九三年的英文原版本為基礎，新增資料編譯而成。

6 「帕帕吉簡傳」這一標題為中譯者所取。原英文標題為帕帕吉的名字H. W. L. Poonja。

7 vision，指的是人見到非日常狀態的景象，比如禪定時見到一些禪觀畫面，因虔信之力感得神祇現身，或者在夢中、出神等狀態下見到一些特別的景象，都可稱為vision。本書譯本中在感到神祇現身時譯為「淨觀」，在其他情況下，則根據上下文，譯為「境界」、「禪觀」、「景象」等。

8 俾路支省（*Baluchistan*）是今巴基斯坦西部的一個省，是該國四大省份之一。北臨阿富汗，南臨阿拉伯海。

9 *Swamiji*，*Babaji*，都是對修行人的尊稱。參見書末詞彙表。

10 此書是拉瑪那尊者應弟子之請，對尼剎達斯（Nichaldas）所作的《參問之海》（*Vichara Sagara*）的坦米爾全譯本所做的精編版本。

11 *Mahavakyas*，意譯為「大教言」。泛指奧義書中的格言，也可專指四句教言，每一句都點明了眾生的本質即是梵。不二論吠檀多認為這些大教言可當做咒語一般加以持誦，以提醒修行者自己的本來面目。這四句教言為：*prajñ nam brahma*：「般若即梵」或「梵即般若」（出自《愛多列奧義書》，屬《黎俱吠陀》）

Ayam tm brahma：阿特曼即梵（出自《唵聲奧義書》）

tat tvam asi：彼為爾矣（出自《唱贊奧義書》）

aham brahm smi：「我為梵」或「吾為聖」（出自《大林間奧義書》）

12 *Holi*，荷麗節又名候麗節、霍利節、灑紅節、五彩節。新印度曆春分日，是印度傳統新年。節日為期一周，期間大家互相投擲彩色粉末和有顏色的水，以示慶祝春天的到來。

13 狀態（*Bhava*），通常翻譯成「感覺」、「情緒」，在虔敬道中，*bhava*常指的是因為某人對虔信對象的熱愛到達了頂峰而引發的狂喜狀態。參見書末詞彙表。

14 這些人名注釋請見書末詞彙表。

15 馬德拉斯是印度城市清奈（Chennai）的舊名，一九九六年印度政府正式將馬德拉斯改名為清奈。它是坦米爾南方邦的首府。

16 普嘉（*puja*）：供奉、敬拜儀式。普嘉房就是安置有神龕、坐墊、法器、供養品等的房間，用以修持這些儀式。參見書末詞彙表。

17 這些全都是史詩《羅摩衍那》裡的主要人物。羅摩為男主人公，悉塔是他妻子，拉克什曼為其弟，哈奴曼為幫助羅摩戰勝魔王羅波那的神猴。

18 *Ayodhya*，印度古城，位於北方邦。字面意義為「不可戰勝，不可奪取」，是《羅摩衍那》中拘薩羅國的首都，羅摩是拘薩羅國的王子，出生於此城。

19 *Satsang*：*Sat*，指「存在」、「真實」；*Sang*即*sanga*，指相伴、親近。字面意義就是與真理、智者相伴，一般指的是在聖者身邊領受教導、加持。可參見書末詞彙表。

20 experience一詞在歐美求道者的語境中，常用來指「開悟」、「了悟自性」的這一經歷，甚至會用來指代「自性」、「覺性」，而不是特指某種覺受體驗。

21 參見書末詞彙表。

22 指穆斯林蘇菲派大學者、聖人。

23 靈熱（*tapas*），*tapas*的原義為「熱」，指瑜伽道修行中產生的靈熱，為修行成就的標誌。參見文末詞彙表。

24 原文為英語過去時態：My humble respects and gratitude to one who was a disciple of Ramana Maharshi.

25 此處或許是指睦州道明禪師（即陳尊宿），他是黃檗希運禪師之法嗣，他曾示眾云：「大事未明，如喪考妣。大事已明，亦如喪考妣。」

26 此處帕帕吉玩了個文字遊戲，把英文「人類」（man-kind）反轉，變成了「善人」（kind-man）。中譯也借用「人」和「仁」諧音，來表現這一文字遊戲。

27 瑪利亞·拉赫（Maria Laach）修道院，是位於德國萊茵蘭-普法爾茨州的一座本篤會修道院，是歐洲中世紀盛期隱修會的代表。修道院的拉丁文名稱為Abbatia Mariae Lacensis或者Abbatia Mariae ad Lacum，意為拉赫湖畔的聖母瑪利亞修道院，這也是其德語名稱的來源。

28 這兩處都是帕帕吉所住的城市勒克瑙的繁華地段。

29 Papa的意思是「父親」，-*ji*是表示尊敬的字尾。

30 在歐美修道者的語境中，常常用「experience」一詞來指開悟，側重指修道者親身體會到開悟，而非紙上談兵。但是帕帕吉明顯並不喜歡用這個詞來指開悟，因為如他在後文所說，開悟並非「體驗」。

31 政治行動主義，涵義比較寬泛，通常是指對當今的政治進行一些激進的批判，並採取抗議等行動。

32 這裡是帕帕吉對前者的回答「I closed it」中的「close」開的玩笑。closing也有收盤、金融交易結束的意思。

33 毗缽舍那（*Vipassana*）又作毗婆舍那，又譯為「觀」、「內觀」，與奢摩他（*samatha*，又譯作「止」）相對，是不同的禪修修法。前者是種種觀察、觀見事理的禪修，旨在培養智慧。後者是將覺知定在一處，培養定力。

34 rootless and groundless，指的是一切事物皆由心而生的現象，但心本來是空的，是沒有根基、不真實。

35 見書末詞彙表。*tathata*也被譯為「真如」、「如如」。

36 「明覺」(knowledge),吠陀*veda*由*vid*而來,*vid*指「知道」、「瞭解」,「精通」。*veda*,除了被音譯為「吠陀」、「韋陀」之外,中國古代譯師也將之譯為「明論」、「智論」,也就是帕帕吉所說的「明覺之書」的意思。

37 「我執」(*ahankara*),*aham*意為我,*kara*意為禮敬、執取。*ahankara*指的是「執著自我」,故譯為「我執」,也可譯為「我慢」。是印度教的一個基本概念,通常認為由*ahankara*開始,才創造出色身及外部世界。

38 意為「虔愛」,是採訪者羅摩的妻子的印度名字。

39 原文「Yes, Sir!」一方面是表示贊同帕帕吉的說法,一方面則是英語常見的口頭語,表示「遵命」。

40 戍羯(Shuka或作*Suka*),又名戍羯天(*Sukadeva*),廣博仙人之子,為《薄伽梵往世書》的主要敘述者。根據《摩訶婆羅多》,廣博仙人修行百年後,戍羯從火把中誕生,師從迦那卡國王(Janaka)終至解脫。不二論上師傳承(Guru Parampara)的智仙傳承(Rishi Parampara)的第五位也是最後一位導師。

41 智(intellect),梵文原文為*Buddhi*。這一詞彙在梨俱吠陀中就開始出現,後被廣泛使用,指的是「辨別、判斷和理解的能力」。在比較粗重的層次上,它就是頭腦的思維力,能判斷對錯、好壞的能力。它也是可被用來了悟真我的工具,是覺悟的智慧。感興趣的讀者可以參閱本書譯者所譯的悉達羅摩濕瓦的《了悟真我之核心教授》,其中對粗重身、精微身等有清晰的定義和解釋,「智」是屬於精微身的層次。

42 此處命氣、意、智的概念,是印度吠檀多中的特定概念,與中文詞彙字面意義上所指的有區別。這三者,都是精微身層面,命氣指的是五種命氣(*Pranas*):遍布氣(*vyana vayu*),把液體的營養傳送到全身各處;平住氣(*samana vayu*),在肚臍;上行氣(*udana vayu*),在喉間;下行氣(*apana vayu*),在下腹部;以及持命氣(*prana vayu*),是我們呼進呼出的氣。

意(*Manas*),譯為「末那」,是把感官從外境中攫取的印象接收、存儲下來的能力,然後將之傳送給智(*Buddhi*)。它執著於個人的個體感,但本身不做出決定,在智做出判斷、決定後,它會將之又傳達給各種感官。智,指的是「能夠形成、保留思維概念的能力」以及「辨別判斷和理解的能力」,它是覺悟真我的工具。

詞彙表

下文中詞彙的羅馬轉寫並未加上標準的變音符號。括弧內是常用的替代形式和複數形式。對詞彙的定義主要側重於符合本書中上下文背景的方面，或者是採用印度經典宗教和哲學文獻中普遍接受的標準涵義。

中譯者按：這一詞彙表爲原書最後的附錄，由編者大衛·高德曼編寫。中譯者對此進行了全文翻譯，部分爲中譯者所加的注釋。

詞彙表中使用的縮略語：

c.　crica，大約，大致
e.g.　例如
esp.　尤其是
H.　印地語
Lit.　字面意義
P.　巴利文
q.v.　quod vide，見該標題下的條目。
S.或Skt.　梵語
T.　坦米爾語
U.　烏爾都語

achcha（H.）好，對的；很好；正是。

advaita（S.）不二論

Lit.「不二」。非二元或絕對一元；純一。是吠檀多（*Vedanta*, q.v.的一個學派，印度哲學六大正統學派之一；特別指阿底．商羯羅阿闍梨（*Adi Shankaracharya*, q.v., 788-820）對奧義書（*Upanishads*, q.v.）和《梵經》（*Brahma Sutras*）所作的非二元論、非神論的解讀。它的核心教授是個體靈魂與梵（*Brahman*, q.v.）的一致性。它主張唯一存在著的只是梵，終極的實相。它還確認了世界和經驗性的自我是虛幻不實的。（《梵經》，是印度吠檀多的基礎文本之一，估計成書於西元四〇〇—四五〇年。該文本系統性地總結了奧義書中的思想。）

ahankara（S.）我執

Lit.「我—做」。這是把覺知到的內容標記為「我或我的」的心智能力；是個體化的自我意識，或「小我」，它導致了覺知到的現象世界顯得局限、分裂和多樣。

Ananda Mayi Ma 阿南達．瑪伊．瑪

Lit.「喜悅遍滿之母」；二十世紀孟加拉聖人（1896-1982）。

anandamaya kosha（S.）

Lit.「喜悅鞘」；是覆蓋人類靈魂或個體我（*jiva*, q.v.）的五個「鞘」中最微妙、最精微的一個。它是非二元性的覺知之所在，是個體（*jiva*）體驗到的所有幸福的源頭，也是因基身（causal body）的組成部分，它與「識鞘」（*vijnanamaya kosha*, q.v.）一起，隨著個體靈魂（*jiva*）輪迴，直到獲得最終解脫。（因基身〔causal body〕：吠檀多將人的身體從粗重到精微分為四種層次，即：粗重身、精微身、因基身、超因身。因基身是超越了意識的精微身之後所回歸的更為無分別、遍在的身體，即沉睡之後所回歸的身體。詳細的四身的解釋可參看中譯者所譯的《了悟真我之核心教授》，白象文化二〇一九年出版））

annamaya kosha（S.）身鞘

Lit.「食物所成之鞘」：包住物質性身體的粗重的鞘，由食物滋養而成，由五大元素：地、水、火、風、空構成。

Arunachala（S.）慧焰山，或作阿魯那佳拉

Lit.「赤色的山」，「火之山」：南印度坦米爾納德邦（Tamil Nadu）的一座聖山；被認為是無相究竟之神濕婆的化現；山腳下的蒂魯瓦納瑪萊（Tiruvannamalai, q.v.），是拉瑪那尊者建立的道場。

Arya Samaj（S.）雅利安社

Lit.「神聖之人的社團」：由達亞南陀．史瓦米（Swami Dayananda, 1824-1883）在北印度發起的印度教的社會和宗教改革運動。目的是為了反對西方對印度教的影響。他們推崇牛的神聖地位，抨擊多神教和偶像崇拜，並堅信吠陀（*Vedas*, q.v.）是毋庸置疑、名副其實的真理。

Ashoka（**The Great**）阿育王

北印度孔雀王朝（Mauryas）的國王，西元前二七二—二三六年在位，經過了長期征戰後，他厭惡戰爭，皈依了佛教，並利用自己的權力和影響力，在整個帝國宣揚佛陀所講的和平與解脫的教法。

ashram(a)（S.）道場

森林靜修所，聖人、瑜伽士及其僧侶學生的居住地。

atman（S.）自性、真我

Lit.「心念的吞噬者」：在吠檀多（*Vedanta*, q.v.）不二論中，指人類不朽的真我，與梵（*Brahman*, q.v.）等同，但特指在每個人身上所具有的梵。

aum（S.）見 *om*。

Aurobindo 室利．奧羅賓多．高什（Sri Aurobindo Ghose，或記作Ghosh, 1872-1950）

印度聖人和愛國者，他宣導「整合瑜伽」（Integral Yoga）。他的道場位於南印度的龐迪切里（Pondicherry）。

***avatar*(a)**（S.）

Lit.「化身」：一個神的化身或「下凡者」，特別指毗濕奴（Vishnu）的十個化身，包括羅摩（Rama）和黑天（Krishna）。

avidya（S.）無明，特指對眞實本性的無知。

Ayodhya 阿育提亞

現在北印度北方邦（Uttar Pradesh）的一個小鎮，被認為是毗濕奴的第七個化身羅摩的出生地。

Babaji（H.）巴巴吉

Lit.「尊敬的父親」：對修道者（*sadhu*）或聖人的尊稱；也適用於家庭中孩子對父親、祖父的稱呼。

Bhagavan（S.）薄伽梵

主，神。（一）毗濕奴和濕婆的稱謂；（二）對拉瑪那尊者的尊稱之一。

bhajan（S.）拜讚歌

來自梵語字根bhaj，「愛、敬拜、崇拜」：虔誠的歌曲或讚美詩。

bhakta（S.）虔愛者，虔敬者，虔信之人

愛神的人，虔誠的信徒；追隨或踐行虔敬道（*bhakti marga*, q.v.）的人。

bhakti（S.）虔愛，虔信

「對神的愛和虔敬」：在有神論的印度教中的最佳的宗教態度。它能帶來神的加持（*prasada*），使虔敬者獲得解脫。

bhakti marga（S.）虔敬道

Lit.「虔誠之愛的道路」：藉由對個體化的神的愛、信仰和臣服而獲得救贖的方式，它有別於「智慧道」（*jnana marga*），後者所指向的是與神合一或認同；它也有別於「行為之道」（*karma marga*），後者的主要目標是以符合正法的行動來獲得一個更好的來世。

bhava（S.）

Lit.「態度」、「情緒」、「性情」，作為有情感的生命體的「存在模式」；在虔敬道（*bhakti marga*, q.v.）中，這個詞用來特指與上主的五種常見的關係模式中的某一種：和諧寧靜（*shanta-bhava*）、充滿愛的服侍（*dasya-bhava*）、疼愛孩子的父母（*vatsalya-bhava*）、朋友（*sakhya-bhava*）或情人（*madhurya-bhava*）關係。

Bodhisattva（S.）菩薩

在大乘佛教中，菩薩是一種證量很高的存在，他推遲進入涅槃，以幫助他人獲得覺悟。

Bodhidharma 菩提達摩

印度的佛教高僧，東渡來到中國，在西元五二〇年與皇帝進行了著名的面談，禪宗自此傳入中國。他是中國的第一位禪宗祖師，也是日本禪宗之父。

brahmachari（S.）

（一）修習梵行（*brahmacharya*, q.v.）的人，這是印度教徒人生四個階段中的第一個階段；（二）作為弟子學習的時期；（三）守持色戒的年輕學生，通常與他的上師住在一起。

brahmacharya（S.）梵行期

Lit.「與梵同在」，指的是梵行期，正統印度教徒生命的第一時期，守貞的學生時期；通常指禁欲修行。

Brahma（S.）梵天）

在印度教的宇宙觀中，他是創世者，是宇宙中出現的第一個能覺能知之心和存在。

Brahman（S.）梵

在印度教中用來指稱非人格的究竟真實、最終的真理、存在—能知—極喜（existence-knowledge-bliss）的名詞；獨一，無形，是非二元性的究竟，是所有存在的基底；它和阿特曼（atman, q.v.）是同義詞。

brahmin（S.）婆羅門

指的是祭司階級或祭司階級中的成員，他們負有學習、教學、舉行各種儀式（*pujas*）和祭祀（*yajnas*）的職責。

buddhi（S.）智

人類頭腦中確認和了知真理的那種能力；是頭腦最高、最微妙的部分，是智力、判斷力、良知。

Chadwick, Major 查德威克少校

拉瑪那尊者的英國弟子，一九三五年到一九六二年間住在拉瑪那道場。

chapati（H.）烤薄餅

扁的、無發酵的圓餅，是常見的北印度餐點。

chitta（S.）思

在印度哲學中，特別是瑜伽（*Yoga*）和吠檀多不二論（Advaita Vedanta）中，用來指代承載了所有記憶和經歷的人類的頭腦，是自我認同的基礎和思維念頭之所在。

***darshan*(a)**（S.）達善、覲見

源自梵文字根，意思是「看到」；指的是被聖人看到，特別是當目光相遇時；指在聖人的面前，或被聖人接見。

Dayananda. Swami（1824-1883）達雅南達．史瓦米

弘揚宗教的社會改革家。他於一八七五年在北印度成立了雅利安社（Arya Samaj, q.v.），是反對印度教被現代化的保守堡壘。他發起了「保護母牛聯盟」（Cow Protection League），保護奶牛不被送進英國人的屠宰場。

Devaraja Mudaliar，達瓦拉吉．穆達利爾

拉瑪那尊者的主要弟子之一；《日處真我》（*Day by Day with Bhagavan*）的作者，這本書是一本記載了

拉瑪那尊者在一九四零年代生活和對話的日記。

Dhammapada（P.）《法句經》

Lit.正法之道。巴利文（Theravadin）佛經中最著名的經文，其中佛陀以四聖諦為基礎，教導解脫之法（梵文：*Dharma*，正法）；此經據信為佛陀親口所說。

dharma（S.）正法

Lit.「承受，支持」。（一）正確行動的永恆原則；（二）道德義務；（三）美德；（四）天理（Divine Law）；（五）宗教傳統。

dhobi（H.）洗衣工，洗衣服的人

dosa（T.）薄餅，南印度一種用麵糊攤出來的薄餅，通常作爲早餐或晚餐食用

Ganga（S.）恆河

garuda 金翅鳥

在印度神話中，長得像鷹一樣的半神。牠是眾鳥之王，是蛇類的毀滅者；也是毗濕奴神（Lord Vishnu）和他的伴侶吉祥天女（Lakshmi）的坐騎。

gayatri mantra 迦耶特利咒

印度教最著名和最神聖的咒語（出自《梨俱吠陀》，III.62.10），正統的印度教三個高種姓的教徒被要求每天誦讀數次。它是向太陽薩維特里（Savitri）祈求神啟的祈願咒。

Gita（S.）

Lit.歌；也特指《薄伽梵歌》（*Bhagavad Gita*），印度教最著名的聖典，見於《摩訶婆羅多》（*Mahabharata*）第六章，成書於西元前約五百年。其中記錄了上主黑天在俱盧之戰的戰場上對雅利安王子阿周那（Arjuna）的教導。

gopi(s)（S.）牧牛女

沃林達文（Vrindavan, q.v.）的牧牛女，她們拋開家務，與黑天一起玩耍和舞蹈；被認為是虔愛的典範。牧牛女中的代表是拉妲（Radha）。

guna（S.）德，三德

Lit.品質、線；許多印度教教派認為，自然界由三種「品質」或三股「線」構成，從不停息，即*sattva*（薩埵，明），*rajas*（羅闍，動）和*tamas*（多磨，暗、惰），三者中總有一個占主導地位。這三股力量的相互作用，決定了一切顯現和覺知的變化的特質。

guru（S.）上師，古魯

Lit.「驅除黑暗者」，或「厚重的」；具格的靈性導師或傳道者，由他將弟子引入一個靈性傳統或師承。在本書中，G字大寫時指的是自性上師（*Sadguru*）或真正的上師，即真我。

Hanuman 哈努曼

猴神，是眾所周知的羅摩的忠僕。幫助羅摩在楞伽島（Lanka）找回了被囚禁的悉塔。這個故事在蟻垤（Valmiki）的《羅摩衍那》及其中世紀虔愛派的版本，即杜勒西達斯（Tulasidas, 1532-1623）的印度語版的《羅摩功行錄》（*Ramacharitamanasa*）中有記載；如今，他也單獨受到世人的供奉。

Heart 本心、真心

拉瑪那尊者經常使用的術語，它是對梵文詞彙*hridayam*的翻譯。這個梵文詞據拉瑪那尊者解釋，字面意義為「這是中心」。在本書中，首字母H大寫時，是「真我」的同義詞。它所指的是一個人的本然存在的靈性中心。

iddly（T.）蒸米糕

一種南印度用米和黑穀製成的發酵蒸餅，通常作為早餐或晚餐食用。

Janaka 迦納卡

毗提訶（Videha）國的國王，悉塔的父親。他是在解脫之後安然生活於世間的智者典範。

japa（S.）持誦、持咒

Lit.「念出」：通常指在得法（initiation）之後，有規律地重複念誦一個字或幾個字（咒語），或神的名號；這種重複的念誦是一種方法，旨在祈求加持、得以面見神祇或了悟真我。

-ji - 印度語和梵語的敬語尾碼，加在名字後面表示尊敬；是一種尊稱，它是*jiva*（q.v.）的簡略形式。

jiva（S.）個體，個體靈魂，精魂

哲學術語，表示人類靈魂的個體體現，特指未開悟時。印度各學派對它在多大程度上具有真實性有不同的看法。不二論（advaita）認為，在開悟之前，它的真實只在形象的相對層面上；開悟以後，它則被看作是與萬物一體，無有分離。

jivatma(n)（S.）個體真我

在印度哲學中，被認為是獨一真我以人類的形相化現；特指處於本然、覺悟狀態的人類靈魂。

jnana（S. 與希臘文的 *gnosis* 同源）智，智慧

知，智慧，特指無可爭議、不可破斥的究竟認知；相當於大乘佛教中的「般若」（*prajna*）。

Jnani（S.）智者

Lit.「知道的人」：有智慧的人；解脫者，開悟者。這不是對真知的體驗，而就是真知本身。拉瑪那尊者說：「不存在智者，只存在智慧。」

John of the Cross, Saint 聖十字若望

西班牙迦密會（Carmelite）的聖人和詩人（1542-1591），生於亞維拉（Avila）附近。亞維拉的聖德蘭（Saint Theresa of Avila）是他的前輩；神祕主義詩集《靈魂的暗夜》（*Dark Night of the Soul*）的作者。

Kabir 卡比爾

著名的中世紀聖人、詩人和（約1440-1518），居住在貝納勒斯（Benares）。他是一位不識字的紡織工，他的詩歌和密契教言仍然被現代印度盛行的一個教派所尊奉。卡比爾超越了種姓和階級的隔閡，反對儀式主義和偶

像崇拜，對印度教徒和穆斯林持平等態度。他宣導的是對於他稱之為「羅摩」的不二實相的無相虔愛（*Nirguna bhakti*）。

karma（S.）業，業報

Lit.「行動」、「儀式」、「工作」；報應法則，所有行為會導致並相隨而起的報應性的道德上的作用力，根據行動者的動機，在今生或來世給行動者帶來善報或惡報。

kosha（S.）鞘

Lit.「匣」、「容器」；最早見於《泰特里亞奧義書》（*Taittireya Upanishad*）（*II.7*）的一個古老的術語，指人的靈魂被包裹在五種從粗到微的容器中：身鞘（*anna maya kosha*）、氣鞘（*prana maya kosha*）、意鞘（*mana maya kosha*）、識鞘（*vijnana maya kosha*）和喜悅鞘（*ananda maya kosha*）。

Krishna 黑天

古代一位身為牧牛人的神祇，他迷人的笛聲和矯健的身手使牧牛女著迷；他在摩訶婆羅多的大戰中對阿周那的開示構成了《薄伽梵歌》的文本。他是毗濕奴的第八個化身，被認為是愛的化身，受到世人特別的供奉。

kriya yoga（S.）克利亞瑜伽

Lit.指「行動瑜伽」；*kriya*指人類所有的行動和努力的形式，尤其是指為獲得更高了知的行為；（一）在帕坦伽利（Patanjali）的《瑜伽經》（*Yogasutra, II.1*）中，*kriya*被定義為三重苦修（triple sadhana of austerity）。自修和向神臣服；（二）因帕拉宏撒．尤迦南達（Paramahamsa Yogananda）的《一個瑜伽行者的自傳》（*Autobiography of a Yogi*）一書而聞名的一種深奧技術；（三）在哈達瑜伽（*Hathayoga*）中的某些身體練習，如腸道潔淨法（*Basti*）、潔鼻法（*Neti*）、吊胃旋轉法（*Nauli*）等，可以清潔和調理身體。

kumbha mela（S.）大壺節

每十二年在兩條聖河（恆河和雅穆那河）相匯之處阿拉哈巴德（Allahabad）舉行的盛大的印度教聚會。

Kushinagar 拘屍那羅

印度北部的小鎮，佛陀在此入涅槃。是佛教四大聖地之一。

Lakshman(a) 拉克什曼

羅摩忠實的弟弟，他陪伴羅摩和悉塔逃亡到森林中，是印度教兄弟情義的典範。

leela（***lila***）（S.）遊舞

Lit.「玩耍」、「嬉戲」；毗濕奴派（*Vaishnavas*）認為這就是宇宙創世的目的。

Lumbini 藍毗尼

現代尼泊爾的一個小鎮，佛陀的誕生地。

mahatma（S.）聖雄

Lit.「偉大的靈魂」；完全證悟的聖人；也是印度獨立運動的領袖甘地（Mohandas Gandhi, 1869-1948）的稱號。

mahavakya（S.）大真言

Lit.「偉大的名言」；用來指奧義書中的四個偉大的名言之一，各自出自一種奧義書，它們以不同的方式表達了基本的真理，真我（*Atman*）與梵（*Brahman*）無二無別。

Mahayana（S.）大乘

Lit.「大的車乘」；佛教的兩個主要分支之一，另一個是「小乘」（*Hinayana*）或上座部佛教（*Theravada*）。

Mahendra（Mahindra）摩哂陀

阿育王（Ashoka q.v.）之子，孔雀王朝（Mauryas）的皇帝。他於西元前三世紀領導了佛教往南傳播到斯里蘭卡的弘法活動，讓佛教得以在那裡立足。

mala（S.）念珠

在印度教中，由一〇八顆珠子組成的念珠，用於修習持誦（*japa*, q.v.）。

manas（S.）意

來自梵文字根man，「思考」之意；在印度哲學中，指接受、比較和歸納感官接受到的訊息的能力；屬於「低層次」的心，它與思（*chitta*）、智（*buddhi*）和我執（*ahankara*, q.v.）一起運作。

manomaya kosha（S.）

Lit.「意鞘」；指心理層面的鞘，是覆蓋自我的五鞘之一；其屬性是思、疑、怒、欲、喜、憂、妄等。

marg(a)（H.，S.）道，路

路徑、方式、道路、街道。

Mira（**bai**）蜜拉，或蜜拉柏、蜜拉白

中世紀北印度一位著名的公主、聖人和詩人（1498-1546），她對黑天的熱情臣服和虔敬的抒情詩句至今仍在印度傳唱。她對黑天的愛是情人關係的虔敬道（*madhurya-bhava*, q.v.）的典型範例。

Mitra（**Sanghamitra**）僧伽蜜多

摩哂陀的妹妹，阿育王的女兒，也是其兄長將佛教傳入斯里蘭卡的協助者；現代學者們認為她是一位傳奇人物。

moksha（S.）解脫

在印度哲學中，指個體（*jiva*, q.v.）或個人的靈魂的解脫狀態，脫離輪迴（*samsara*, q.v.）而自由，了悟真我。

mulla(h)（H.）毛拉

在印度的伊斯蘭教傳統中，指學者，老師，伊斯蘭律法的博士；通常也指校長。

mumukshutva（S.）渴求解脫

對解脫的強烈、熾熱的渴望；根據商羯羅（Shankara, q.v.）的說法，是一個真正的弟子所應具備的四種基本條件之一。

neti-neti（S.）非此非此

Lit.「不是這個，不是這個」，是《廣林奧義書》（*Brihad-Aranyaka Upanishad*）中的著名格言，即梵不能用語言來描述，也不能用思想來涵蓋，它超越了所有主客體、主謂的分別；指的是智慧道（*jnana marga*）教法中的否定法（*nirvritti marga*），藉由逐步否定一切它所不是的東西來發現究竟。

nirguna bhakti（S.）無相虔愛

是指對無形的絕對之梵的熱愛。智者們所持之愛，《薄伽梵歌》中說這是「有形眾生所難以證得的」。

nirvikalpa samadhi（S.）無分別三摩地

沒有差別升起或被感知的三摩地；最高的超意識狀態；無形的，與梵的非二元融合的極度喜樂的三摩地，是吠檀多和瑜伽所認為的最高覺知狀態。

Nisargadatta Maharaj 尼薩伽迦塔．馬哈拉吉

現代印度著名的智者（1897-1981），住在孟買。他教授的不二論與拉瑪那尊者和帕帕吉的教授相似，在他的弟子摩里斯．佛里曼（Maurice Frydman）編輯的名為《我是那》（*I Am That*）的馬哈拉吉對話錄中有精彩的展示。

Nischal(a)das(a) 尼剎拉達斯

十九世紀早期北印度一位默默無聞但卻備受推崇的學者和聖人，其關於吠檀多不二論的博學的原創作品得到辨喜史瓦米（Swami Vivekananda）、史瓦米．羅摩．提爾塔（Swami Ram Tirtha, q.v.）和拉瑪那尊者（Sri Ramana Maharshi）的欽佩。

Om（S.）唵

根據印度教的說法，它是一切創造的原初之聲。它是大多數咒語中最重要的元素。

Om shanti, shanti, shanti（S.）

「唵　和平，寧靜，安寧」，古老的吠陀祝詞，許多經典的奧義書以這一「善提咒」結尾；在念誦咒語或在供奉

儀式結束時，常用它來作為祈願文。帕帕吉以這種祝詞作為他所有薩特桑的開始。

padtnasana（S.）蓮花式

在哈達瑜伽和古典瑜伽中，全蓮花式是指左右小腿疊在大腿上的身體坐姿，左腳踝在右腳踝上，脊柱和頸部伸直。掌握得當，可以讓身體長時間保持入定（或三摩地，*samadhi*, q.v.）而不倒。

paisa（**paise**）（H.）派撒

現在相當於百分之一盧比的貨幣單位。

pakora（H.）炸蔬菜

一種用麵糊裹著蔬菜丁，或將蔬菜餡塞入面餅中進行油炸的食物。

pan（**paan**）（H.）檳榔

指將切碎的檳榔、酸柑和其他食材包裹在檳榔葉中咀嚼的吃法。它能將牙齒染成特有的紅色。在印度各地的牆壁和道路上都可以看到被吐出的紅色汁液。

pir（H.）辟爾

穆斯林的聖人或聖徒。

Pondicherry 龐迪切里

南印度的小鎮，室利．奧羅賓多曾在此居住並建立了他的道場。

prajna（S.）般若

Lit.「超越知」；超凡的智慧，達到解脫所本具的真知；相當於智慧（*jnana*, q.v.）。

prajna paramita（S.）

（一）般若波羅蜜 Lit.圓滿的智慧；成佛路上所修的六種波羅蜜之一；

（二）佛教大乘經文，其中有佛陀對空性（*shunyata*）的教導。《金剛經》和《心經》是最著名的關於般若波羅蜜的文本。

prana（S.）命氣

生命能量；生命氣息；生命力；呼吸和心靈的共同基礎。

pranamaya kosha（S.）氣鞘

Lit.「命氣所成的鞘」；是粗重鞘的第二層，人的覺知被包裹在其中；它是微妙能量所成的容器，離開它生命就會死亡。

puja（**pooja**）（S.）普嘉，供奉，敬拜

敬拜儀式；用咒語、壇城、手印、讚美詩和光、水、花、檀香膏油、食物、禮品等供品，按照密續論典（*Tantra Shastra, q.v.*）規定的方式，對神或聖人進行敬拜和裝飾。

Radha 拉妲

牧牛女的代表，是沃林達文（Vrindavan）的牧牛女之一，她們是黑天鍾愛的情人和玩伴；在一些教派中，拉妲被提升到與黑天同等甚至超越黑天的地位，她也因其莎克提（*shakti*，神聖之力）或喜拉蒂尼（*hladini*，幸福的能量）而單獨受到世人的供奉。

raja yoga（S.）勝王瑜伽

Lit.「王者瑜伽」；在印度哲學中，通常指與帕坦伽利（約西元前五百年）的瑜伽學派有關的冥想瑜伽（*dhyana*或*samadhi* yoga），並在他的《瑜伽經》和相關文本中得到闡述。它的最高目標是非二元的無分別三摩地（*nirvikalpa samadhi*）。

Ram Tirtha, Swami（1873-1906）史瓦米．羅摩．提爾塔

著名的北印度聖人和密契詩人，他用印地語、英語、波斯語和烏爾都語寫下了詩歌，對原初的非二元狀態進行了深情的歌頌，是同類題材中的佼佼者。他是辨喜（Vivekananda）的同代人，為後者在拉合爾（Lahore）安排過演講。他還曾到美國旅行（1902-04），並會見了羅斯福總統（President Theodore Roosevelt）。之後回到印度，進入喜馬拉雅山靜修。他在雪地中漫遊，享受著極喜，直到一九〇六年在加瓦

爾（Garhwal）的特赫里（Tehri）被恆河水沖走。他是帕帕吉的舅舅。

Rama 羅摩

毗濕奴的第七個化身（avatar），據說是正法（*Dharma*, q.v.）的化身；他是印度第二部偉大的民族史詩《羅摩衍那》（Ramayana）中的英雄，該書以他為名，講述了他拯救王后悉塔（Sita），使其逃脫楞伽島（Lanka）的魔王羅波那（Ravanna）囚禁的故事。學者們認為《羅摩衍那》是世界上最受歡迎的宗教文本。

Ramakrishna（1836-1886）羅摩克里希那

偉大的孟加拉聖人，一位具有遠見卓識的密契者，他以直接體驗而證悟了世界上幾大宗教的真理。作為辨喜史瓦米（Swami Vivekananda）的上師，他給現代印度教帶來了巨大的和諧和復興。雖然他已達到證悟者的境界，但他仍然終身保持著對神聖之母迦梨（Kali）女神的虔敬。

Ramakrishna Mission（S.）羅摩克里希那傳道會

羅摩克里希那教團的組織；是在上師室利．羅摩克里希那．波羅摩漢薩（Sri Ramakrishna Paramahamsa）於一八八六年去世後，辨喜史瓦米（Swami Vivekananda）和他的弟子們建立的一個僧團。

Ramalingar Swami（1824-1874）羅摩林伽．史瓦米

一位偉大的南印度聖人和成就者（*siddha*），出生於坦米爾納德邦（Tamil Nadu）的赤丹巴拉姆（Chidambaram），據說他去世時，身體轉化為光並從一個上鎖的房間內消失。

Ramana Maharshi, Sri（1879-1950）室利．拉瑪那、拉瑪那尊者

南印度的聖人和智者，住在坦米爾納德邦的提魯瓦納瑪萊。他以不言之教，鼓勵大多數求道者進行自性參問。他是帕帕吉的上師。

Ramayana《羅摩衍那》

印度第二部偉大的民族史詩，它敘述了太陽神羅摩（Ram, q.v.）的故事。最初的版本是由一位叫蟻垤

（Valmiki）的智仙（*Rishi*）在西元前五〇〇-三〇〇年用梵文寫成的；虔敬道版本則由杜勒西達斯（Tulasidas, 1532-1623）用印度語寫成，名為《羅摩功行錄》（*Ramacharitamanasa*）。這一史詩是現代印度最流行的經典。

Ramdas, Swami（1884-1963）羅摩達斯．史瓦米

一位受人尊敬的南印度聖人，是羅摩虔愛者（Rama bhakta），他主張唱誦咒語和頌歌來敬拜上主羅摩。他與自己的弟子及伴侶克里希那柏母（Mother Krishnabai）一起住在喀拉拉邦（Kerala）的一個道場裡。

Ravidas 拉維達斯

來自貝納勒斯（Benares）的低種姓鞋匠（1450-1520）。他是卡比爾的同時代人，並以他的無相虔愛（nirguna bhakti）的詩歌而聞名。歷史上認為，他是蜜拉柏（Mirabai, q.v.）的不二論虔敬道大師。

Sadguru（S.）自性上師

Lit.「真實-古魯」；真我或阿特曼（*atman*, q.v.）藉由人類的形相示現並給予教授。

Sadhak（S.）修行人

進行靈性修習或修行（*sadhana*）的人。

sadhana（S.）修行

來自梵文字根*sadh*。原義為「達到目標」、「獲得成功」的意思，指有意識的靈性修煉，以取得成就（*siddhi*）或所追求的結果；靈性實踐。

Sadhu（S.）苦行僧，修行人

修行（*sadhana*）的人，特別是把修行當作生活方式的人。

saguna bhakti（S.）有相虔敬

對「無上究竟」（即梵）的愛慕和崇拜，將之作為具有形相和品質，特別是如濕婆、羅摩、黑天或者女神（*Devi*）等，來加以虔敬。

Sakshi（S.）見證者

作為「見證者」的覺知，對個體靈魂或個我（*jiva*）的三種狀態：醒、夢、深睡無夢，不加參與的「旁觀者」；也存在於非二元的覺知中，屬於「第四」或超越態（*turiya*）。

Samadhi（S.）三摩地，定，靈祠

Lit.「一起承受或支撐」；（一）一種充滿強烈喜悅的超意識狀態或「超覺」；是人類覺知的最高境界，在這種境界中，能觀所觀、主客體的區別被超越了。（二）聖者的墳墓。

samsara（S.）輪迴

由名相所成的經驗世界，尤其是對未開悟的心靈和感官而言；連續不斷的死亡和重生的輪迴，作為個體存在的人會受制於此，直至解脫。

samskara（S.）業習

潛藏的印記，比習氣（*vasana*, q.v.）更深重，特別是指來自前世的傾向或先天性格。

sannyasa（S.）出家

捨棄；具體是指在寺院舉行的宣誓捨離的儀式；印度教徒生活的最後和最高階段：一個人離開世俗的煩惱和家庭，過著出家人的流浪生活，靠施捨度日，以解脫（*moksha*）作為人生的唯一目標。

sannyasin（S.）出家僧，出家人

已經受持出家戒（*sannyasa vrata*）的人；一個放棄了世俗生活的人。

sari（H.）紗麗

印度教婦女的傳統服飾形式，用五到六米長的布優雅地披在身上。

satsang(a)（S.）薩特桑、觀視、觀謁

Lit.「與真實相伴」；與證悟的聖人的對談，或相伴；指求道者和弟子們形成的追隨聖人的群體；引導人走向真理的對話；是正統印度教傳統精神生活中神聖和最基本的組成部分。

Self 真我，自性

首字母大寫，是英文中用來對應梵文阿特曼（*atman*, q.v.）的術語。

Shankara（**Adi Shankaracharya**）商羯羅

偉大的印度教學者、聖人和改革家（788-820），他對經典奧義書、《薄伽梵歌》和《梵經》的注疏，將當時已陷入宗教形式主義停滯不前的印度教進行了復興。他立足於穩固的民眾基礎，建立了吠檀多不二論，使它得以能夠對抗大乘佛教（特別是龍樹〔Nagarjuna〕的中觀學派），正因大乘佛教的風靡於世，印度教已在印度逐漸趨於消亡。

Shankaracharyas 商羯羅阿闍梨

阿底·商羯羅在印度東西南北中五個方位各建立了一座主要寺院，寺院的住持或教主就享有這一榮譽稱號。這五個寺院分別是：北部（Joshimath，在Badrinath）、南部（在Kanchi）、東部（在Puri）、西部（在Dwarka）和中部（在Sringeri）。每一個寺院（math）都可以追溯到商羯羅的四大弟子之一。按照慣例，這五個寺院的住持一直沿用這一頭銜，世人也以此稱號來稱呼他們。

Shastras（S.）論典

來自於字根-*sas*，意為命令、教導、指示；嚴格來說，Shastra指的是規則或規範的手冊或綱要，其中包含了對某一主題或傳統的權威性教導，尤其是宗教論疏、聖典或來自神啟的經文；有時指所有的知識，例如，*Dharma Shastras*（正法典），指的是印度正統宗教的全部哲學文獻。

sheath 鞘（kosha, q.v.）

shirshasana（S.）頭倒立式

Lit.「頭姿勢」；倒立，哈達瑜伽中的一種特定練習，用於調理和活化身體，使其在冥想中不構成任何障礙。

siddhi(s)（S.）悉地，神通，成就

來自梵文字根sidh，即完成、成功的意思；由水準高深的聖雄（*mahatmas*）或瑜伽士（*yogis*）表現出來的超自然力量。分為大、小各種神通，帕坦伽利的《瑜伽經》（III.16-48）中列舉了八種主要的神通（*ashtama siddhi*）。

Sita 悉塔

毗提訶國王迦納卡的女兒，嫁給了羅瞿族（Raghus）的太陽王、毗毗濕奴的第七個化身羅摩；《羅摩衍那》（*Ramayana*, q.v.）中講述了他們的故事。

Siva（**Shiva**）濕婆

Lit.「吉祥之人」；印度教三位主神中的毀滅之神；濕婆派（*Shaivas*）所供奉的神，作為自我和無明的毀滅者，對智者（*jnanis*）非常親切。

Sivananda，**Swami**（1887-1963）濕婆難陀．史瓦米

一位著名的北印度僧侶，他在瑞詩凱詩創立了神性人生協會（Divine Life Society）。他在全球巡迴演講，寫了三百多本著作，這使得哈達瑜伽和冥想在二十世紀六零、七零年代得以在印度和西方普及開來。

sloka（S.）偈頌

梵文詩歌的一種體裁，特別指聖典中的四行半文本，通常包括讚頌或格言；現代印度語中的文學格式，適用於許多類型的詩歌。

Sri（**Shri**）（S.）室利

Lit.「吉祥之人」。是女神提毘（*Devi*）或毗濕奴的伴侶吉祥天女（Lakshimi）的名字；常用來作為尊稱的字首。

Sri Ramanasramam（T.）吉祥拉瑪那道場

位於蒂魯瓦納瑪萊拉瑪那尊者的道場。成立於一九二二年，拉瑪那尊者在那裡度過了他生命中的最後二十八年。

Sukadev 戍羯天，戍羯

其父為偉大的廣博仙人（Vyasa），即《摩訶婆羅多》和《梵經》的作者，以及諸種奧義書（*Upanishads*）的編輯者。

summa iru（T.）

Lit.「保持安靜」。「*Iru*」是動詞「作為（to be）」和動詞「保持（to stay）」的祈使句，所以它可以表示「靜下來」、「保持靜止」、「保持安靜」等。

sutra（S.）經，經文

Lit.「線，縫合」；在梵文中，指宗教或哲學文獻中短小精悍的格言。因為它們通常便於記憶的形式，所以往往需要對它們進行進一步的解釋或評論。

swami（S.）史瓦米

Lit.「自己的」；嚴格來說，是指「自己的上師」，了悟真我的人；精神導師，上師；通常用作對高級僧侶的尊稱，大約相當於英文中的「先生」（*sir*）。

Tamil 坦米爾語

主要在南印度坦米爾納德邦（Tamil Nadu）使用的達羅毗荼人（Dravidian）的語言，是拉瑪那尊者的母語。

tantra（S.）密續

一種祕傳的宗教流派，也指其文本，起源不詳，在印度古普塔（Gupta）時期（西元三到四世紀）之後出現，接替了吠陀時期的婆羅門教。它將無相之梵（*nirguna Brahman*）等同於濕婆，也崇尚對代表有相之梵的女神（*Devi*, Divine Mother）的崇拜，認為其為宇宙力量或主司一切變化的神聖能量的活躍的陰性元素。

tapas（S.）靈熱，靈熱苦修

Lit.「熱」；禁欲主義或禁欲修行；瑜伽派的修行（*Sadhana*, q.v.）的輔助手段之一；吠檀多也有相對應